„Jagdschloß Mayerling im Originalzustand zur Zeit des historischen Doppeltodes frei einer alten Abbildung nachphantasiert"

von Anton Wichtl, 1920 in Baden bei Wien geboren, lebte da, Magister architecturae, Maler und Literat, 1972 Kulturpreis der Stadt Baden, 1973 Theodor Körner-Preis, in Ausstellungen und als Illustrator mehrfach hervorgetreten, Werke im Besitz der Albertina und in anderen öffentlichen Sammlungen, gestorben 1979. Das zart kolorierte Original befindet sich in der Sammlung von Walter Pöldinger.

Symposium anläßlich des 100. Todestages
des Kronprinzen Rudolf von Habsburg
und der Baronesse Mary Vetsera in Mayerling, Österreich.

Walter Pöldinger Wolfgang Wagner (Hrsg.)

Aggression, Selbstaggression, Familie und Gesellschaft

Das Mayerling-Symposium

Springer-Verlag Berlin Heidelberg New York
London Paris Tokyo Hong Kong

Prof. Dr. med. Walter Pöldinger
Ärztlicher Direktor, Psychiatrische Universitätsklinik
Wilhelm-Klein-Straße 27, CH-4025 Basel

Dr. med. Wolfgang Wagner
Medizinischer Direktor, Duphar Pharma
Freundallee 19–23, D-3000 Hannover 1

ISBN 3-540-51557-7 Springer-Verlag Berlin Heidelberg New York
ISBN 0-387-51557-7 Springer-Verlag New York Berlin Heidelberg

CIP-Titelaufnahme der Deutschen Bibliothek
Aggression, Selbstaggression, Familie und Gesellschaft / [Symposium anläßl. d. 100. Todestages d. Kronprinzen Rudolf von Habsburg u.d. Baronesse Mary Vetsera in Mayerling, Österreich]. Walter Pöldinger, Wolfgang Wagner (Hrsg.). – Berlin; Heidelberg; New York; London; Paris; Tokyo; Hong Kong: Springer, 1989
   ISBN 3-540-51557-7 (Berlin ...)
   ISBN 0-387-51557-7 (New York ...)
NE: Pöldinger, Walter [Hrsg.]; Symposium anläßlich des Hundertsten Todestages des Kronprinzen Rudolf von Habsburg und der Baronesse Mary Vetsera in Mayerling, Österreich <1989>

Die Wiedergabe von Gebrauchsnamen, Handelsnamen, Warenbezeichnungen usw. in diesem Werk berechtigen auch ohne besondere Kennzeichnung nicht zu der Annahme, daß solche Namen im Sinne der Warenzeichen- und Markenschutz-Gesetzgebung als frei zu betrachten wären und daher von jedermann benutzt werden dürften.

Produkthaftung: Für Angaben über Dosierungsanweisungen und Applikationsformen kann vom Verlag keine Gewähr übernommen werden. Derartige Angaben müssen vom jeweiligen Anwender im Einzelfall anhand anderer Literaturstellen auf ihre Richtigkeit überprüft werden.

Gesamtherstellung: Ernst Kieser GmbH, 8902 Neusäß
2119/3140-543210 – Gedruckt auf säurefreiem Papier

Vorwort

Anläßlich des 100. Jahrestages des gewaltsamen Todes von Mary Vetsera und des Kronprinzen Rudolf von Habsburg war das hier dokumentierte Symposium offenbar die einzige Veranstaltung, die im Rahmen einer wissenschaftlichen Sitzung dieses Anlasses gedachte. Daher scheint uns die Bezeichnung „Das Mayerling-Symposium" gerechtfertigt. Unsere Absicht beschränkte sich jedoch nicht darauf, der historischen Tragödie zu gedenken, sondern wir wollten das weltweite Publikumsinteresse auch dazu nutzen, die Phänomene der Aggression und der Suizidalität nach neuestem wissenschaftlichem Erkenntnisstand zu beleuchten und auf diese Weise aufzeigen, daß derartig schrecklichen Ereignissen prophylaktisch und therapeutisch begegnet werden kann. Neben den medizinischen Grundlagen kommt dabei der Familiendynamik und den sozialen Gegebenheiten eine entscheidende Bedeutung zu.

Den Ereignissen von Mayerling selbst wurde nur im Rahmen eines einleitenden Vortrags gedacht, welcher der wohl bekanntesten Historikerin auf diesem Gebiete, Dr. Brigitte Hamann, anvertraut war. In den Diskussionen kam es jedoch immer wieder zu einer interessanten Begegnung zwischen den historischen Wissenschaften und den Wissenschaften, die sich mit destruktivem und suizidalem Verhalten beschäftigen. Die genetischen, biochemischen und pharmakologischen Aspekte der Phänomene wurden ebenso besprochen wie die tiefenpsychologischen, soziologischen, familientherapeutischen und ethischen Gesichtspunkte. So war es möglich, einen Querschnitt durch die wissenschaftliche Auseinandersetzung um die Probleme der Aggression und Selbstaggression darzustellen. Daß in den lebhaften Diskussionen auch der politische und rezeptionsgeschichtliche Aspekt der Tragödie von Mayerling zur Sprache kam, war vorauszusehen. Möge dieses Buch dazu beitragen, daß anläßlich des 100. Jahrestages des Anlasses dieses Symposiums nicht nur über den Rest des „Rätsels von Mayerling" nachgedacht wird, sondern vermehrt auch über die Möglichkeiten, das aggressive und suizidale Klima in der modernen Gesellschaft zu vermindern, mit dem Ziel, derartige Tragödien im Sinne einer primären Prävention zu verhindern.

Wie dringend notwendig es ist, im Zusammenhang mit Selbstmordhandlungen Verdrängungen zu begegnen und sie aufzuhellen, zeigte sich bei der Gedächtnismesse im Karmeliterinnen-Kloster zu Mayerling am 30.01.1989: Der Zelebrant forderte mehrmals auf, für „unseren Bruder Rudolf" zu beten; Mary Vetsera wurde nicht erwähnt. Die stillen Gebete der Gläubigen mögen die Barmherzigkeit für sie herbeigefleht haben, die ihr die offizielle Kirche versagte: bereits vor 100 Jahren war dieses jugendliche Opfer der Tragödie vor allem ein Ärgernis, das totgeschwiegen werden mußte.

Mayerling, am 30. Januar 1989   Walter Pöldinger
                                                 Wolfgang Wagner

Inhaltsverzeichnis

Verzeichnis der Autoren und Diskussionsteilnehmer

Berner, Peter, Prof. Dr. med.
Vorstand der Psychiatrischen Universitätsklinik Wien,
Währinger Gürtel 18–20, A-1090 Wien

Böhme, Klaus, Prof. Dr. med.
Ltd. Ärztlicher Direktor, Allgemeines Krankenhaus
Ochsenzoll, Langenhorner Chaussee 560,
D-2000 Hamburg 62

Denzel, Alfred, Dr. med.
Arzt für Nervenheilkunde, Gutenbergstraße 51,
D-7100 Heilbronn

Dirnhofer, Richard, Prof. Dr. med.
Vorstand des Gerichtlich-Medizinischen Instituts,
Universität Basel, Pestalozzistraße 22, CH-4012 Basel

Hamann, Brigitte, Dr.
Historikerin, Rudolf-Biographin, Tallesbrunngasse 8,
A-1190 Wien

Hole, Günter, Prof. Dr. med.
Ärztlicher Direktor des Psychiatrischen Landeskrankenhaus
Weißenau, Abteilung Psychiatrie I der Universität Ulm,
D-7980 Ravensburg-Weißenau

Modestin, Jiří, Priv.-Doz. Dr. med.
Oberarzt der Psychiatrischen Universitätsklinik Bern,
Bolligenstraße 111, CH-3072 Bern

Müller-Oerlinghausen, Bruno, Prof. Dr. med.
Leiter des Labors für Klinische Psychopharmakologie und
der Lithium-Katamnese, Psychiatrische Klinik und Poliklinik
der Freien Universität Berlin, Eschenallee 3,
D-1000 Berlin 19

Müller-Oerlinghausen, Renate, Dr. med.
Leistikovstraße 2, D-1000 Berlin 19

Pöldinger, Walter, Prof. Dr. med.
Ärztlicher Direktor der Psychiatrischen Universitätsklinik
Basel, Wilhelm-Klein-Straße 27, CH-4025 Basel

Reimer, Christian, Prof. Dr. med.
Ltd. Oberarzt und stv. Klinikdirektor,
Klinik für Psychiatrie der Universität zu Lübeck,
Ratzeburger Allee 160, D-2400 Lübeck
seit 1. 4. 1989 Leitender Arzt für Psychotherapie und
Psychohygiene an der Psychiatrischen Universitätsklinik
Basel, Wilhelm-Klein-Straße 27, CH-4025 Basel

Ringel, Erwin, Prof. Dr. med.
Vorstand des Instituts für Medizinische Psychologie,
Medizinische Fakultät der Universität Wien,
Severingasse 9, A-1090 Wien

Rosenmayr, Leopold, Dr.
o. Prof. für Soziologie und Sozialphilosophie, Leiter des
Ludwig Boltzmann-Institutes für Sozialgerontologie,
Magdalenastraße 21, A-1060 Wien

Wagner, Wolfgang, Dr. med.
Medizinischer Direktor,
Duphar Pharma GmbH & Co. KG,
Mitglied des Kennedy Institute of Ethics, Washington D.C.,
Freundallee 19–23, D-3000 Hannover 1

Der Selbstmord des Kronprinzen Rudolf nach der historischen Quellenlage*

Brigitte Hamann

Im Spätsommer des Jahres 1888 bat der 30jährige Kronprinz Rudolf, einziger Sohn des Kaisers Franz Joseph und der Kaiserin Elisabeth, seine um 6 Jahre jüngere Geliebte Mizzi Caspar, gemeinsam mit ihm beim Husarentempel in Mödling in den Tod zu gehen: Er wollte sie und sich erschießen. Mizzi weigerte sich und ging in ihrer Sorge um das Leben des Kronprinzen zum Wiener Polizeipräsidenten, um ihn um Hilfe zu bitten. Doch dieser erklärte, in Angelegenheiten des Hofes nicht eingreifen zu dürfen (was stimmte). Er informierte aber seinen Vorgesetzten, den Innenminister und gleichzeitigen Ministerpräsidenten Eduard Graf Taaffe, von den Selbstmordplänen des Thronfolgers. Taaffe war der politische Hauptgegner des Kronprinzen und sah keinen Grund, hindernd einzugreifen. Den Kaiser informierte er mit Sicherheit nicht.

Dieser erste Selbstmordplan einige Monate vor der Tat von Mayerling ist der Beweis dafür, daß von einem Liebesselbstmord wegen der 17jährigen Mary Vetsera keine Rede sein konnte – ebensowenig wie von einem Liebesselbstmord wegen Mizzi Caspar.

Fest steht aber, daß der Kronprinz von Österreich-Ungarn etwa ein halbes Jahr vor seinem Tod schon als selbstmordkrank gelten mußte. Dafür gibt es eine Fülle von Beweisen. Die Gründe für die Tat aber sind – wie in allen solchen Fällen – vielfältig:

Bei Rudolf kam zu einer von der Mutter ererbten übergroßen Sensibilität, eines einschlägigen wittelsbachischen Erbes (immerhin war Rudolf rein genealogisch gesehen zu drei Vierteln Wittelsbacher und nur zu einem Viertel Habsburger, und dieser habsburgische Großvater war ausgerechnet der geistesschwache Erzherzog Franz Karl), persönliches Unglück, Frustration und Erfolglosigkeit, eine schwere, nach den damaligen Kenntnissen unheilbare Krankheit, Isolierung innerhalb der kaiserlichen Familie, eine zerrüttete Ehe, massive politische

---

* Dieser Beitrag wurde als Festvortrag außerhalb des wissenschaftlichen Programms vorgestellt und aus diesem Grunde nicht diskutiert.

Komplikationen, in die Rudolf sich selbst durch geheime oppositionelle Kontakte zu Frankreich hineinmanövriert hatte, kurz: berechtigte Schuldgefühle, nicht zugelassene Aggressionen gegenüber dem übermächtigen kaiserlichen Vater. Die Liste der Gründe könnte erheblich ausgeweitet werden.

Wichtig ist aber, daß es nicht einen bestimmten Grund für den Selbstmord gab, sondern eine Fülle von Gründen, die kumulierten und in dem übersensiblen Kronprinzen den persönlichen Eindruck entstehen ließen, seine Lage sei aussichtslos. Dazu kam erst in den letzten Wochen, ja noch in den allerletzten Stunden der unwägbare Einfluß des verliebten, euphorischen 17jährigen Mädchens, das ihn von dem endgültigen Schritt nicht zurückhielt wie die 24jährige Mizzi, sondern im Gegenteil: ihn in seinem Todesmut bestärkte und willig, ja begeistert mit ihm in den Tod ging.

Die Vorgeschichte zu Mayerling, d. h. die Erklärung, wie es zu Mayerling überhaupt kommen konnte, ist viel interessanter als die grausigen Umstände der Tat selbst. Denn daß der Kronprinz von Österreich-Ungarn so weit kam, daß er selbstmordkrank wurde und diesen Selbstmord dann auch ausführte – sogar noch ein junges, williges, verliebtes Mädchen in diesen seinen gewählten Tod schuldhaft miteinbezog –, eben dies ist für die Geschichte der zu Ende gehenden alten Monarchie geradezu symptomatisch und kennzeichnet die allgemeine Untergangsstimmung, die aus der Literatur dieser Zeit des Wiener „Fin de siècle", aber auch aus den Privattagebüchern (v. a. des Tagebuches der Kaiserin Elisabeth) offen zu Tage treten.

Eine Kaiserin, die ihre eigene Monarchie als Ruine bezeichnete, die heimlich ihr Privatgeld in der Schweiz anlegte, um für den Fall eines Exils gesichert zu sein, spürte diese Endzeitstimmung ebenso wie der Kronprinz, der schon als 18jähriger versicherte, er zöge es vor, Präsident einer Republik zu sein als Kaiser, und der sich ebenfalls ernste Gedanken machte, was er für den Fall eines Exils machen würde (Rudolf gedachte, sich in Paris als Journalist seinen Lebensunterhalt zu verdienen).

Die Revolution des Jahres 1848 mit ihren demokratischen Ideen hatte vor den Köpfen der intelligenten Aristokraten keineswegs haltgemacht. Auch sie waren vom Bazillus der Revolution angesteckt, v. a. wenn sie, wie Rudolf, im bürgerlichen Geiste, d. h. von bürgerlichen Lehrern – und begeisterten „48ern" – erzogen waren.

Rudolf war in allem der Sohn seiner Mutter: in seinen geistigen Interessen, seinen politischen Anschauungen, auch seiner übergroßen Sensibilität und Phantasie, seiner Liebe zum Schreiben und seiner

Opposition gegen den Wiener Kaiserhof. Diese seine Eigenarten machten ihn zu einem Außenseiter der höfischen Gesellschaft – ebenso wie es Elisabeth erging.

Doch Elisabeth, der der Kaiser in liebevoller Ergebenheit unterworfen war, hatte, schon als Frau (die man ohnehin nicht so ernst nahm), die Möglichkeit, von diesem Hof zu fliehen, die meiste Zeit im Ausland zu verbringen und immer wieder wegzufahren, wenn sie sich vom steifen und zeremoniösen Hofleben abgestoßen und überfordert fühlte. Rudolf konnte sich das als Kronprinz nicht erlauben: Er hatte ja als zukünftiger Herrscher eine Sonderstellung. Die so gefürchtete höfische „Kamarilla" mußte ihn ernst nehmen, weil er für den Hof eine ständige Gefahr darstellte. Daher kämpfte man mit allen Mitteln gegen ihn an, versuchte, ihm das Leben so unangenehm wie möglich zu machen.

Der Machtkampf zwischen Kronprinz und dem versteinerten, aber immer noch mächtigen Hofsystem begann eigentlich schon während Rudolfs Erziehungszeit, und zwar als Kampf gegen seine (nach Elisabeths ausdrücklichem Willen) bürgerlichen, liberalen Lehrer, setzte sich dann fort gegen den heranwachsenden Jüngling, der sich immer mutiger auf die Seite der Hofkritiker stellte.

Am Ende siegte schließlich das System, der Hof, gegen die Bestrebungen eines einzelnen (wenn auch als Kronprinz relativ bedeutenden), der aber allzu sensible Nerven und eine zu schwache Konstitution hatte, um diesen kräftezehrenden Kampf auch wirklich durchzustehen. Rudolfs Selbstmord stellte den Sieg seiner Gegner dar.

Hätte sich Rudolf auf die traditionellen Aufgaben beschränkt – die Repräsentation und seine Arbeit als hoher Militär –, hätte er keinerlei Schwierigkeiten gehabt. Ein skandalöser Lebenswandel oder mangelnde Intelligenz bis zu Debilität hätten ihm öffentlich keineswegs geschadet – denn erstens war man in dieser Hinsicht von den Habsburgern ohnehin einiges gewöhnt und außerdem war öffentliche Kritik an Angehörigen des Kaiserhauses verboten und wurde strengstens bestraft.

Je deutlicher sich aber die politischen Überzeugungen Rudolfs zeigten, um so energischer wurden die Bemühungen, ihn von jeder politischen Verantwortung fernzuhalten.

Das in den Zeitungen so gerühmte liebevolle Verhältnis zwischen Kronprinz und Kaiser war in Wirklichkeit ein sehr kühles. Franz Joseph zeigte dem Sohn sehr deutlich, worüber er mit ihm zu sprechen wünsche, nämlich ausschließlich über die Familie und über alles, was in Rudolfs Kompetenz als Generalinspekteur der Infanterie fiel. Rudolfs oft geradezu verzweifelte Bemühungen, auf den Kaiser politischen Einfluß im liberalen Sinn zu nehmen, mit ihm wenigstens über Politik sprechen zu dürfen, schlugen stets fehl.

Außerdem hatte Rudolf keine Möglichkeit, sich über Interna der Innen- wie der Außenpolitik zu informieren: „Ich gehöre zu den von offizieller Seite am wenigsten informierten Leuten in ganz Österreich." Um nicht völlig ins Abseits manövriert zu werden, bemühte er sich um andere Informationsquellen, und zwar über Journalisten.

Rudolfs privater Nachrichtendienst mußte am Hof geheim bleiben (was selbstverständlich nicht gelang). Die Journalistenfreunde besuchten ihn bei Nacht, gingen Geheimwege, um nicht an Lakaien vorüber zu müssen, lernten es, Polizeiagenten zu erkennen und ihnen tunlichst auszuweichen. Protokollvorschriften und das immer noch starke Hofzeremoniell standen dem unkomplizierten Umgang mit Mitarbeitern und Freunden im Weg. Ein Habsburger durfte nicht mit Bürgerlichen Freundschaft pflegen, sondern nur mit Leuten seines Standes. Der Beruf des Journalisten war in Hofkreisen verachtet. Und die enge Verbindung zu Juden machte den Kronprinzen völlig zum Außenseiter seiner Gesellschaft, zum „Judenknecht".

Rudolf war gezwungen, ein Doppelleben zu führen, als habsburgischer Repräsentant einerseits und als Privatmann, der sich auf die ihm zugedachte große Aufgabe vorbereitete, andererseits. Die nervlichen Belastungen dieser Doppelrolle bewältigte er, als 1888 große politische wie persönliche Schwierigkeiten dazukamen, nicht mehr reibungslos. Er zeigte übergroße Ängstlichkeit, Furcht und Hoffnungslosigkeit, mußte aber in der Öffentlichkeit weiterhin den tadellosen Kronprinzen spielen (was schon seine Mutter als „Maskerade" verspottet und abgelehnt hatte).

Das Jahr 1888 brachte einen großen Umschwung in der europäischen Politik, v. a. im Deutschen Reich, wo es als das „Dreikaiserreich" in die Geschichte einging: Wilhelm I. starb im März 91jährig, sein krebskranker Sohn Friedrich III., auf den die Liberalen Europas so sehnsüchtig gewartet hatten und der auch eng mit dem österreichischen Kronprinzen befreundet war, hatte nur 99 Tage Regierungszeit und konnte keine Weichen für die Zukunft mehr stellen. Im Juni 1888 kam dann sein Sohn, der damals 29jährige Wilhelm II., an die Regierung.

Diese Konstellation zeichnete sich schon 1887 ab, als Rudolf einen offiziellen Besuch in Berlin machte und sehr deprimiert, ja verzweifelt nach Wien zurückkehrte. Seine Zukunftsträume, als liberaler Kaiser Österreichs einmal an der Seite Friedrichs III. und eines ihm eng befreundeten, politisch ähnlich gesinnten Eduard VII. von England an der Gestaltung eines liberalen Europas mitzuwirken, wurden jäh zerstört. Denn mit Wilhelm II., einem erklärten Konservativen und Feind der Liberalen, unversöhnlichem Gegner Frankreichs und Soldat durch und durch, würde er kaum gut zusammenarbeiten können.

Die persönlichen und politischen Konflikte mit dem gleichaltrigen Kaiser Wilhelm II. eskalierten in den Monaten und Wochen vor Mayerling, während und nach Wilhelms Staatsbesuch in Wien im Oktober 1888. Wilhelm forderte Rudolfs Absetzung als Generalinspektor der k.k. Armee – und Rudolf rächte sich für alle erlittene Demütigung mit höchst gefährlichen geheimen Informationen über Wilhelms Privatleben an die französische Zeitung „Le Figaro".

Rudolfs Doppelleben erstreckte sich auch auf seine familiäre Situation. Laut Zeitungsberichten führte er ein vorbildliches Familienleben mit seiner um 6 Jahre jüngeren Frau Stephanie, einer Tochter des Königs Leopold II. von Belgien, und seiner 1883 geborenen einzigen Tochter „Erzsi", die er zärtlich liebte. Doch in Wirklichkeit war seine Ehe zerrüttet, offener Haß herrschte zwischen den Partnern. Daß der Zweck dieser Ehe, die Geburt eines männlichen Thronerben, noch erfüllt werden könnte, war unwahrscheinlich – unmöglich, denn Rudolf hatte seine Frau, was diese damals noch nicht wußte, mit einer venerischen Krankheit angesteckt und sie damit steril gemacht. (Ein kurzer Blick auf Rudolfs soviel erfolgreicheren Rivalen Wilhelm II: Er hatte es 1888 bereits auf 4 Söhne gebracht, und zur Taufe des ältesten war Rudolf sogar als Gratulant nach Berlin geschickt worden.)

Die kronprinzliche Ehe hatte sich anfangs, als das junge Paar seinen Hausstand in der alten Königsburg am Prager Hradschin – fern des Wiener Hofes – hatte, überraschend gut angelassen. Rudolf, Frauenkenner, der er war, bemühte sich eine Zeitlang redlich. Doch je älter die beiden wurden, desto größer wurde die Kluft, die sie trennte. Stephanie lebte für die höfische Repräsentation. Sie legte sich ein zeremoniöses, würdevolles Gehabe zu, während Rudolf immer unkonventioneller wurde und immer unbekümmerter gegen das Protokoll verstieß.

Rudolfs bürgerlicher Freundeskreis erregte schon bald die Empörung der adelsstolzen Kronprinzessin, die in ihren Memoiren klagte:

> Sein altes Blut, wohl das vornehmste Europas – und der Mangel jeglicher Scheu, sich in einer Weise unter das Volk zu mischen, die alle Grenzen aufhob ... Was ich gelegentlich beobachtete und hörte, widersprach meinem Wesen völlig; ich habe gegen diese Menschen, mit denen er einen besonders regen Verkehr pflegte und die ihn ganz in den Kreis ihres liberalistischen Denkens einmauerten, stets eine instinktive Scheu gehabt.

Außerdem war Rudolf nicht treu. Untreue Ehemänner waren in der Hocharistokratie – im Kaiserhaus schon gar – nichts Außergewöhnliches, ja eigentlich die Regel. Es gab ja relativ wenige Liebesehen (auch Rudolf hatte sich als 21jähriger mit der vom Hof ausgewählten damals 15jährigen, ihm zuvor völlig unbekannten Stephanie verloben müssen). Die Ehe hatte hauptsächlich den Sinn, den Stamm ebenbürtig zu erhalten, in Rudolfs Fall noch mehr: nämlich einen legitimen männlichen Thronerben zu produzieren.

Die Kronprinzessin war jedoch nicht bereit, sich (wie andere Frauen in ihrer Situation) mit ihrer praktisch untrennbaren Ehe und hohen sozialen Position über diese ständige Untreue ihres Ehemannes zu trösten. Sie begehrte offen auf, und es kam zu lauten Auftritten auch in der Öffentlichkeit.

Seit 1887 muß die kronprinzliche Ehe als gescheitert angesehen werden. Am Hof erzählte man sich offen, Stephanie habe ihrem Mann „aus begründeter oder nichtbegründeter Eifersucht . . . gewisse Rechte verweigert . . ., die ihn erbitterten und auf schlimme Abwege brachten".

Rudolf, der im August 1888 30 Jahre alt geworden war, war entgegen der öffentlichen Meinung keineswegs ein gesunder junger Mann, sondern bereits in seiner Gesundheit schwer geschwächt. Kronprinzessin Stephanie schrieb in ihren Memoiren, was alle anderen wichtigen Quellen bestätigen, daß

> in den letzten beiden Jahren seines Lebens die merkwürdige Veränderung im ganzen Wesen des Kronprinzen eintrat; zuerst eine immer zunehmende nervöse Hast und Heftigkeit und schließlich sein völliger Verfall. Zu den flüchtigen Bindungen, in die er sich immer mehr verstrickte [Stephanie meinte damit Rudolfs zahlreiche Liebesabenteuer], kam nun noch die verheerende Wirkung des starken Genusses geistiger Getränke. Seine Nerven, die den Anstrengungen, durch seine immer ernst genommenen militärischen Pflichten, durch seine lebhafte Anteilnahme an der Politik und durch seine ungeregelte Lebensweise, nicht gewachsen waren, suchte er auf diese Weise anzuspornen und erreichte damit nur, daß er sein besseres Wollen immer mehr betäubte.

Mehr und mehr tat er eben das, was er bisher scharf verurteilt hatte: er füllte viele Tage des Jahres mit der Jagd und viele Nächte mit Saufgelagen – das alles neben seinen körperlich anstrengenden Pflichten als hoher Militär und – vor allem – seiner intensiven, allerdings streng geheimen politischen Arbeit. Die Polizeiagenten, die genau über Rudolfs Tagesablauf berichteten, erwähnten ständig, wie kurz Rudolfs Schlafzeit war. Der Kronprinz war wie eine Kerze, die an beiden Enden brennt.

Die politischen Geheimaktionen der letzten Jahre (Zeitungsartikel gegen Berlin, seine Broschüre gegen das Bündnissystem seines Vaters – unter Pseudonym geschrieben – und geheime Kontakte zu französischen Politikern) waren inzwischen der Mittelpunkt seines Lebens, aber auch der Grund für seine starke Nervenanspannung. Denn er mußte immer die Entdeckung fürchten. Diese ständige Nervenanspannung, verbunden mit körperlicher Erschöpfung durch seinen anstrengenden Dienst wie seine ausgiebigen Vergnügungen, verschlechterten seinen ohnehin angegriffenen Gesundheitszustand. Stephanie:

> Es war furchtbar, dieses jähe Absinken mitanschauen zu müssen, ohne helfen zu können, immer das Schreckgespenst des vollen Zusammenbruchs vor Augen.

Nach den Symptomen und den Arzneien, die Rudolf erhielt, können wir heute mit Sicherheit eine Geschlechtskrankheit nachweisen, wobei es sich um eine sehr schwere Gonorrhö handelte. Die Krankheit brach im Februar 1886 aus, wurde mit den üblichen Quecksilberkuren behandelt, aber nicht geheilt. Die Bronchien waren stark angegriffen. Rudolf klagte ständig über Bronchitis und einen starken Husten, der ihn anfallsartig überfiel und bei offiziellen Veranstaltungen höchst unangenehm war. Um diesen Anfällen vorzubeugen, nahm er auf Anweisung des Arztes die damals für solche Fälle übliche Medizin: Morphium. Im März 1887 schrieb er seiner Frau aus Berlin:

> Meinen Husten kann ich nicht los werden, oft hört er für viele Stunden auf, dann kommen wieder förmliche Krämpfe, die besonders bei Diners und dergleichen Sachen sehr lästig sind. Ich bekämpfe das mit Morphin, was an und für sich schädlich ist. In Abbazia werde ich mir das abgewöhnen ...

Am Erfolg dieser Abgewöhnungsversuche sind Zweifel angebracht.

Im Frühjahr 1888 kam eine schwere Augenentzündung dazu, die ihm das Lesen, ja sogar Schreiben für einige Zeit unmöglich machte. Im Herbst 1888 war die Krankheit bereits so vorgeschritten, daß die Gelenke angegriffen waren (offiziell wurde von schwerem Rheumatismus gesprochen). Rudolf litt an starken Schmerzen.

In seiner Position als Generalinspekteur der Infanterie mußte er kreuz und quer durch die riesigen Länder der Donaumonarchie von einem Manöver und einer Truppenbesichtigung zur anderen reisen. Unausgesetzt klagte er über Hetzerei und Mangel an Schlaf, auch die Kälte in den oft sehr primitiven Gegenden – etwa in Siebenbürgen oder Galizien – setzte ihm sehr zu; außerdem sah er keinen Sinn in seiner Tätigkeit:

> Ich mußte um 3 Uhr gestern und heute aufstehen, dann stundenlang auf einem Dragonerkrampen mit Ach und Weh hinter dem Kaiser herumgaloppieren.

Da die Gelenkschmerzen ihm das Reiten schwer machten, er sich aber nicht traute, seinen Vater um Schonung zu bitten, kam es zu peinlichen Szenen. General Wilhelm Hirsch etwa berichtete von einer Truppeninspizierung in Galizien. Lang wurde nach einem möglichst braven Pferd für den als mäßigen Reiter bekannten Kronprinzen gesucht, schließlich „ein älteres Tier, mit allen militärischen Vorkommenheiten und Überraschungen vertraut, das vor nichts erschrecken würde", ausgewählt. Der Kronprinz nahm also die Parade ab, lobte den Kommandanten, der sich darauf entfernte und sein Pferd in Galopp setzte. Wie groß war das allgemeine Erschrecken, als der Kronprinz sein Pferd nicht in Kontrolle halten konnte: Es ritt gegen den Willen des hilflosen Reiters dem Kommandanten nach, statt stehenzubleiben. Hirsch:

> Ich mußte parieren, um dem Hohen Herrn zum Stehen zu verhelfen. Der Kronprinz war damals schon physisch in einem bejammernswerten Zustand.

Erlebnisse dieser Art, vor Hunderten von Zuschauern, demütigten den Kronprinzen zutiefst. Sein mühevoll und durch jahrelange redliche Arbeit erworbenes Image eines große Hoffnungen erweckenden Thronfolgers wurde in diesen letzten Lebensmonaten bei allzu vielen Augenzeugen gründlich zerstört. Der körperlich nicht mehr voll leistungsfähige Rudolf gab sich Blößen, die von seinen Gegnern reichlich ausgenützt wurden.

Immer häufiger äußerte Rudolf Selbstmordgedanken, v. a. gegenüber der Hofdame seiner Mutter.

Was der Sohn Rudolf nicht wußte: auch seine Mutter Elisabeth spielte seit dem Tod ihres Vetters, König Ludwig II. von Bayern, 1886 mit Selbstmordgedanken. Vor allem der Starnberger See, wo Ludwig ertrunken war, übte auf sie eine lockende Faszination aus. Über diese ihre Gefühle schrieb sie 2 lange Gedichte, die keinen Zweifel erlauben, so zum Beispiel:

> *Und jede Welle flüstert leis mir zu:*
> *Vergönne doch in uns'rem grünen Grunde*
> *Dem müden Körper endlich Rast und Ruh;*
> *Der Seele Freiheit bringt dann diese Stunde ...*

Sie malte sich in makabren Einzelheiten aus, wie ihr toter Körper im Wasser liegen würde.

> *In meinen Zöpfen betten*
> *Die Seespinnen sich ein;*
> *Ein schleimig Heer Maneten (Seepolypen)*
> *Besetzt mir schon die Bein ...*

An meinen Fingern saugen
Blutegel, lang und grau,
In die verglasten Augen
Stiert mir der Kabeljau ...

Doch immer wieder ging die Versuchung zum Selbstmord vorüber. Elisabeth sarkastisch:

Die Stunde der Versuchung ist gewichen,
Ein feiger Hund bin ich nach Haus geschlichen.

Diese Gedichte kannte Rudolf nicht, es ist auch kaum wahrscheinlich, daß er sich über die seelische Verfassung seiner Mutter im klaren war. Denn die beiden sprachen kaum je miteinander, weil die Kaiserin nur sehr selten in Wien war und eigentlich mit den Familienangehörigen nur bei offiziellen Anlässen zusammenkam.

Die jüngste Kaisertochter Marie Valerie dagegen war sehr gut informiert und machte sich große Sorgen, die sie nur ihrem Tagebuch anvertraute, so bei einem Ischiasanfall, der die Kaiserin in übergroße Aufregung versetzte. Marie Valerie:

Viel ärger als das Übel ist Mamas unbeschreibliche Verzweiflung und Hoffnungslosigkeit. Sie sagt, es sei eine Qual zu leben, und deutete an, sie möchte sich umbringen. „Dann kommst du in die Hölle", sagte Papa. Und Mama antwortete: „Die Höll' hat man ja schon auf Erden!"

Und das verstörte Mädchen beruhigte sich selbst:

Daß sich Mama nie umbringen wird, dessen bin ich überzeugt, daß ihr das Leben zur Last ist und daß dies zu wissen, Papa ebenso unglücklich macht wie mich, darüber könnte ich stundenlang weinen.

Diese ständige berechtigte Sorge um die Kaiserin trug vielleicht auch dazu bei, daß Kaiser Franz Joseph und die anderen Familienmitglieder sich weniger um den kranken Kronprinzen bekümmerten, als es nötig gewesen wäre. Von Elisabeth war neben allen anderen Gründen auch deshalb wenig Unterstützung für Rudolf zu bekommen, weil sie eben selbst schon so schwer depressiv war und keinen Lebensmut mehr hatte. (In diesem Zusammenhang ist auch zu erwähnen, daß sämtliche Schwestern Elisabeths in mittlerem Alter schwer depressiv wurden, was man damals „melancholisch" nannte.)

Die unmittelbare Vorgeschichte von Mayerling ist nur unvollkommen zu rekonstruieren, weil der Wiener Hof alle wichtigen Quellen einzog und wahrscheinlich zerstörte. Denn mit allen Mitteln wollte man – da man schon nicht umhin konnte, den Selbstmord zuzugeben –

die zweite Leiche von Mayerling geheimhalten. Die Tatsache, daß Rudolf nicht nur als Selbstmörder starb, sondern auch als Ehebrecher und Mörder der willigen, verliebten 17jährigen Baronesse Vetsera, wurde bis 1918 unterdrückt, alle Hinweise darauf vernichtet.

Der Einfluß des euphorischen, verliebten Mädchens in den letzten Tagen und Stunden darf jedoch nicht unterschätzt werden, ja war vielleicht für den immer noch schwankenden, nervenkranken Kronprinzen so etwas wie eine letzte Bestätigung für den Tod. Sie war sich, nach ihren Abschiedsbriefen zu schließen, ihrer Sache ganz sicher: Sie wußte, daß sie keine Chance hatte, mit dem Geliebten zusammenzuleben, und wollte den gemeinsamen Tod. Ob eine Schwangerschaft bei diesem Entschluß mitgespielt hat, ist möglich, aber nach der Quellenlage nicht zu beweisen. Von der Warte des Mädchens aus ist sicher von einem „Liebesselbstmord" zu sprechen, von Rudolfs Warte aus jedoch nicht: er besuchte noch in der Nacht, bevor er nach Mayerling fuhr, seine vertraute Geliebte Mizzi Caspar, hinterließ ihr einen „von Liebe überströmenden Brief" und 30 000 Gulden in bar (etwa 3 Mio. Schilling).

Der Verdacht, daß der Selbstmordkranke, der sich allein zu schwach für die Tat fühlte, sich des verliebten Mädchens bediente, um sein Ziel, den Tod, zu erreichen, verdunkelt bis heute das Ansehen des Kronprinzen in der Geschichte.

Literatur

Hamann B (1978) Rudolf, Kronprinz und Rebell. Amalthea, Wien
Hamann B (1981) Elisabeth, Kaiserin wider Willen. Amalthea, Wien
Kaiserin Elisabeth (1984) Das poetische Tagebuch. Österreichische Akademie der Wissenschaften, Wien (Hrsg B Hamann)
Prinzessin Stephanie von Belgien, Fürstin von Lonyay (1935) Ich sollte Kaiserin werden. Koehler und Amelong, Leipzig

Aggression –
Ende oder Anfang eines Konzepts?*

Leopold Rosenmayr

> Hans Strotzka gewidmet in Dankbarkeit für im-
> mer erneute fachliche Anregung und geduldige,
> persönliche Freundschaft über mehr als drei
> Jahrzehnte hinweg.

Wie kann zwischen der „rohen", zu Zerstörung und Selbstzerstörung
drängenden Natur im Menschen und den mehr oder minder bewußten
persönlichen und gesellschaftlichen Zielen des Erhaltens und Bewah-
rens, des Schützens und Förderns vermittelt werden?

Welche Rolle spielen Familie und Gesellschaft im Spannungsfeld
solcher Art Vermittlung und „Bezähmung"? Wodurch sind neben
ihrer mäßigenden und schützenden Funktionen die gesellschaftlichen
und familiären Strukturen *selber* Ursache und Anlaß für Aggression
und Selbstzerstörung?

Um in diesen vielschichtigen und schwer zu entflechtenden Fragen
Klärungen zu erreichen, will ich in 4 Schritten vorgehen, die ich mit
einer historischen Vorbemerkung einleite. Diese Vorbemerkung soll
den Bogen eines kulturgeschichtlichen Rückbezugs zur Frühzeit euro-
päischer Geistesentwicklung andeuten.

Erstens zeige ich (nach dieser Vorbemerkung) durch Bezug auf die
um die Jahrhundertwende entwickelten triebtheoretischen Ansätze
von Sigmund Freud und Alfred Adler verschiedene Positionen innerhalb der tiefenpsychologischen Triebtheorie auf. Dabei wird, schon
aus dem Ansatz Adlers, die *Multivalenz der Aggression* als einerseits
destruktive, andererseits aber konstruktive Kraft sichtbar. Ich stelle
dann der im Spätwerk Freuds entwickelten *Polarisierung* von Eros
und Todestrieb die *Metamorphose*konzeption von Konrad Lorenz gegenüber, wonach sich innerartliche Aggression in Bindung zu verwandeln vermag, ja notwendige Voraussetzung für „Liebe" ist.

Zweitens verweise ich auf verschiedene Aspekte der *lerntheoretischen* Ansätze und skizziere sie als Voraussetzungen gesellschaftstheo-
retischer Behandlung von Aggression.

* Überarbeitete Fassung eines Vortrags beim Symposium „Aggression, Selbstaggression, Familie und Gesellschaft", Helenenthal bei Mayerling, 28./29. 01.
1989. Die Ausarbeitung verdankt viele Anregungen und Diskussionen Professor
Rupert Riedl und den Teilnehmern des „Altenberger Kreises".

Drittens versuche ich, einen eigenen *soziologischen* Zugang zur Aggression zu entwickeln. Durch Aufweisung der einerseits begrenzenden, andererseits deutenden Funktion der Gesellschaft und ihrer Institutionen lenke ich das Augenmerk auf Ideologien und andere Formen der Fixierung von Aggression. Ich stelle die geschichtlich-gesellschaftliche Vermittlung aller menschlichen Aggressionen heraus. Aus diesem Abschnitt ergeben sich auch Vorschläge zu einer *disziplinverbindenden* Betrachtung der Phänomene von Aggression und Selbstaggression.

Viertens liefere ich Stichworte zu einer *historisch-soziologischen Familientypologie.* Ich suche dadurch die geschichtliche Verschiedenartigkeit von Struktur und Form der Aggression darzulegen. Schließlich vergleiche ich diese historische Formen mit der Gegenwartsfamilie und den durch sie bedingten Aggressionen bzw. Verarbeitungsmöglichkeiten von Aggression.

Historische Vorbemerkung

„Man muß wissen, daß *Konflikt universell* und selbst Rechtssprechung *Kampf* ist und daß *alles* aus Kampf und Notwendigkeit entsteht." So lautet das Fragment 80 des ionischen Philosophen Heraklit von Ephesos um 500 v. Chr.

Unter dem Begriff der „Notwendigkeit" ist, wie Heidegger, antike Philosophie interpretierend, vorschlug, das *Abwenden von Not,* und damit – in meiner Deutung – die *Befriedigung von Grundbedürfnissen* zu verstehen.

Alles Leben, aller Wandel geschieht in Auseinandersetzungen, vermittelt uns Heraklit. Die zeitgenössische Kritik an Heraklit durch Parmenides lautete, daß die Phänomene der Veränderung nur einer Sichtweise unserer sterblichen Augen entspringen und am Grunde des Seins die Beständigkeit zu finden sei. Doch in Heraklits Modell vom Sein ist zutiefst der Zeitbegriff, auch die Dynamik von Wachstum mitenthalten. Für Heraklit ist Natur (Physis) dem Wortsinn nach Aufkeimen, und dadurch Veränderung. Man müsse der Natur in uns, im Menschen, *ihr Recht lassen* (Fragment 112), aber durch Wissen über die Dimensionen und die Wucht dieser Natur in uns zur Mäßigung finden. „Alle Menschen tragen – obwohl sie naturhaft sind – in sich die Fähigkeit, sich selber zu erkennen und maßvoll zu handeln" (Fragment 116).

Gerade diese Verbindung zwischen der Universalität des *naturbedingten Konflikts* und der *kulturbedingten* Stabilisierungskapazität durch das Setzen und Bestimmen von Maßen, liegt unserem Thema zu Grunde. Wir müssen heute die Forderung nach der Bestimmung von Maßen (denen gegenüber wir eine gewisse Hilflosigkeit haben) durch ein modernes Wort ergänzen: Setzung von Maßen aus dem Streben nach *Freiheit,* gepaart mit einer umfassenden zukunftsgewandten Sorge (Jonas 1980).

Das gesamte kosmische Geschehen ist nach Heraklit spannungsgeboren. Konflikt ist ein alles durchdringender Prozeß. Diesem *Streit und Widerstreit* im Kosmos ist einmal *sein Recht zu lassen.* Zum anderen besteht für den Menschen die Aufgabe, *konfliktbewußt zu werden.* Zum dritten sind daraus für das menschliche Eigen- und Fremdüberleben die *Konsequenzen der Mäßigung* zu ziehen.

Ein Verständnis der Aggression durch ihre psychische und soziale Bewußtmachung führt also zur zweifachen Frage: „Was heißt Mäßigung?" und „Wie gelangen wir zu ihr?" Die vorwegnehmende Antwort mag lauten: gewiß nicht durch Unterdrückung und Verhinderung, wohl aber durch Gestaltung, Selbstgestaltung und gemeinsame Gestaltfindung, geistig, soziologisch (in den Lebensmilieus) und politisch gesehen.

Triebtheoretische Konzepte zur Aggression bei Freud, Adler und Lorenz

Das Thema der Aggression ist zu Beginn der europäischen Philosophie aufgebracht worden, aber es hat, bei all seiner Bedeutung in der europäischen Neuzeit (bei Hobbes, Hegel, Feuerbach, Marx und Nietzsche) seine wissenschaftliche Verankerung doch erst durch die Tiefenpsychologie des beginnenden 20. Jahrhunderts gefunden.

Bei näherem Zusehen ergibt sich ein überraschendes Zusammenspiel zwischen Freud und Adler. Aggression ist nach den Frühschriften Freuds ein Verhalten, Deprivation aufzuheben und sexuell zum Ziel, zur Bemächtigung eines „Sexualobjekts" zu kommen. Einen entscheidenden Schritt hat – in Veränderung dieser Konzeption – Adler in seiner 1908 veröffentlichten kleinen Schrift „Über den Aggressionstrieb im Leben und in der Neurose" unternommen. In dieser Schrift legt Adler einen Begriff der Aggression vor und vermeidet ihn gleichzeitig. Der Aggressionstrieb könne keinem Organsystem zugeordnet werden, er sei als „ein alle Triebe verbindendes psychisches Feld" aufzufassen, „in das Erregung einströmt, sobald einem Primärtrieb die Befriedigung versagt bleibt" (Adler 1908, S. 581). Dieses psychische Feld sei auf Inangriffnehmen und Bemächtigen (aber nicht nur, wie vorerst bei Freud, des Sexualobjekts) ausgerichtet.

Adler konzipiert in dieser frühen Phase seines Denkens allerdings auch die Rückwendung der Aggression gegen den Aggressor, des Menschen gegen sich selber. Adler sieht in dieser Rückwendung aber nicht Zerstörung oder Selbstzerstörung, sondern einen Ansatz zur Herausbildung von Altruismus (Adler 1908, S. 582). Hier liegt eigentlich ein – noch näher zu prüfender – Gedanke der Triebverarbeitung zu sozialer Identifizierung und in Richtung auf gemeinschaftsbezogenes Handeln vor.

Freud erkannte bald, daß die menschlichen Tendenzen der Zerstörung theoretisch gefaßt werden müßten und entwarf in *Jenseits des Lustprinzips* (1920) im Todestrieb eine gegenüber der Befriedigung – „Stillung" – der Libido alternative Herbeiführung von Homöostase. Wie die Lust führe auch der Tod zum „Gleichgewicht". Freud hat mit dieser Konzeption einen merkwürdigen Bruch in seine Grundhaltung des Heilens, Überwindens und Bewußtmachens eingeführt. Mit Ausnahme einer kleinen Minderheit von Theoretikern, so Klein, wurde das Konzept des „Todestriebs" von der Psychoanalyse in ihrer weiteren Entwicklung nicht rezipiert (Strotzka 1982, S. 205).

Und was war wohl die Ursache, daß sich Freud im *Unbehagen in der Kultur* (1930) dazu entschloß, gegenüber *Jenseits des Lustprinzips* einen Schritt weiterzugehen und – ausdrücklich „in Abänderung der psychoanalytischen Trieblehre" (S. 89) – einen „selbständigen Aggressionstrieb" annahm? Freud schrieb, er „stelle sich auf den Standpunkt, daß die Aggressionsneigung eine ursprüngliche, selbständige Triebanlage des Menschen" sei (S. 96). Weiß (1935) hat diesem Trieb, analog zu Libido, den Titel „Destrudo" geben wollen, was sich jedoch in der Fachsprache der Psychoanalyse nicht durchgesetzt hat. Auch „Mortido" war für den Todestrieb vorgeschlagen worden. Freud sah den Aggressionstrieb als „Abkömmling und Hauptvertreter des Todestriebes", welcher sich mit dem Eros die „Weltherrschaft teilt" (S. 97).

Man versteht diese Gegenüberstellung im Grunde erst, wenn man die Geschichts- und Gesellschaftsphilosophie Freuds als regieführende Kräfte hinter seiner Triebtheorie begreift. Deswegen fasse ich auch „Jenseits des Lustprinzips" als Klassiker der soziologischen Theorie in Österreich auf (Rosenmayr 1988, S. 282).

Sicher, es bleibt immer noch genug psychodynamische Explikationskunst in dieser gesellschaftstheoretisch bedingten Konstruktion Freuds, die zu der von ihm vorgenommenen Polarisierung von Eros und Todestrieb führte. Der Meister zieht die Register, die er selber erfindet, so z. B. daß aggressive Zerstörungswut mit „außerordentlich hohem narzißtischem Genuß" verknüpft werden könne, wodurch die Aggression sich mit infantilen Allmachtswünschen verbünde oder aber, sowohl im Sadismus als auch im Masochismus, sich deutlich „sexuell legiert" (S. 96).

Aber im Grunde liest sich die im „Unbehagen in der Kultur" auf der Zerstörungskomponente der Aggressionskonzeption aufgebaute Sozialmetaphysik Freuds – auch Darwin war von der Sozialmetaphysik seiner Zeit auf sein Selektionskonzept geführt worden – als Kampf des Lichts, des Reichs der Liebe und der Vereinigung gegen das Dunkel der Zerstörung.

Kultur überwindet das „Todesstreben", indem sie (ganz wie bei Platon) „einem inneren erotischen Antrieb gehorcht, der sie die Menschen zu einer innig verbundenen Masse vereinigen heißt", (S. 115). Das sei der „Lebenskampf der Menschenart" (S. 97–98), der nur durch „Herstellung einer Einheit" (S. 28) gegen die Mächte der Zerstörung gewonnen werden könne. Es ist dies eine Einheit, für die beim einzelnen, der in seiner Destruktion (homo homini lupus, S. 80) die eigene Art nicht schont (S. 81), individuelle Motivationen und soziales Handeln nur schwer zu erreichen sind.

Diese Einheit zu stiften, müsse die Kultur alles aufbieten, „um den Aggressionstrieben der Menschen Schranken zu setzen, ihre Äußerungen durch psychische Reaktionsbildungen niederzuhalten" (S. 82). Und die Reaktionsbildungen erzwingen Triebverzicht und fordern Sublimierung. Um den Eros der Vereinigung zu entwickeln, ist Sexualität zu zügeln. Denn es bedarf großer Kraft, den Todestrieb zu bändigen, der „als Trieb zur Aggression und Destruktion zum Vorschein kommt" (S. 92).

Freud war ursprünglich – um die Jahrhundertwende – von einer (wenn auch mit besitzergreifend-aggressiven Zügen durchsetzten) *Libido* ausgegangen. Um Zerstörung und Selbstzerstörung des Menschen zu erklären, führte er 1920 den Todestrieb und 1930 dessen Abspaltung, den *Aggressionstrieb*, ein. Ob man dies nicht wie das Heraufkommen einer Ahnung von den massenhaften Ausbrüchen der Vernichtung in der ersten Jahrhunderthälfte auffassen darf?

Im Ansatz der Triebtheorie Freud verwandt und ähnlich kulturphilosophisch ambitioniert, ging Lorenz 1963 im Vergleich zu Freud den umgekehrten Weg. Während Freud mit der Theorie der Libido und des Eros begann und zur zerstörerischen Aggression als Abspaltung des Todestriebes gelangte, setzte Lorenz beim innerartlichen, auf Selektion gerichteten (beim Menschen – im Unterschied zu den Tieren – zur wechselseitigen Zerstörung tendierenden) Konflikt an.

Von diesem Ansatz aus gelangte Lorenz zur Vorstellung der bereits biologisch bedingten Aggressionshemmung und zum Aufbau von Bindung und „Liebe". Lorenz konzipierte Aggression stammesgeschichtlich. Als „die Gefahren des Erfrierens, Verhungerns und Gefressenwerdens von Großraubtieren einigermaßen gebannt" waren, setzte beim Menschen eine „böse intraspezifische Selektion ein". Ein „Auslese treibender Faktor Krieg" konnte wirksam werden, „samt der Heranzüchtung aller sogenannter kriegerischen Tugenden" (Lorenz 1977, S. 48f.).

Um aber Brutpflege und Fortpflanzung bei den hochentwickelten Tieren zu gewährleisten, ja Nähe überhaupt erst zu ermöglichen, entstand, z. T. auf dem Wege der biologisch-verhaltensmäßig sich herausbildenden Ritualisierung, aus der innerartlichen Aggression das, was Lorenz „das Band" nannte. So kam Lorenz zu dem ebenso populär gewordenen wie theoretisch nicht problemlosen Satz: „Es gibt also sehr wohl intraspezifische Aggression ohne ihren Gegenspieler, die Liebe, aber es gibt umgekehrt *keine Liebe ohne Aggression*" (S. 205; Hervorhebung L. R.).

Lorenz ging noch weiter. Die Menschheit bedürfe der Parteiungen, des inneren und äußeren „Triumphgeschreis" (S. 244), der sozialen Identifikation in und mit Gruppen und Strukturen, um die Abreaktion sozialer Aggression zu erzielen. Allerdings sei dadurch die Gefahr wechselseitigen Sich-Totschlagens gegeben. Lorenz sah im Ausbau der persönlichen Beziehungen und der Freundschaft Kräfte, die den besten Schutz vor Selbstzerstörung abgeben. In der Freundschaft liege das vielleicht entscheidende Moment, die stammesgeschichtlich beim Menschen hochgezüchtete intraspezifische Aggression einzudämmen und die Selbstzerstörung der Menschheit zu vermeiden (S. 258f.).

Im Unterschied zur theoretischen Konzeption von Freud sieht Lorenz Aggression auch als „Anpacken einer Aufgabe" an. Freud hielt eine Eindämmung des Bösen (der Aggression) für unabwendbar nötig. Zu diesem Zweck ging er bis zum Äußersten seiner therapeutisch-befreienden Bemühung und verlangte die riskante Über-Ich-Festigung als Aggressionsabwehr. Lorenz will das „sogenannte Böse", die Aggression „umpolen". Aggression ist nach Lorenz reversibel, auch dort, wo sie vorerst zum Zerstörerischen neigt.

Blieb Freud zurückhaltend bis pessimistisch, erreichte Lorenz mit dem (allerdings vor 25 Jahren) erstmals zusammenfassend vorgetragenen Aggressionskonzept der biologischen Verhaltenslehre einen Höhepunkt seiner optimistischen evolutionären Vision.

Was können wir folgern? Die Triebtheorie von Lorenz (darin der Konzeption Adlers ähnlich) macht die *Multivalenz* der Aggression erkennbar. Aggression kann einerseits destruktiv sein, wirkt aber anderseits als Durchsetzung und Zielerreichung konstruktiv.

Bei beiden, bei Freud wie bei Lorenz (bei letzterem noch viel expliziter), wird die *Vernunft als soziale Stabilisierungsmacht* aufgerufen. Bei Freud soll sie die Kriterien für einerseits den Abbau überstrenger Gebote, anderseits aber für die Festigung von Hemmschwellen durch Triebverzicht erreichen. Die Notwendigkeit des Triebverzichts soll eingesehen werden. So kann die (laut Freud) aus ihrer eindeutigen Polung auf Zerstörung zielende Aggression verhindert werden.

Adler und Lorenz vertreten beide ein multivalentes Aggressionskonzept, das die potentielle Formung und Orientierung (und Umorientierung) der Aggression hervorhob. Freud brachte sich durch die Zwei-Triebe-Konzeption (Libido und Todestrieb) um die Wandelbarkeit der (laut ihm) vom Todestrieb abgespaltenen Aggression.

Weder bei Freud noch bei Lorenz wird einigermaßen klar, *wie* Aggression verhindert bzw. bearbeitet werden soll, auf welcher Ebene, ob in der Familie, in der Schule, durch Wissenschaft und Philosophie oder Politik? Es herrscht eine allgemeine makrosoziologische Betrachtung vor. Von sozialpädagogischer und sozialpsychiatrischer Beziehung aufs Konkrete und von möglicher Anwendung ist nicht oder kaum die Rede. Anders war von Anbeginn Adler orientiert, der auf die Auswirkungen unverarbeiteter Aggressivität in verschiedenen Berufen (Geistlicher, Richter, Lehrer, Polizisten) schon 1908 verwies (Adler 1908, S. 582).

Von psychoanalytischer Seite her hat Hans Strotzka Auswege aus der zerstörerischen und selbstzerstörerischen Aggressivität in methodischer Selbsterforschung, „vertrautem Umgang mit der eigenen Irrationalität", dem Erkennen der potentiellen Destruktivität von Idealen und daher dem in „eventuell temporärem regressiven Ausweichen" erreichbaren *Kompromiß* gesehen. Kompromiß sah Strotzka als einen moralischen Akt, der an die Konsequenzen denkt und die Phantasie als Lösungshilfe zur Erreichung einer wechselseitigen Fairness verwendet (Strotzka 1983, S. 144f.).

Über einige Ergebnisse lerntheoretischer Ansätze der Aggressionsforschung

Was kann die Lernforschung zur Analyse der Aggression bieten? Die Lernforschung ging vorerst von kurzfristigen Zusammenhängen aus und zeigte die Abhängigkeit der Aggression von der Frustration.

Dann brachte diese Forschungsrichtung ihre eigene Erweiterung, indem sie zeigte, daß Frustration keine notwendige Bedingung für das Auftreten von Aggression darstellte. Aggression kann ohne Frustration erlernt werden. Auch sind die Vermeidung von Aggression bzw. deren Einschränkung lernbar.

Beiden, sowohl Freud als auch Lorenz, galten biologisch bedingte Voraussetzungen als zentrale Faktoren der Erklärung von Aggression. Freud und Lorenz gingen von wenn auch verschiedenen Modellen der Spannungsbewältigung aus. Doch Bandura u. Walters (1963) zeigten, daß Lernprozesse über Aggression entscheiden können. So mögen Ausdruck oder Einschränkung von Aggression am Modell gelernt werden.

In der Lerntheorie liegt hier schon ein erster Schritt in Richtung auf soziologische Deutungen vor: So können die typisch bürgerliche bzw. kleinbürgerliche Konfliktscheu und ihre „Weitervererbung" durch Sozialisation als soziologisch bedingte Lernmuster aufgefaßt werden, als Muster, die an einer bestimmten Struktur „hängen".

Die lernpsychologische Forschung ergab weiter,

1. daß Alternativen zu aggressiven Handlungen gelernt werden können (in elaborierten und ausgeführten kulturellen Systemen ist dies prinzipiell leichter als in anderen; Schulz 1988, S. 221f.);
2. daß die Entfernung aus aggressionsproduzierenden Systemen und Milieus durch die Unterbrechung der Situationen, die Fixierung an die Aggression löst bzw. lockert;
3. daß Aggression durch Gewährenlassen der Aggression nicht grundsätzlich „ausraucht", sondern daß sich durch Erzeugung von Schuldgefühlen und deren Umsetzung in „Wut zweiter Ordnung" beim Aggressor die Aggressionsbereitschaft noch zu verstärken vermag.
4. Auch wenn bei schädigender Aggression (z. B. durch Verletzung des Geschädigten) kurzfristig die vorhergegangenen Gelüste der Rache gestillt worden sind, kann bei den Aggressoren dieses Verhalten langfristig verstärkt werden. Vielfach zeigt die experimentelle Aggressionsforschung, daß aus aggressiven Handlungen tendenziell immer neue Aggressionen hervorgehen (Berkowitz 1965).
5. In Konfliktsituationen befindet sich derjenige, der einem Aggressor gegenübersteht, immer im Dilemma. Konflikt- und Aggressionstoleranz sind zwar durchaus dazu geeignet, den Konflikt aus der unmittelbaren Erregungssituation heraus auf eine Ebene psychischer Reversibilität und verbaler Zugänglichkeit zu heben und

damit lösbar zu machen, anderseits aber macht tolerierte Aggression eine Reihe neuer Aggressionen wahrscheinlich.

Diese hier nur angedeuteten Ergebnisse der psychologischen Lernforschung bringen wichtige Ergänzungen und indirekt auch Kritik an den triebtheoretischen Ansätzen. Sie zeigen nämlich, daß in das von den Triebtheoretikern angenommene Wechselspiel zwischen Trieb und Kontrollinstanz (bei Freud zwischen Es und Über-Ich) Steuerungen eingebaut werden können.

Das menschliche Lernvermögen und die (durch dieses Lernvermögen aufgebaute) Kultur können Eigenkraft in der Ich-Steuerung erlangen. So können z. B. Individuen und Gruppen lernen, Aggressionen, die sozial zu kostspielig werden, durch andere Strategien der Zielerreichung zu ersetzen. Hier ist auch der Angelpunkt, wo unsere Vorschläge zur Modifikation von rein triebtheoretisch fundierten Aggressionstheorien einsetzen.

Der Mensch ist aufgrund seiner enormen Instinktunsicherheit und trieblichen Plastizität (Gehlen 1964, 1974) ein Lernwesen, welches allerdings nicht nur Lösungsalternativen zu finden trachtet, sondern auch soziale Einrichtungen zum Lernen schaffen muß, um Kontinuitäten aufzubauen, die zur wechselseitigen Bedürfnisbefriedigung unbedingt erforderlich sind. Diese Einrichtungen stellen auch Voraussetzungen sowohl zur Entwicklungsfähigkeit als auch zur Fixierung von Lernprozessen dar. So entstehen Organisationen und Institutionen mit ihren Eigengesetzlichkeiten. Lernprozesse werden durch Lernprogramme, die den Organisationen immanent sind, also durch organisationsspezifische Lernregeln und -rhythmen strukturiert. Das mag sich entwicklungsfördernd oder hemmend auswirken, auf jeden Fall aber schlagen sich die institutionellen Strukturen in den Prozessen des Lernens, des Kulturtradierens und Veränderns nieder.

Im Trieb-Kontrolle-Wechselprozeß selber „lagern" durch die Möglichkeiten der Aktivierung der gesellschaftlich gespeicherten Interpretationen Alternativen zur Aggression. Systeme von Ethik und Ideologie treten deutend und schon dadurch steuernd hervor. Indem er die Strukturen seiner Lebensbedingungen selber schafft, erscheint der Homo sapiens bzw. sein Verhalten als sozial modifizierbar, und zwar nicht nur durch Regeln und die Begrenzungen, welche diese Regeln auferlegen, sondern auch durch Deutungen. Gerade darauf kommt es der soziologischen Sicht der Aggression an. Denn wie bei keinem anderen Lebewesen *dringt beim Menschen die Kultur differenzierend in sein Motivationssystem ein.* Durch Bindung an Symbole (oder Abscheu vor ihnen), also durch die affektive Verwurzelung dieser

Symbole, erlangen die orientierenden Deutungskonstrukte eine Quasiselbständigkeit in der Psyche.

Aggression wird interpretiert und die verschiedensten Bedeutungen werden ihr unterlegt. *Bedeutungen (und die davon abgeleiteten Interpretationen) sind von der gesellschaftlichen Organisation abhängig. Lebensbedingungen werden nicht nur durch Zielsetzungen und -erreichungen sozial erzeugt, sondern auch in einen ständigen Interpretationsfluß gezogen.* Das „panta rhei" (alles ist stets in Fluß) des Heraklit gilt nicht nur für den Wandel der Strukturen in Geschichte und Gesellschaft selber. Dieses Wort des Heraklit vom dauernden Fluß läßt sich auch auf den gesellschaftlich betriebenen und aus Intuition und Erfindung einzelner (und auf den Druck von Gruppen hin) gespeisten Bedeutungswandel beziehen.

Soziologisches Denken läßt uns sehen, daß die sozial vorproduzierten Klischees samt Bewertungen (Frauenstereotyp, Männerstereotyp, Altenstereotyp, Ausländerstereotyp) als Masken (Featherman u. Hegworth 1989) verwendet und enorm hoch affektiv besetzt werden. Auf diese Masken können (viel leichter als auf Menschen) Aggressionen gerichtet werden. Doch nicht nur dies. Psychologie und Soziologie haben uns gelehrt, daß Situationen schließlich so erlebt werden, wie sie vordefiniert wurden (Thomas 1965). Doch woher stammen die Vordefinitionen? Sie sind gesellschaftliche Angebote, aus denen die Psyche je nach ihrer Struktur und Dynamik auswählt.

Sozialpsychiatrisch, soziologisch und psychohygienisch geht es darum, zu erkennen, wie – über die individuellen intrapsychischen Konstellationen, Prädispositionen und Inklinationen hinaus – für Gruppen und Organisationen (am Arbeitsplatz, in Produktion und Verwaltung, in den verschiedensten Kontexten) und in Institutionen (von den Kirchen bis zu den Medien) Aggressionen auftreten, fokussiert, verarbeitet oder aber „platzen gelassen" werden. Daran schließt sich die Frage, wie dies in einer für die jeweilige Institution und ihre Führungsstruktur typischen Weise geschieht, welche speziellen Gefahren des „Platzens" der Aggression und welche Möglichkeiten ihrer Verarbeitung (spezifisch für die Institution) bestehen.

Die Anhäufung von Aggressionsmotivation, der Aggressionsstau, der für ein System jeweils typisch und rekurrent ist, wäre festzustellen. Dann kann man fragen, wodurch „unlösbare" Konflikte aufgebaut werden, die, wenn sie ausbrechen, das System gefährden. Diese Fragen aber müssen auf konkrete historische und soziale Rahmenbedingungen bezogen werden, und sie werden zu jeweils verschiedenen Resultaten über den soziologischen Aggressionsprozeß führen.

Von zentraler Bedeutung ist, wie die Bedingungen des Systems und die Aggressionen selber selektiv wahrgenommen und wie sie gedeutet werden. Eine soziologische Theorie der Aggression muß für historisch und sozialstrukturell variable Bedingungen artikuliert werden. Die differenzierende Betrachtung dieser Art leugnet nicht die biologische Fundierung, sie schränkt aber die Gültigkeit allgemeiner trieb- oder lerntheoretischer Konzeptionen ein. Beim Studium der Entstehung und des Verlaufs von Aggression wird man auf diese Weise zeigen können, daß z. B. nicht alle Formen von zentralisiert-hierarchischer Führung unbedingt systemgefährdend und nicht alle dezentralisiert-egalitären Führungsformen hinsichtlich der Aggressionsverarbeitung systemförderlich sein müssen. Vielfach ist in diesem Zusammenhang auch gezeigt worden, daß der Zeitfaktor (wieviel Zeit für Lösungen einer Aufgabe gewährt wird) eine wichtige Rolle für die Berücksichtigung der Aggression in Gruppe oder Institution spielt.

Zur soziologischen Deutung von Aggression und Selbstaggression

So sehr die Aggressionstheorie in Tiefenpsychologie und Verhaltensforschung Erfolge erzielte, so verstellen diese eine komplexere Analyse, wenn von der Triebanalyse ohne die vermittelnde Betrachtung historisch-soziologischer Differenzierungen auf die Kulturdeutung gesprungen wird.

So entsteht auch, weil die triebtheoretischen Axiome sich leicht und schlagend allgemein formulieren lassen, die gefährliche Illusion einer immer und überall gültigen Aggressionskonzeption. Sozialstrukturen samt dem Gewicht ihrer Symbolisierungen werden dann höchstens als ergänzende Erklärungsbedingungen einer „reinen", d. h. der gesellschaftlichen Verankerung bzw. Kanalisierung von Aggression sich nicht bewußten biologischen Theorie geopfert.

Deutlich wurde uns zwar, daß Aggression nie ohne Triebstudium gesellschaftlich betrachtet werden kann; doch müssen die soziologisch-kulturellen Einflüsse als begrenzende und deutende Mächte ernst genommen werden.

Unsere Untersuchung führt uns darauf hin, daß wir Aggression grundsätzlich multivalent, also auf ihre destruktiven wie auch auf ihre konstruktiven Modalitäten hin betrachten. Die Unterscheidung, ob eine Aggression konstruktiv oder destruktiv ist, mag in manchen

Zonen von Handlung und Verhalten außerordentlich schwierig sein und hängt von eben den gesellschaftlichen Deutungen ab. Mythische Figuren, wie der für den Hinduismus wichtige Gott Shiwa, können beides bedeuten, Zerstörung und Kreation. Diese mythische Verknüpfung drückt die innere analytische Schwierigkeit einer Trennung von Destruktion und Strukturation paradigmatisch aus.

Sowohl die griechisch-antiken als auch die jüdischen Ideen haben (wenn auch aus verschiedenen Motiven) Strukturation und Destruktion stark polarisiert, als konträr konfrontiert. Der ordnenden Schöpferkraft des die Welt strukturierenden göttlichen Logos wurden die Figuren der Zerstörung gegenübergestellt. Es war dies v.a. der Anführer der abgefallenen Engel, der ehemalige Lichtträger (Luzifer), der sich nach dem Abfall von Gott und seiner Ordnung (Logos) als Zerstörer, „Durcheinanderwerfer" (Diabolos) bestätigende Teufel.

Kraft und Gestaltung wurden abendländisch mit zielbewußter Ordnungsstiftung identifiziert. Der Mischbereich von Destruktion und Kreation trat in der europäischen Frühgeschichte bald in den Hintergrund. Er muß vielleicht heute wieder stärker gesehen und analysiert werden, um die psychische und gesellschaftliche Gestaltbarkeit von Aggression im einzelnen aufzuzeigen.

So kritisiert Battegay mit Recht die (von Fromm vorgenommene) radikale Trennung in „benigne" und „zerstörerische" Aggression (Battegay 1979, S. 13). In der Tat dürfte Fromm in die durch Freuds Zweiteilung der Weltkräfte, in Eros einerseits und Todestrieb anderseits, entstandene Falle gegangen sein. Dennoch verdanken wir Fromm das vielleicht am stärksten differenzierte Modell der Aggression und die gezielte soziologisch und historisch nötige Einbeziehung der vom Menschen in seiner historischen und sozialen Entfaltung selber geschaffenen Strukturen und Situationen in die Aggressionstheorie.

Fromm führte uns dazu, Marx' These von der „in jeder Epoche modifizierten Menschennatur" (Marx 1862, S. 573) ernst zu nehmen und auf diesem Hintergrund auch Aggression und Leidenschaft zu verstehen (Fromm 1980, S. 235). Aber die Unterscheidung zwischen „gutartiger" und „bösartiger" Aggression (Fromm 1980, S. 162ff.) dürfte in der von Fromm entwickelten doktrinären Gegenüberstellung wohl nicht haltbar sein.

Auch dürfte man nicht, wie Fromm und Battegay vermuten, Aggression primär von Selbstverteidigung oder Selbstbehauptung abhängig machen. Ich möchte die Erhaltungsfunktion von Aggression nicht leugnen, doch muß sie dynamisch gesehen werden, nicht reaktiv. Aggression ist, wie Adler richtig erkannte, zu sehr mit Erregungszuständen verbunden, und damit, wie ich folgern möchte, mit Appetenzen, die auf ein Mehr, nicht nur auf eine Bewahrung oder Verteidigung des Istzustandes (als Selbstbehauptung) verweisen.

Das beim höheren Säuger, aber besonders beim Menschen schon in der frühen Kindheit auftretende Such- und Bemächtigungsverhalten muß im Rahmen des Spannungsfeldes von Aggression gesehen werden. Es richtet sich auf Exploration. Es ist auf Nahrung, aber auch auf Erreichung und Manipulation von Gegenständen orientiert, welche das Kind als zu sich gehörig empfindet, oder welche es erlangen möchte.

Wegen dieser Appetenz und Exploration, die ich als zentral für menschliche Aggression ansehe, darf auch der Zusammenhang zwischen Aggression und Angst nicht übersehen werden. Nichterreichen vitaler Ziele schafft tiefe Unsicherheit, auch Verwirrung, besonders bei Abwesenheit oder beim Ausfall von entscheidenden Lustquellen. Fehlende mütterliche Sicherheitsgewährung, mangelnde Bewegungsfähigkeit und Verstärkung des Explorationsverhaltens sowie schließlich Mängel der affektiven Bestätigung des sich verselbständigenden Suchens des Kindes lösen bei diesem „Ängste" aus. Je stärker die Ängste, desto ungezielter und „hilfloser" mag später die Aggression hervorbrechen. Wegen ihrer Hilflosigkeit kann diese Aggression auch schwer schädigend oder gefährdend werden, aber sie muß es nicht. Gerade in der diffusen und hilflosen Angst mögen die Komponenten der Selbsterhaltung bzw. der Selbstverteidigung sich enorm aggressiv abbilden, wenn sie genug Ventil erhalten, um hervorbrechen zu können. Angst durchbricht Hemmungen und setzt so die mit der Selbsterhaltung gekoppelte Aggression frei.

Es stellt sich in aller Schärfe jeweils auch das Bewertungsproblem von Aggression, nämlich was (mit welchen Legitimationskriterien) als konstruktiv und was in welcher historisch-soziologischen Struktur und Situation und aus welcher Sicht als destruktiv angesehen wird.

Hier wird auch die Problematik von religiösen, politischen und ideologischen Idealen sichtbar. Manche Soziologen haben Ideale triebtheoretisch als Derivate (Pareto 1920, zit. nach Eisermann 1962) und damit als psychologische Überbauprodukte darzustellen versucht. Sie sehen in Idealen faszinierende Regulative, die aus Trieben hervorgehen und sodann Eigenvalenz, d. h. eine Anziehungskraft und Motivationsmacht gewinnen, ohne daß denen, die sie zu Handlungen motivieren, die ursprüngliche Abkunft aus Verdrängung von Trieben sichtbar würde. Bei aller steter psychohygienischer Notwendigkeit von Idealkritik (Strotzka 1982), weil Ideale in der Tat Kompensationen sein können und das Potential von Zerstörung und Selbstzerstörung in sich tragen, ist ihre Kraft in Prozessen individueller und gesellschaftli-

cher Erneuerung nicht gering zu schätzen. Wie sollen sonst Schutz-
und Schonfunktionen (als Wachheit, Liebe, Hilfe, Fähigkeit zur Identifizierung mit anderen) getragen, erweitert und verteidigt werden, wie
soziale Bewegungen und die Durchsetzung von Forderungen schwa-
cher und benachteiligter Gruppen Erfolg haben?

Anderseits darf man die Zerstörung im Namen von Idealen nicht
ohne die aus der Triebtheorie, der Lerntheorie und Soziologie gewon-
nenen Erklärungs- und Kritikmöglichkeiten akzeptieren. Der Gewalt
darf psychohygienisch nicht ohne Hinterfragung Berechtigung zugebil-
ligt werden, auch wenn sie sich auf hohe Ideale beruft.

Die aus Kindheit und Jugend weiter wirksamen Identifizierungen
und Fixierungen bleiben zur Erkenntnis der Aggression oft dadurch
unbeachtet, daß Machtstrukturen sich innerpsychisch verfestigen
(Gruen 1987). Differenzierte und konkrete Einstellungen zur Aggression und ihrer gesellschaftlichen Formbarkeit wird man daher wohl
ohne Verstärkung der Bemühungen um Selbsterkenntnis und um die
Verbesserung des Verständnisses der interpersonellen und gesellschaftlichen Bedingungen für Aggression nicht erreichen.

Entscheidend für eine solche Erkenntnis ist die Auseinandersetzung
mit den solipsistischen Ansätzen des Bewußtseins in den Ich-Theo-
rien. Es ist bewußtseinstheoretisch äußerst schwer, dem solipsistischen
Kreislauf in Richtung auf Fremderkenntnis zu entrinnen und über eine
bloß projektiv bleibende Interpretation des anderen Ich hinauszugelangen.

In der wechselseitigen Anerkennung und in der Metaeinsicht,
„daß ich an mir selbst erfahre, daß der andere mich konstituiert"
(Burger 1989, S. 204), könnte eine solche Orientierung zu einer
„Transzendenz gegenüber dem Solipsismus" liegen. Eine solche
„Transzendenz" müßte sich nicht nur praktisch moralisch anbahnen,
sondern sich auch kognitiv, zur Begünstigung der Fremderkenntnis
konstituieren. Denn es besteht ja die Gefahr, daß das durch Reflexivität gestärkte Ich (Becker 1978, S. 207 ff.) aus dem Prozeß der
Selbstfindung nicht mehr herausfindet und im Labyrinth der Enklave
des eigenen (zum anderen hin nie direkt überschreitbaren) Bewußtseins verbleibt, sich in sich selbst einnistet und letztlich nur verstärkt
isoliert.

Das Ernstnehmen des anderen, das „geistige Zusammentreffen"
(Schumacher 1986, S. 115) ist Voraussetzung des Wissenwollens und
der Verbesserung des Wissenkönnens um den Anderen und um sich
selber. Man kann ohne diese Haltung, die eine ethische genannt werden könnte, den Kreisprozeß zwischen Selbsterkenntnis und Fremderkenntnis durch zugleich Beschränkung und Verbesserung des „projek-

tiven", d. h. von Eigenmodellen ausgehenden Fremdverständnisses nicht erweitern.

Die „Transzendenz" des eigenen Bewußtseins geschieht über meine begründeten Ahnungen der Projektionen des anderen auf mich selbst. Die daraus resultierenden Begrenzungserlebnisse könnten als Erfahrungen eine wichtige Voraussetzung für die Umwandlung von diffusen oder zerstörerischen Aggressionen in „konstruktiven Streit" bahnen. Denn letzterer, z. B. als interpersonelle Konfrontation, erweitert bzw. zerbricht den Solipsismus und schafft dadurch (durch das so entstandene Ernst-nehmen-Müssen des anderen) Voraussetzungen zur Verarbeitung und schließlich zum Abbau besonders von jener Aggressivität, die auf monadischer bzw. solipsistischer Abschließung beruht.

Geschichtlich gesehen hat die europäische Entwicklung des Bewußtseins sowie der Philosophie und Wissenschaft vom Bewußtsein, einen verhängnisvollen Solipsismus hervorgebracht. Ohne dessen Wendung wird auch eine Verbesserung der Verarbeitung der Aggression nicht gelingen. Die Überwindung des Solipsismus könnte von einem durch Hobbes eingeleiteten, für die europäische Pädagogik und Politik über Locke zu Rousseau folgenreich entwickelten *Vertrags*denken zu einem neuen *Vertrauens*denken führen. Vertrauen hilft potentiell den Solipsismus zu „transzendieren" und begünstigt dadurch Aggressionsverarbeitung (Luhmann 1973).

So sehr disziplinübergreifende Perspektiven der Erkenntnis förderlich sind, so wenig sollten Begriffe durch interdisziplinäre Kooperation oder Integration überdehnt werden. Wird der Begriff der Aggression z. B. auf alle Kriege der Weltgeschichte angewandt, verliert er an theoretischer Überzeugungskraft und verkommt zur Vokabel für gewalthafte Auseinandersetzung überhaupt. Daß in jedem gewalthaften Streit Aggression enthalten sein muß, damit er vor sich gehen kann, ist evident. Doch ist damit über die vielen Ursachen solchen Streits, Krieges, Aufstands, solcher Revolutionen oder deren Niederschlagungen nichts gesagt. Der Begriff wird in falscher Verfolgung von Interdisziplinarität so breit, daß er seinen Sinn verliert. Fromm scheint der Gefahr eines zu weiten Ausspannens des Aggressionsbegriffs trotz vieler wertvoller Aspekte seines Versuchs letzlich erlegen zu sein.

Sucht man im Rahmen soziologischer Erklärung Aggression zu entschlüsseln, wird man versuchen müssen, die außerordentlich wirkungsvolle Form der Aggression, das „Sich-Entziehen", miteinzubeziehen. Wird das „Sich-Entziehen" in Kulturen begünstigt, die sich gegen offene Aggression besonders kritisch aussprechen und diese sozial schwerwiegend negativ sanktionieren? Ist das „Sich-Entziehen" die Aggressionsform der Schwachen oder der sich kulturell oder

psychisch schwach Fühlenden? Ist „Sich-Entziehen" die Aggressionsform der Aggressionsscheuen? Einer die Aggression (wegen der
Ängste vor Zerfall) besonders scheuenden politischer Kultur? Ist hier
etwa der Schlüssel zu der von manchen als typisch erachteten österreichischen Aggressionsform zu sehen (Ringel 1984)?

Eine soziologisch besonders schwierig zu beantwortende Frage ist
die nach dem Umschlagen von Aggression in Selbstaggression. Durkheim hat in seinem noch vor der Jahrhundertwende entstandenen
Werk über den Selbstmord (Durkheim 1897) durch empirische Forschung nachzuweisen gesucht, daß die Häufigkeit von Selbstmord mit
der von ihm als „Anomie" bezeichneten sozialen Desintegration
zusammenhänge. Bei hohen Graden von gesellschaftlicher Anomie
(z. B. der Lockerung von Bindungen in Religionsgemeinschaften, Ehe
oder Familie) steige – in allen Segmenten der Gesellschaft, wo diese
Anomie zunimmt – die Selbstmordrate. Allerdings hat Durkheim die
Kette „Anomie – Aggression – Selbstaggression" nicht vollständig
dargelegt, da er von der Anomie direkt auf die Selbstaggression
schloß. Mir scheint dies ein Defizit zu sein, das die mangelnde Kenntnis (tiefen)psychologischer Inversion zeigt. Selbstaggression kann
ohne Behandlung von Aggression nicht befriedigend theoretisiert werden. Künftige soziologische Erklärungen von Selbstaggression müssen
daher sowohl die jeweils spezifischen gesellschaftlichen Bedingungen
für das Entstehen von Aggression wie auch die Voraussetzungen für
das Umschlagen dieser in Selbstaggression zeigen.

Robert K. Merton hat im Ausbau des Anomiekonzepts von Durkheim als eine der möglichen schwerwiegenden Konsequenzen den
„Retreatism" als eine Form des „Sich-Entziehens" von Anomie dargestellt (Merton 1967). So, aus dem Rückzug aus der anomischen, durch
soziale Regellosigkeit gekennzeichneten Situation, ist der Übergang
von Anomie zu Selbstaggression leichter zu verstehen. Wer Anomie,
gesellschaftliche Auflösungsprozesse, die vielleicht erst unterschwellig
wahrnehmbar sind, bei hoher eigener Sensibilität bereits stark wahr-
nimmt, mag, da er kaum Angriffspunkte eigenen Handelns auszuma-
chen im Stande ist, seine Aggression verstärkt gegen sich selber keh-
ren. (Ich möchte damit auch einen Hinweis für die Analyse des sozial-
psychologischen Vorfelds des Selbstmords von Kronprinz Rudolf
geben, dessen 100. Jahrestag Anlaß für unser Symposium war.)

Durkheim hatte durch sein Anomiekonzept auf das Solidaritätsdefi-
zit in der sich rapide industrialisierenden europäischen Gesellschaft
des späten 19. Jahrhunderts hingewiesen. Für ihn war die „mechanische", in seinem Sinn starr vorgegebene Solidarität der vorindustriel-
len Gesellschaft verloren, und die von ihm erhoffte „organische", d. h.

die Individualität und Spezifizität der einzelnen anerkennende und
integrierende (an Komplexität die „mechanische" übertreffende) Solidarität der Moderne noch nicht erreicht. Er erhoffte die neue „organische" Solidarität (irrtümlich) von der Integrationskapazität der differenzierten Arbeitsteilung. Richtig sah Durkheim aber die Tendenzen
gesellschaftlicher Individualisierung bereits um die Wende zum 20.
Jahrhundert voraus.

Der Selbstmord wurde von Durkheim in seinen verschiedenen
Typen im Rahmen dieses gesellschaftlichen Wandlungskonzepts
erklärt. Auch heute wird, unter dem Eindruck von erneuter gesell-
schaftlicher Individualisierung (Beck 1986) und Singularisierung
(Rosenmayr 1985), Selbstaggression im Zusammenhang mit dem von
Merton hervorgehobenen „Retreatism", der Rückzugsvariante der
Aggression, neu zu sehen sein.

Auch die psychiatrische Selbstmordforschung hat in dieser Hinsicht
bereits reagiert, was am Vorschlag von Heinz Henseler (1984) deutlich
wird, der das Konzept der „narzißtischen Krise" als Erklärungsmodell
für suizidales Handeln verwenden will.

Historisch-soziologische Familientypen und deren unterschiedliche Hervorbringung und Bändigung von Aggression

Ich wende mich abschließend nun dem besonderen Thema der
Aggression in der Familie zu. Auch dabei versuche ich, eine soziolo-
gisch-vergleichende Methode zu verwenden, welche gesellschaftliche
Strukturen in ihrer geschichtlichen Besonderheit einander gegenüber-
stellt.

In solcher Sicht läßt sich die Aufmerksamkeit mit mehr Erklärungs-
kraft auf die Gegenwartsfamilie und ihre Aggressionsproblematik len-
ken.

Prinzipiell sehe ich in der evolutionär-historischen Abfolge der aus
langfristig-stabilisierter Beziehung zwischen den Geschlechtern (verschiedene Formen von „Ehe") und abstammungsbedingter Genera-
tionskohärenz (Großeltern, Eltern, Kinder usw.) konstituierten fest-
strukturierten Gruppe 4 Haupttypen. Man hat für alle 4 Typen den
Überbegriff „Familie" verwendet, was ich für irreführend halte, weil
diesem Begriff eine historische Sozialform mit zeitlicher und inhaltli-
cher Beschränkung entspricht. Ein Überbegriff über die 4 im folgenden genannten Typen fehlt.

Ich unterscheide voneinander:

1. den *stammesgesellschaftlichen Clan,* eingebettet in verschiedene andere Organisationsformen (Initiationskohorten, Geheimgesellschaften, Häuptlingssysteme) schriftloser Gesellschaften;
2. verschiedene *Formen des Oikos* (Brunner 1956), den als alteuropäische Wirtschafts- und Sozialform strukturierten Haushalt mit patriarchalischer Organisation, mit vergleichbaren Entwicklungen in Indien und China, wo allerdings die Formen der Clanstruktur ein stärkeres Nachleben zeigen als in Europa;
3. *die bürgerliche Familie* des 18. Jahrhunderts in Europa und ihre Folgeformen bis in die „Arbeiterfamilie" der 60er Jahre des 20. Jahrhunderts und Parallelentwicklungen in Nordamerika sowie
4. die postmodernde, zentrifugale Verhandlungsgruppe sog. hochentwickelter „westlicher" Gesellschaften: die *nachfamiliäre Familie".*

Ich stelle nun die 4 Typen dar und widme dabei dem letzten, dem Gegenwartstypus und den für ihn typischen Aggressionen die hauptsächliche Aufmerksamkeit.

Der stammesgesellschaftliche Clan

Gestützt und ergänzt durch die ihn flankierenden Organisationen, wie z. B. die Initiationsgesellschaften, läßt der Clan seine geradezu „mechanische" (Durkheim 1897), aber dadurch sehr wirksame Solidarität auf verschiedenen Strukturen aufruhen. Der Clan fußt sozialstrukturell in einem durchgehenden Anciennitätsprinzip, in Allianzen durch Heiratspolitik, in Verschweigen, Mißtrauen und Verunsicherung. Doch bleibt eine prinzipielle statusbezogene Achtung des Stammesmitglieds im Clan erhalten. Weil man durch bedrohliche Umwelt stark aufeinander angewiesen ist und die Notwendigkeit eines Miteinander erkennt, herrscht auf formeller Ebene im Clan Regelstrenge. Aggression wird durch verschiedene Techniken der Einschüchterung gezielt blockiert. Aggressionen treten, gekoppelt mit den Ängsten, vorwiegend auf Untergrundsebene durch Hexerei und Gegenhexerei hervor. Das System ist praktisch zweigeteilt: in rigide formelle Aggressionskontrolle und in die aus unbewußten Antrieben gespeiste wechselseitige Vergeltung nach Racheprinzipien, die mit psychischen Suggestionen und Einschüchterungen okkulter Art arbeiten.

Durch die starke Repression innerstammlicher Aggression wird die zwischenstammliche umso virulenter. Dies kommt auch in den sog.

Scherzbeziehungen (der Ironisierung des Gegners, welche Aggressionsabfuhr erlaubt) zum Ausdruck. Doch kommen solche Scherzbeziehungen zwischen Ethnien und Stammesgruppen nur zustande, wenn die Aggressionen schon zugänglich, verarbeitet sind. Auch können sich Scherzbeziehungen innerstammlich nicht zwischen den unmittelbar aufeinanderfolgenden Generationen in der „Familie", sondern nur zwischen Großeltern und Enkeln herausbilden.

Konflikte werden vom Häuptling und seinen Beratern oder vom Oberhaupt des Clans geschlichtet. Schlimmstenfalls erfolgt die soziale Ausschließung eines internen Aggressors durch Fluch. Fast alles wird von Sippe und Dorf in oft wochenlangen Verhandlungen, („Missionen") durch Delegationen verhandelt. Der Rekurs auf eine unabhängige Gerichtsbarkeit ist in vielen Fällen praktisch nicht möglich.

Der „Oikos"

In dem mit der Entfaltung der Hochkulturen sich entwickelnden, auf Sippenbeziehung aufbauenden Oikos oder Großhaushalt – Oikos bedeutet Haus, Haushalt, wirtschaftliche Einheit der Hausführung –, wird das wechselseitige Achtungssystem mit feudaler Schutzgewährung verbunden. Elemente persönlicher Anteilnahme für die Abhängigen mischen sich in das wirtschaftliche Kooperationsgefüge ein. Genormt zugelassene Affektivität bedeutet im Oikos eine systemimmanente Pufferung gegenüber aufkeimender Aggression im System. Im Unterschied zur stammesgesellschaftlichen Verweisung der Affektivität in Magie und Geheimtechniken bzw. in schamanistische Darstellungen und Verarbeitungen in und für Gruppen in psychischen Sonderzuständen, wird die Affektivität im Oikos stärker mit der Person und ihren Rechten und Pflichten verbunden.

Dem Oikos stehen externe Organisationen wie Religionsgemeinschaften und Kirchen gegenüber, die als stützende und normsetzende Institutionen sowohl in die Gesellschaft als auch in den sippengegebenen Aggressions- und Angstkreislauf eingreifen. Das religionsgemeinschaftliche oder kirchliche System beeinflußt das Unbewußte entscheidend, deutet und kanalisiert durch Symbole und sucht moralisch zu erziehen. Gegenüber der stammesgesellschaftlichen Geheimhaltung von Initiation und Magie gewinnt Geheimnis durch die Kirche Öffentlichkeitswert. Geheimnisse bleiben (z. B. als Sakramente) letztlich unentschlüsselt, treten aber in ihrer symbolischen Repräsentation (Beichte, Taufe, Kommunion) als Konfliktregler öffentlich hervor.

Konfliktregelung obliegt dem feudalen Sippenoberhaupt, aber schon beginnt, gegen wechselseitige Austilgung von Sippen oder die haßerfüllten Verstrickungen der Generationen, sich eine *übergeordnete Macht* politischer Natur (wie der Schluß der Orestie des Aischylos zeigt) hereinzuschieben und als gesellschaftliches Regulativ an Stelle von „Blutrache" Fuß zu fassen.

Im späten europäischen Mittelalter dominieren zwar immer noch herrschaftsgebundene Konfliktregelung im Strafrecht, aber Tendenzen zur Ablösung der Rechtssprechung vom Feudalherrn, dem weltlichen oder geistlichen, gewinnen an Boden.

Die bürgerliche Familie

Die Konstitution der Geschlechter- und Generationenmatrix, geformt durch die entstehende bürgerliche Gesellschaft, erhält im 18. Jahrhundert zum ersten Mal den Titel „Familie". Die Intimisierung, die nachfühlbare Nähe und Vertrautheit, aufgrund einer begriffenen und beanspruchten Gleichheit im Menschlichen, bildet sich heraus. Es geschieht dies aufgrund politischer und religiöser Ideale, die persönliche Ansprüche legitimieren. Diese Intimisierung schmiegt sich der dauerhaften, kontrolliert hierarchischen Wechselseitigkeit an (Rosenmayr 1982).

Die nach den Werten und Zielen der bürgerlichen Gesellschaft moralisch stabilisierte Gruppe „Familie" versteht sich als Einrichtung zur Förderung des Individuums. Doch muß dieses Individuum sich den Regeln der Familie unterwerfen und auf die verschiedenen Formen von (amoralischer) Aggression verzichten.

Die Umwandlung von diffuser zu produktiver Aggression, zwecks Erhöhung der Wettbewerbsfähigkeit der von ihr ausgehenden, durch sie „erzogenen" Individuen, zeigt die ökonomische und kulturelle Potenz der bürgerlichen Familie. Die „Zivilisation" wird durch die Kontinuitätsideologie der Familie gestärkt. So werden auch Werte der „Selbstbeherrschung", der Aushilfe und des Eintretens füreinander gefestigt. Eine Differenzierung zwischen Kind und Jugendlichem einerseits und dem „Erwachsenen" andererseits bildet sich heraus. Durch Moralisierung eines gebändigt-natürlichen Verhaltens entsteht eine Distanz zum traditionell kirchlichen Vorverständnis der Überwindung von Aggression. Die Werte der Selbsteinschränkung sind deutlich nicht nur im Namen von Opfer und religiösen Vorbildern legitimiert. Religiöse Motive wirken in abnehmendem Maße als konstitutiv und werden eher zur Korrektur „von außen". Anstand ist alles. Auch die Vermeidung oder möglichst baldige Schlichtung von Konflikten gilt als „anständig". Unabhängige Gerichte bilden sich schrittweise heraus, die Folter wird als Instrument der gerichtlichen Geständniserpressung öffentlich abgeschafft. Erste Formen der Idealisierung des höheren Alters, *unabhängig* vom ökonomischen und Machtwert der Altenposition, bilden sich in den besitzenden Schichten heraus. Die Kategorie des Mitleids wird allgemeiner, aber die Auseinandersetzung zwischen den Generationen verschärft sich. In ihrer vollen Entfaltung treten die ödipalen Züge des Bürgertums als Väterdominanz und als Konterdependenz revolutionär und gegenrevolutionär hervor.

Die nachfamiliäre Familie

Der auf die bürgerliche Familie, ihre Proliferationen und Fortsetzungen in der proletarischen Familie folgende Typus ist durch Singularisierung, Beliebigkeit, Wahlmöglichkeit und Unsicherheiten vieler Art gekennzeichnet. Unter Singularisierung verstehe ich die Rückverweisung des Subjekts auf sich selber durch die gesellschaftliche Entwicklung (Rosenmayr 1985). Von der Singularisierung trenne ich Individuation; letztere muß nicht zu Singularisierung führen, und diese kann sich auch ohne viel Individuation herausbilden. Singularisierung zeigt sich auf verschiedenen Ebenen:

– Verringerung der Kinderzahl in der Familie, Zunahme der Einzelkinder;
– mehr Aufwand für den einzelnen, z. B. je ein eigenes Zimmer für Kinder und Jugendliche;
– mehr Einzelhaushalte, 50% aller Haushalte in Paris oder Berlin sind Einpersonenhaushalte, 40% aller Wiener oder Hamburger Haushalte ebenso, wobei die jüngeren und die älteren Generationen an dieser Singularisierung in jeweils verschiedener Weise beteiligt sind;
– mehr Zuweisung von Eigenmanagement, d. h. auch höhere Erwartung an die Eigenleistung des Zurechtkommens, gestützt z. B. durch Haushaltsgeräte, vorfabrizierte Ernährung usw.;
– stärker selbstbestimmter Zugang zu Information und „Spaß" durch eigene „Musikanlagen", Verselbständigung durch Medientechnologie wie verkabeltes Fernsehen, Video, Kassetten usw.;
– mehr Zwang zur Wahl aufgrund der Häufung und Vervielfältigung des Medien-, Konsum- und Kulturangebots;
– mehr Brüche und Veränderungen in den Beziehungen im Familienlebenszyklus, daher mehr Einsamkeitsphasen;

– paradoxer gesellschaftlicher Anreiz, „selbst" zu sein; dieser
Wunsch, in verschiedenen Hinsichten selbständig zu sein, besteht
als Gegenwunsch zu Prozessen der laufenden gesellschaftlichen
Anonymisierung; „Persönlichkeit" wird durch die Konsumindustrie
und durch die Werbung zur Herstellung eines dieser Konsumindustrie dienlichen Artefakts, eines kauflustigen Ersatz-Ich, provoziert
und produziert.

Die „nachfamiliäre" Familie der Gegenwart zeigt zentrifugale Tendenzen. Sie rechnet viel stärker mit dem Widerruf von Beziehungen,
erlaubt Wandel und Neubestimmung von Verhältnissen und toleriert
eher deren Auflösung als alle früheren Modelle. Sie bietet größere
Offenheit, damit auch weniger Schutz. Statt einer klaren, vorwegneh-
menden Regelung, welche die bürgerliche Familie anbot, da diese
„wußte", wie Probleme gelöst werden „müßten" (mit allem Norm-
druck und aller Heuchelei, die bei der bürgerlichen Familie notwendigerweise dazugehörten), ist die Gegenwartsfamilie gezwungen, sich
aufs Aushandeln zu verlegen. Der Bereich vorgegebener Regeln wird
kleiner und der Bereich des Aushandelns größer. Ich habe das mit
dem Titel der „Familie à la carte" bezeichnet (Rosenmayr 1987). Das
„Menü", wie man zusammenleben will, muß man zu vereinbaren
trachten. Und je mehr man aushandelt, desto bewußter werden den
Beteiligten auch die Konflikte.

Ihnen wird deutlich oder wenigstens fühlbar, wie verschieden die
Auffassungen von der Familie bei den einzelnen Familienmitgliedern
sind. In der bürgerlichen Familie wurden nur die Auffassungen des
Vaters bzw. der Eltern und deren Definition von Familie akzeptiert
oder allenfalls zur Sprache gebracht. Die Auffassung derer, die als
Frauen oder Kinder weniger Macht besaßen, waren für den Familien-
prozeß bzw. dessen Lenkung weniger relevant.

War die bürgerliche Familie auf Intimisierung bei Beibehaltung von
Hierarchie abgestimmt, steht der „nachfamiliären Familie" eine solche
Ordnung entweder nicht oder nur in oft ungereimten Bruchstücken
zur Verfügung. Fragmente von Wertstrukturen können, weil aus dem
Ganzen gelöst, auch weniger überzeugen. So löst sich Hierarchie weit-
gehend im Verhandlungsfluß auf.

Die auf Ermöglichung wechselseitigen Glücks verpflichtete „nachfamiliäre Familie" steht einer personal entpflichteten und damit das
Individuum zumeist nur scheinbar und hauptsächlich auf dessen Funk-
tionswert betrachtenden Gesellschaft gegenüber (Coleman 1986).
Diese Gesellschaft drängt die Familie geradezu zu Selbstentfaltungs-
werten hin (Schulz 1988).

In der bürgerlichen Familie wurde Individualität gefördert, allerdings nur in einem vorgegebenen Rahmen – und nicht darüber hinaus. Im Gegenwartstypus der „nachfamiliären Familie" steht sowohl für die intergenerativen Beziehungen als auch für die Partnerschaft die Individualität als Selbstzweck im Zentrum. Die Stützung für die einzelnen Mitglieder dieses neuen Typus, den ich als Nachfolgeinstitution für die bürgerliche Familie ansehe, behält Praktiken der Alimentierung bei, wie die bürgerliche Familie sie kannte. Diese Alimentierung schließt die Allokation von Mitteln, also z. B. Zuwendung von Geld für Kinder und Jugendliche ein. Sie praktiziert auch wichtige Formen von Sozialisation der Kinder und Bemühungen um die Vermittlung von Formen, wie das Dasein zu bewältigen sei. Diese Vermittlung wird dergestalt sehr stark von der Persönlichkeit der Eltern abhängig und (anders als in der bürgerlichen Familie) im Konkurrenzkampf mit den gesellschaftlichen Einflüssen der Konsumwelt, der Medien, des Schulsystems geleistet.

Die Alimentierung von Jugendlichen durch die nachfamiliäre Familie kann gegenwärtig sehr lange dauern, auch während der universitären Ausbildung und darüber hinaus. Diese Tendenz zur Ablösung bei fortdauernder Alimentierung ist konfliktträchtig (Rosenmayr 1988).

Die Allokation von Betreuung für die immer älter werdenden Alten kann zu jahrzehntelangen Dienstleistungen bzw. Hilfeleistungen führen. Durch neue Abhängigkeiten (der Alten) wird auch ein neues Konfliktpotential geschaffen.

Ein entscheidender Unterschied zur historischen bürgerlichen Familie liegt im Gegenwartssystem der Verhandlungsfamilie darin, daß die Allokationsleistungen des nachfamiliären Familientyps nicht wie bei der bürgerlichen Familie aus dem Eigentum oder aus der Solidarität allein der Familie entnommen werden. Sie beruhen zum guten Teil auf vergesellschafteten staatlichen Sicherungen von Zuschüssen zu Lebensunterhalt, Gesundheit, sozialer Sicherheit und Bildung. Dadurch tritt die Offenheit dieses neuen nachfamiliären Systemtyps der Partnerschafts- und Generationenbeziehungen gegenüber der relativen Geschlossenheit der traditionellen bürgerlichen Familie viel stärker in den Vordergrund. Die massenhafte und immer höher qualifizierte Berufstätigkeit der Frau autonomisiert die Frau und macht sie eher konfliktfähig, trennungsfähig usw. Diese Offenheit und verstärkte Autonomie lädt zu Auseinandersetzungen geradezu ein. War die bürgerliche Familie für ihre Mitglieder ein Hort der Solidarität zur Ermöglichung der Durchsetzung ihrer Mitglieder im Selektionskampf in der Gesellschaft gewesen, wird die Kategorie des Streits nunmehr, da die Gesellschaft selber stark protektionistische Züge annimmt

(Wohlfahrtsstaat etc.), innerhalb des familiären Kontexts kaum gehindert und teilweise sogar sozial legitimiert.

Die weltanschaulich-religiöse Orientierung sinkt gegenüber den pragmatisch-psychologischen Lösungsangeboten von Konflikt und Streit zu sekundärer Bedeutung herab. Der Rückgriff auf Deutungen von Lebensbeziehungen geht über die westliche Kultur hinaus. Ein gewisses Ausmaß von Beliebigkeit in der Daseinsdeutung wird sichtbar. Wo aber Deutungen keine klare generelle gesellschaftliche Akzeptanz und restringierende Kraft mehr haben, muß um die Verteilung der Deutung der Realität mehr gestritten werden.

Beziehungen werden reflexiv und über Beziehungen wird in der nachfamiliären Familie in einer Art Dauerprozeß reflektiert. Reflexivität bedeutet, daß die Problematik und die Situativität der (des) Anderen in die eigenen Handlungsansätze potentiell mitintegriert werden. Wechselwirkungen von Selbstbezug (als Selbstakzeptanz oder Selbstablehnung) und Partnerbezug werden den Subjekten stärker deutlich. Sie könnten, wo das Ich-Labyrinth relativiert wird, auch in der Konfliktverarbeitung stärker berücksichtigt werden.

„Beziehung" kann Gegenstand und Ziel von Erkenntnis und Erfahrung werden, wodurch sich Aussprachen als wichtige Teile der Beziehung in diese zu integrieren vermögen. Aggressionen werden so viel eher bearbeitbar, aber es bleiben die gesehenen und erlebten Differenzen gegenüber den austragbaren noch weit in der Überzahl. Die Bewußtwerdung von Subjektivität und Autonomisierung ist also keineswegs schon glückstiftend; „Glücksarbeit" ist zäher und langwieriger als die Untersuchungen glauben machen wollen.

– Beziehungen werden weniger von Prinzipien als von situationell definierbaren Bedürfnissen der Individualität gesehen und gelebt. So verstärkt sich sozial das Zugeständnis an die Frau, *allein* ein Kind aufzuziehen (Rosenmayr 1986).
– Von Beziehungen wird erwartet, daß sie Entwicklungen fördern und hierzu auch sich selbst verändern.
– Veränderungswilligkeit und -fähigkeit werden als Festigungschance von Beziehung erstrebt. Die Verhandlungsfähigkeit aller, auch der Kinder in der Familie, wird stärker anerkannt (Rosenmayr 1986).

Welche Probleme der Aggression finden wir nun in der nachfamiliären Familie? Die bürgerliche Familie war durch Probleme des ödipalen Konflikts, der dramatischen Konfrontation zwischen den Generationen über Autorität und Selbstdurchsetzung ausgeliefert.

Die Auseinandersetzung mit den konkreten Autoritäten von Familie und Schule hat bis in die Mitte des 20. Jahrhunderts starke Formen von Konterdependenz und z. T. schwere Ablösungskämpfe der jeweils jungen Generation hervorgebracht. Viele dieser Kämpfe mit Mächten und Traditionen haben den Jungen subjektive Gewinne von Freiheitsfähigkeit gebracht. Zwar sind manche Menschen lebenslang „Opfer" der traditionellen Autoritäten der Eltern geblieben. Aber der familiäre Binnendruck auf die psychischen Strukturen der Kinder und nachwachsenden Jugendlichen hat, wo er nicht weitgehend zerstörerisch war, durch die in den Jungen erwachenden Gegenkräfte, für sie eine Art Befähigung zur Freiheit geschaffen.

Die gesellschaftlichen Mächte haben sich nunmehr stark anonymisiert. Die Mittel zur „Besetzung" der Freiräume sind subtiler, organisierter, wissenschaftlich kontrollierter und rechenhafter geworden. Die Mächte wurden kälter, sie fühlen sich an der Jugend wesentlich weniger beteiligt. Aggressionen können unpersönlich wirksam werden. Die kalte Klinge der Gleichgültigkeit ist ein hervorragender Ausdruck dieser Form von Aggression.

Eltern, sofern und so stark sie auch eine Selbstbestätigung oder einen Machtraum gegenüber der Jugend beansprucht haben, identifizieren sich emotional mit Nachwachsenden. Die organisierten Mächte der Konsum- und Freizeitangebote haben sich nicht mit den inneren Betroffenheiten ihrer Kunden auseinanderzusetzen. Sie können kühl die potentiell wachsenden Freiheiten der Jugend okkupieren. Es ist ein Wechsel in der Instanzstruktur vor sich gegangen. Die Eltern sind toleranter, permissiver, nachgiebiger und unwirksamer geworden. Umso ungeformter können daher auch Aggressionen hervorbrechen. Übergeordnete (z. T. für die Jugend unsichtbar gesteuerte) Markt-Medial- und Konsumorganisationen haben sich einer Jugend weitgehend zu bemächtigen begonnen, die ohne starke Kräfte der Aggressionsresistenz, also der Konterdependenz und Frustrationstoleranz, herangewachsen ist. Das Außen hat Übermacht erlangt.

Welche Folgen sind daraus für Aggressionsentstehung und Verarbeitung abzuleiten?

Konflikte können innerhalb von Paar- und Kleingruppenbeziehungen der nachfamiliären Verhandlungsfamilie als Regulierungsprozesse, als notwendige Bedingung zur steten Neuakkommodation beitragen. Allerdings werden Defizite übergeordneter Verbindlichkeiten besonders deutlich sichtbar. Die Schlichtung entbehrt der Metaregeln. Bei der Lösung der für die „Verhandlungsfamilie" spezifischen Konflikte wirken sich diese Defizite als gesellschaftliche Strukturschwäche aus. Intergenerative Kompromisse in der Familie könnten z. B. leichter gefunden und als Toleranzhaltungen gelebt werden, wenn der Rückgriff auf systemübergreifende Werte möglich wäre.

Zunehmende gesellschaftliche Tendenzen der Singularisierung können als korrespondierend zu sekundärem Narzißmus (Rückwendung der von ihren Objektbeziehungen zurückgezogenen Libido) aufgefaßt werden. Diese Tendenzen der Singularisierung können sich in verschiedenen Phasen des Lebenszyklus entweder als Voraussetzung der Verselbständigung und damit sogar auch besseren Befähigung zur Solidarisierung oder als potentielle Verstärker von Selbstaggression, depressiver Lethargie und Unfähigkeit zu Solidarisierungen herausstellen.

In einem System, das so stark auf Verhandlung gebaut ist wie die nachfamiliäre Familie, kann Konflikt bereits selber als Vergesellschaftungsform aufgefaßt werden, wie von der Soziologie zum gleichen Zeitpunkt vorgeschlagen wurde, als Adler seinen Aggressionsbegriff zu entwerfen suchte (Simmel 1908, S. 249). Bei häufiger Restabilisierung, d. h. bei immer neuen Versuchen von Schlichtungen, bestehen bessere Chancen, daß das System nicht explodiert (Coser 1964). Durch zunehmende Diskussionsbereitschaft und Aussprachefähigkeit (Entblockierung von Gesprächsunfähigkeit) können auch eher lebbare Kompromisse erzielt werden. Allerdings entstehen breite Zonen von Beliebigkeit, in denen sowohl Normen als auch Metanormen (Regeln, wie Regeln gefunden und durchgehalten werden können) fehlen. Solche anomieähnlichen Zonen laden zu wechselseitigem „Retreatism" oder zur Aggressionsaustragung durch Entziehung und (oft demonstrativer) deklarierter wechselseitiger Gleichgültigkeit ein.

Aggressive Regressionen zu narzißtischen Grundhaltungen gefährden die nachfamiliäre Familie. Sind solche Tendenzen entsprechend weit gediehen, können die zentrifugalen Kräfte („jeder für sich, keiner für alle") Oberhand gewinnen. Dem in einem solchen Setting eher ungehemmten Lustprinzip entspricht dann auch eine hohe Frustrationsintoleranz, was jedoch selten zu innerer Befriedigung und damit Versöhnung, sondern eher zu erhöhter Aggressionsbereitschaft führt.

Wenn „Maß", d. h. für kleinere Gruppen Verteilungsgerechtigkeit, soziologisch nur mehr marginal festgesetzt werden kann und wenn mangels allgemein anerkannter Instanzen permanente Unsicherheit darüber besteht, was wem zusteht, muß ein Maximum an Stabilisierungsarbeit, muß viel Schlichtung in der Welt des sich ausbreitenden interpersonellen Streits geleistet werden.

So zeigt sich, daß selbst in einem der Konfliktregelung besonders zugänglichen System wie der nachfamiliären Familie sich reichlich Probleme der Aggressionsbearbeitung stellen. Es scheint, daß sich in der nachfamiliären Familie Stabilität am besten im „Sattelpunkt" zwi-

schen anomischem Rückzug einerseits und der Dauerdiskussion um
die Positionsfindung im Macht- und Spannungsfeld anderseits herausbilden kann.

Zusammenfassung der Ergebnisse

Zur Deutung und theoretischen Durchdringung der vielschichtigen
und schwer zu entflechtenden Fragen hinsichtlich des Aggressionsbegriffs skizzierte ich 3 verschiedene Ansätze: erstens den tiefenpsycho-
logisch-soziobiologischen, zweitens den lerntheoretischen und drittens
den soziologisch-vergleichenden Ansatz. Um den letztgenannten
Ansatz, den der gesellschaftlich-historischen Vergleichung, zu illu-
strieren, stellte ich 4 geschichtliche Typen von Familie einander gegenüber. Dieses Beispiel der Gegenüberstellung soll dazu dienen, die
Verschiedenartigkeit der „Einlagerung" von Aggression in gesellschaftlichen Strukturen und Deutungen und damit ihre Variabilität zu
skizzieren.

Ich zeige erstens, daß die Tiefenpsychologie der Psychoanalyse
Freuds und die Ethologie im Grundkonzept von Konrad Lorenz und
vieler seiner Schüler darin konvergieren, daß sie dem *natur*bedingten
Konflikt, der beim Menschen zur Selbstzerstörung tendiert, eine *kul-
tur*bedingte *Stabilisierungs-* und *Kontroll*kapazität gegenüberstellen.
(In Fortentwicklung der Psychoanalyse weicht allerdings die Position
Hans Strotzkas von dieser Polarisierung ab, womit gesagt sein soll,
daß die Psychoanalyse als „intellektuelle Bewegung" auf die bei Freud
mythische Dichotomisierung von Eros und Thanatos zur Deutung der
Aggressivität und ihrer Gegenkräfte nicht regredieren muß.)

An Ergebnissen lerntheoretischer Aggressionsforschung zeige ich
zweitens, daß die *Triebstaukonzeption* (samt Kontrollmöglichkeiten)
in der Verhaltensforschung und im ursprünglichen Ansatz bzw. Main-
stream der Psychoanalyse heute so *nicht* aufrechterhalten werden
kann; so raucht z. B. eine Aggression, die man gewähren läßt, nicht
immer aus. Menschliches Lernvermögen baut Eigenkraft in der Ich-
Steuerung aus; das Ich ist nicht nur Regulator gegenüber Trieb einerseits und kulturellen Normen andererseits. Die Lerntheorie zeigt
auch, daß Aggression auf Interpretation und Sicht der Welt und ihrer
Deutungen beruht, daß also Auslösung, Einschränkung und Struktu-
rierung von Aggression entscheidend kognitionsabhängig sind.

Drittens behandle ich die soziologische Perspektive. Die Soziologie
rückt die interpersonelle und die gesellschaftliche *Abhängigkeit* des

Einzelsubjekts sowie seine *Selbstbehauptung* in den gesellschaftlichen Bezügen und die damit verbundenen *Ängste* (in der für die Selbstbehauptung notwendigen Selbstdurchsetzung) in den Vordergrund.

Identifizierungen mit Vorbildern und Idealen schaffen nicht nur die für die Entwicklung der Selbstbehauptung nötigen Voraussetzungen, sondern vermitteln auch Weltdeutungen und Wertungen, die z. B. als Ideologien zu radikalen Feindbildern und zu Vernichtungswünschen und Handlungen der Extermination von Feinden führen können.

Aus der Soziologie kommt auch die Vorstellung, daß das „Bild, das der (die) andere von mir hat", zur Konstituierung meines Ichs bzw. zur Bestätigung oder Verunsicherung dieses meines Ichs entscheidend beiträgt. Eine sozial-psychische Wechselwirkung von Affirmation einerseits oder Anerkennungsverweigerung andererseits macht sich beruhigend oder verunsichernd (und dadurch z. B. aggressionsfördernd) fühlbar.

Die Soziologie betont die Notwendigkeit der von der Psychologie ins Spiel gebrachten Kognition in einer speziellen, auf den Mitmenschen bezogenen Weise. Transzendenz des eigenen Bewußtseins mündet im Versuch, den anderen (die andere) von dessen (deren) Struktur und Position aus zu verstehen. Diese Transzendenz erlaubt einzusehen, welche Vorstellungen der (die) andere von mir hat. Zerstörerisch wirkende Aggression, die in grundsätzliche Ablehnungen und Feindkonzeptionen führt, vermag sich so in verhandlungsfähigen Konflikt zu verwandeln.

Im Schlußteil behandle ich, in grober Skizzierung, die historische Veränderung der Anerkennung von Konflikt (und z. T. auch Aggression) in der Familie. Ich unterstelle, daß sozialer Strukturwandel, der sich in der Familie ausprägt, Änderungen im Stellenwert, in der Anerkennung und Akzeptanz, vielleicht auch in der Form der Aggression und der Konfliktaustragung herbeiführt.

Ich zeige (und nehme damit einige Vereinfachungen in Kauf), daß im stammesgesellschaftlichen Clan die (meist) vom Senioritätsprinzip beherrschte gesellschaftliche Regulationsmacht Aggression und Konflikt entweder in den Bereich der Magie und Hexerei oder aber in Scherz- bzw. Spielbeziehungen verdrängt. Das Stabilisierungsgebot gegenüber gefährdender Umwelt steht in der Stammesgesellschaft überwältigend eindeutig im Vordergrund. Allerdings gibt es stammesgesellschaftlich viele Ausformungen, harte und weiche, direkte und indirekte, zu Angriffshaltungen oder zu Verweigerungen führende Modelle von Aggressivität, deren Erforschung erst am Anfang steht.

Mit der zunehmenden Selbstorganisation von Religion und Weltdeutung als eigene, nicht notwendigerweise mit der Führungsspitze identische Macht, rückte in der entstehenden Hochkultur auch die Deutung von Zustimmung und Ablehnung, von Gut und Böse, in einen eigenen Bereich von Ethik und wurde damit Erklärungen, die sich meist mythisch oder dialektisch ausformten, zugänglich. Gut und Böse konnten öffentlich dargestellt werden und wurden der überclanmäßigen Symbolisierung, z. B. als Engel und Teufel, und der ethischen bzw. aszetischen Regulierung zugänglich. Sie wurden durch Theologie und Geschichtsdeutung als Lebens- und Gesellschaftsmächte symbolhaft dargestellt.

Erst die moderne Welt und in ihr die bürgerliche Familie begannen, Aggression und Konflikt als „natürlich" zu deuten. Das Vertragsdenken sollte Konflikt regulieren, die Familie gewann so Werte der Selbstbeherrschung als Ziele primärer Sozialisation. Im Schutz und in der Anerkennung der Autoritätspositionen in der Familie, vor allem des Vaters, waren dieser und die fördernde Mutter bereit, soviel Aggression des Kindes und jungen Menschen zuzulassen als zum sozialen Aufstieg und zur Selbstbehauptung dieses ihres Kindes „im späteren Leben" für dessen Bewährung in der bürgerlichen Wettbewerbsgesellschaft notwendig schien. Aggression wird (allerdings gezügelt) schon ab der Renaissance, besonders aber seit dem Entstehen eines breiteren Bürgertums im 18. Jahrhundert in ihrer gesellschaftlichen Erfolgsfunktion anerkannt. Respekt vor der Würde des anderen, vor allem von Vater und Mutter, aber auch der weiteren, besonders der älteren Verwandtschaft, brachte allerdings – zumindest in der ethischen Legitimierung – die Ausklammerung bzw. Einschränkung der Aggression diesen „Respektpersonen" gegenüber.

Die von mir als „nachfamiliäre Familie" bezeichnete Gegenwartskonstellation von Sexual- und Generationenbeziehungen bringt nun nicht nur die Hereinnahme von Aggression und Konflikt in diese Konstellation Familie selber, sondern auch die Betonung der Notwendigkeit, also die Legitimierung von Streit für die Entwicklung und Förderung dieses wie immer auch prekären gesellschaftlichen Subsystems Gegenwartsfamilie. Die hochkulturell noch relativ eindeutige Scheidung von Gut und Böse wird in der „nachfamiliären Familie", die Teil der individualisierten pluralistischen Gesellschaft ist, in Frage gestellt. Metakriterien zur Konfliktregelung werden Teil des Streits, der dadurch Tendenzen zeigt, zu einem Dauerzustand zu geraten. Dies setzt eine besondere „Ausrüstung" sowohl von Konflikttoleranz als auch von Konfliktfähigkeit voraus. Beide erscheinen gesellschaftlich viel ungleichmäßiger verteilt als seinerzeit in der bürgerlichen Gesellschaft ab dem 18. Jahrhundert die Regulationsnormen zur Konfliktaustragung bzw. -vermeidung. Denn diese klassischen Normen des

Bürgertums verfügten über einheitliche gesellschaftliche Stützung bzw. Sanktionierung.

Aus diesem historisch-soziologischen Vergleich sollte klar werden, daß *verschiedene Modelle* der gesellschaftlichen Lokalisierung und Legitimierung von Konflikt ausgemacht werden können, die zu sehr *verschiedenen Vorstellungen und gesellschaftlichen Bewertungen von Aggression und deren Beherrschung* führen. Die historische Entwicklung geht dabei auf mehr Zubilligung und funktionelle Anerkennung von Aggressivität und Konflikt hin. Die bürgerliche Gesellschaft konnte z. B. *durch* die konfliktfrei bzw. konfliktgeschützt gehaltene Familie *für* die expansive konfliktuelle Leistungsgesellschaft durchsetzungs- und aufstiegsfähige Persönlichkeiten spezialisieren.

In der Postmoderne werden Erfüllung und Glück entscheidend mit Selbstgestaltung gleichgesetzt, was auch die bewußte Einbeziehung von Streitfähigkeit in die ehemals geschützten Intimbeziehungen der Familie voraussetzt. Schutz, gehaltvolle Spiegelung, gewisse für Kontinuität funktionale Stabilitäten und Anerkennung als personale Achtung, erscheinen für Selbstgestaltung als vorausgehende und begleitende Sicherung notwendig. Werden sie nicht durch permissive Hinnahme von Daueraggression (oder immer wieder die Beziehung in Frage stellender Aggression) gefährdet bzw. unterminiert? Dies muß als Frage hier offen bleiben.

Rückblick
(als Gerüst für Thesen künftiger Forschung)

Die Ausgangslage der gegenwärtigen Aggressionsdiskussion von der Allgemeinen Soziologie her ist immer noch durch die von Lewis A. Coser erstmals 1956 vorgelegte Interpretation und Weiterführung von Georg Simmels *Der Streit* bestimmt (Coser 1964). Diese Abhandlung Simmels erschien fast genau zu dem Zeitpunkt, da Alfred Adler seine Umdeutung des Freudschen Aggressionsbegriffs (s. oben S. 4) erscheinen ließ, und zwar 1908 als 4. Kapitel seines Bandes *Soziologie* (Simmel 1908).

Einige der Hauptgedanken Simmels nehmen sich 80 Jahre später immer noch als brauchbare Fragestellungen für die Forschung aus. Zu manchen dieser Gedanken hat die Forschung auch heute noch wenig zu sagen, allerdings haben die Gruppendynamik und die experimentelle Gruppenforschung sehr viel zur Frage der Konfliktlösung beigetragen (Battegay 1979).

Freilich sind einige von Simmels Propositionen so generell, daß sie dem differenzierenden Bedürfnis heutiger wissenschaftlicher Diskussion als Anregungen problematisch erscheinen mögen, aber manche Thesen haben sich eine gewisse Frische erhalten.

Simmel sieht generell Streit (bzw. Konflikt) als eine Form der Sozialisation. Dissoziierung und Assoziierung seien zur Gruppenbildung nötig, Konflikt müsse nicht „disruptiv", d. h. beziehungsunterbrechend, wirken. Konflikt sei sogar für die Dauer bzw. Integration einer Gruppe notwendig. Simmels Position ist die der *gesellschaftlichen Funktionalität von Konflikt*.

Konfliktlosigkeit könne nicht als Stabilitätsindex genommen werden; im Gegenteil: Konflikt ziele auf Einheitsbildung. Hier käme es sehr auf eine Differenzierung der Hypothese an. Unter welchen Bedingungen und für wen (die Gesamtgruppe, Teile?) vermag Konflikt *einigend* zu wirken? Simmel unterscheidet zwischen realistischem Konflikt, der, wenn toleriert, beziehungsfestigende Folgen hat, und aggressiven Antagonismen, die disruptiv auf Auflösung drängen. Welche Kriterien sind hier zu entwickeln, um „realistischen Konflikt" von „aggressiven Antagonismen" zu unterscheiden?

Simmel zielt als Soziologe in seiner Konflikttheorie über die bloß triebtheoretische Fundierung von Aggressivität hinaus. Ihm war die für die Psychoanalyse und die Verhaltensforschung grundlegende Nature-nurture-Gegenüberstellung (feindlich-antagonistische Natur, versöhnende und kontrollierende Kultur) fremd.

Die hervorragende Übersetzung von Kurt H. Wolf gibt dem Grundgedanken Simmels über die Verflechtung von Natur („Trieb") einerseits und psychologischer Interpretation andererseits sowie drittens sozialer Interessenherausbildung besonders klar wieder:

> The mutual behavior between people can only be understood by appreciating the inner adaptation which trains in us feelings most suitable to a given situation ... By means of psychological connections, these feelings produce the forces which are neccessary to execute the given task and to paralyze inner countercurrents. Hence no serious conflict probably lasts any length of time without being sustained by a *complex* of psychological impulses, even though this complex grows only gradually. This is of great sociological significance: the purity of conflict for the sake of conflict thus is seen to become interspersed partly with more objective interests, partly with impulses which can be satisfied by other means than fight, and which in practice form the bridge between conflict and other forms of interaction (Simmel 1955, S. 34).

Vieles hat Simmel als gleichsam enzyklopädisch gebildeter Humanist und Ästhet „intuitiv" deutlich unterschieden. So hob er die Sondersituation der Konflikte zwischen erotischen Liebespartnern deutlich hervor. Wo Leidenschaft verbindet, wird auch der Konflikt in dieser Verbindung leidenschaftlich. Je näher Menschen einander kommen, desto tiefer vermögen sie einander zu verletzen. In der Erotik werden gewisse sonst den realistischen Konflikt kennzeichnende Einschränkungen (z. B. Achtung des Gegners) bei Aggressivität fallengelassen. So wie die Achtung voreinander in erotischen Konflikten stark zurücktreten mag, kann Achtungsentzug auch in Generationenverhältnissen in der Familie zur Geltung kommen.

Simmel zielt, ohne ihn zu nennen, auf den zur Zeit der Abfassung seiner Abhandlung von der entstehenden Tiefenpsychologie herangezogenen Ambivalenzbegriff. Gerade in der Erotik seien Achtung und Verachtung eng miteinander „verwoben".

Simmel zeigt auch, daß es keine machtfreie erotische Beziehung geben kann und daß gerade in der Findung des relativen Machtgleichgewichts notwendigerweise Konflikt auftritt. So erweist sich auch auf dieser Ebene Konflikt als funktional für Stabilisierung. Eine zukunftsweisende, für die „nachfamiliäre Familie" heute wichtige frühe Einsicht Simmels zu Beginn des Jahrhunderts sei noch genannt. Sie liegt in der Aussage, daß flexible Systeme, die Konflikt einbeziehen, den Zusammenbruch konsensualer Regelungen eher ausschließen als die starren.

Ausblick
(aufgrund innovativer Kritik und neuer Modellentwürfe)

Ich halte es nicht für vertretbar, mich mit einer Zusammenfassung und einem als Anregung für die *künftige* Forschung gemeinten Rückblick auf konflikttheoretische Axiome (am Beispiel von Georg Simmel) zu begnügen, wenn ein eher aufstörender Entwurf für eine *neue Sicht der Aggressionsproblematik* vorliegt. Deshalb befasse ich mich abschließend mit diesem mir während der Drucklegung meines Beitrags bekanntgewordenen Entwurf, den eine neunköpfige multidisziplinär zusammengesetzte US-amerikanische Forschergruppe unter dem provokativen Titel *Aggression – The myth of the beast within* und unter dem als Etikett zu betrachtenden Pseudonym John Klama herausgebracht hat (Klama 1988).

Der Entwurf der Gruppe „Klama" ist im wesentlichen kritisch. Ich berichte über ihn, weil er durch eine entscheidende, theoretische ebenso wie exemplarisch-empirische Darstellung (unter Anerkennung der grundlegenden Leistung der ethologischen Aggressionskonzeption von Lorenz) diese Konzeption entscheidend in Frage stellt.

In meiner Darstellung von Freud und Lorenz beschränkte ich mich eher auf eine kurze Wiedergabe der Positionen mit eingestreuten Zweifeln. Ich stellte Lerntheorie und soziologische Konflikttheorie *neben* die theoretisch-metaphorischen Gebäude von Freud und Lorenz. Ich zeigte damit Einschränkungen der soziobiologischen Perspektive und suchte Bausteine zu einer multidisziplinären Konstruktion des Aggressionskonzepts mit Hauptbezug auf Lerntheorie und historisch-vergleichende Soziologie zu liefern. Der amerikanischen Forschergruppe Klama, in der unter 9 Wissenschaftlern auch 4 Biologen vertreten waren, dürfte durch ein Aufbrechen der zweipoligen Nature-nurture-Konzeption und durch das Aufzeigen einer sehr differenzierten Verflechtung von biologischen, neurologischen, psychologischen, anthropologischen und soziologischen Betrachtungsweisen ein Schritt der Ablösung von den „Gründungsvätern" bei gleichzeitigem Hinweis auf neue Modellvorstellungen gelungen sein. Ich versuche, einige ihrer Vorschläge darzustellen und sie zu kommentieren.

Lorenz' große Leistung sei es gewesen, schreibt die Gruppe Klama, *Verhalten* wie Anatomie strukturiert betrachtet zu haben. Für ihn waren Tiere artspezifisch, mit angeborenen Fähigkeiten und Dispositionen ausgestattet, die instinktgesteuert Überlebensstrukturen verkörpern. Den freilebenden Tieren schrieb Lorenz instinktuell gesteuerte aggressive Energie zu, die der Spezies durch Selektionsprozesse zugute kommen sollte. Lernen geschah nur im individuellen Bereich und sollte bloß als Modifikation gelten, bzw. als intervenierende Variable durch Eingehen auf oder Schaffen von bestimmten Umständen im tierischen Leben. Beim Menschen explodiert die Lernfunktion, so daß durch *Wissen*, welches auf der Basis von Sprache und Kultur akkumuliert wird, der Mensch seiner Sicherheit durch wohladaptierte Instinkte verlustig ging und sich nur auf dem Weg der Wissens- und Einsichtsverbesserung aus der selbstschädigenden Aggression zu retten vermag.

Mit diesem Konzept verband Lorenz, wie die Gruppe Klama zeigt, ein Modell akkumulierender Instinktenergie, welche auf Triebabfuhr drängt (Klama 1988, S. 26; besonders ausführlich dargestellt auf S. 106). Diese von mir oben (S. 14–17) beschriebene Triebstaukonzeption, durch die sich Lorenz in die Nähe Freuds gestellt hat, wird in doppelter Weise Angriffspunkt von Klama. Hinterfragt wird, ob eine instinktive Energie, unter dem Titel Aggression, die artspezifisch genetisch fixiert ist und durch geeignete Stimuli freigesetzt wird, überhaupt angenommen werden darf. Die amerikanischen Forscher sprechen sich erstens gegen eine solche Grundannahme aus. Sie stellen das „beast within" ebenso in Frage wie die Vorstellung, daß Aggression eine naturhafte Kategorie sei (S. 151).

Der zusammenfassende Begriff Aggression wird zweitens als theoretisch überzeugendes Konstrukt überhaupt bezweifelt, weil er einer Vielzahl von Verhaltensmustern, die ihrerseits wieder einer Vielfalt von Funktionen in der Daseinsbewältigung von Tier und Mensch zur Verfügung stehen, ein einheitliches Etikett aufprägen will. Eine solche Einheit lasse sich weder verhaltenstheoretisch noch neurologisch – ich möchte hinzufügen: und auch psychologisch oder soziologisch nicht – erweisen (S. 115).

Modelle von Powers und Cools, die Klama vorstellt, zeigen *stufenweise* Vermittlungsprozesse zwischen Umwelt und Organismus und Freiheitsgrade in der Verhaltensorganisation bzw. Zugang zu Alternativstrategien schon im tierischen Leben, was in der Konzeption der genetischen Fixierung bei Lorenz nicht zum Ausdruck kommt. Die amerikanische Forschergruppe Klama sucht nach pluralistischen Mehrebenenerklärungen, die miteinander „verwoben" sind. Dabei seien die biologischen Erklärungen unverzichtbar, d. h. notwendig, aber keinesfalls ausreichend; eine Überschreitung der Grenzen einer bestimmten und partikularen Investigation sei schädigend (S. 50). Man dürfe nicht davon ausgehen, daß die *menschliche Spezifizität sozusagen im Grunde biologisch sei.* „Human nature conceived in evolutionary terms is also culture dependent" (S. 36).

Aus den Argumenten der Gruppe Klama läßt sich nach meiner Auffassung ein anthropologisch-philosophischer Ansatz zur Gewinnung von Metaregeln der Deutung des Aggressionssyndroms gewinnen, der etwa folgendes besagt: Der Homo sapiens in seiner Ausprägung als Menschheit an der Schwelle zum dritten Jahrtausend lebt unter Bedingungen, die sich enorm von jenen unterscheiden, die vorherrschten, als der Typus Homo sapiens sich evolutionär herausbildete. Menschheit ist ein von Eigenartefakten rückwirkend entscheidend beeinflußtes Prozeßsystem, welches sich *als Ganzes* in wenn auch unzähligen Unterausprägungen transformiert und *alle* Elemente, die es konstruieren, in einen Fluß mit ständigen Feedbackwirkungen zieht. Eine polare Unterscheidung, wie sie bei Freud und Lorenz zwischen Natur und Kultur im Sinne von Hobbes getroffen wurden, erscheint als überholt.

Natürlich handle es sich um die Summe herausgebildeter Verhaltensadaptationen, aber es könne keinesfalls behauptet werden, daß die *früheren Adaptierungen grundsätzlicher und tiefer wirksam wären als die Neuerwerbungen* (S. 46). (Hier sind allerdings, wenn man an die Parallelen von phylogenetischer und ontogenetischer Entwicklung, also z. B. Biographien denkt, Zweifel angebracht.)

Im Grunde zeigt sich die Kritik von Klama am Lorenzschen Denkgebäude auch darin, daß sie dem „Tinkering" oder Herumbasteln der Evolution im Sinne von Jacob (S. 49) zubilligt, neue Funktionen aus alten Strukturen zu schaffen. Damit verbindet sich der prozeßtheoretische Vorschlag, die Genstruktur ernsthaft als dem Organismus immanent, d. h. sie, indem sie den Organismus informiert und instruiert, auch als durch eben diesen Organismus, der die „Umwelt" der Gene ist, *wandelbar* aufzufassen.

An Details von Verhaltensforschung werden, z. T. unter Auswertung von Filmmaterialien (S. 108), Veränderungen von Reaktionen auf jeweils vorherige Stimulus-Response-Ergebnisse gezeigt. Für die Modellbildung von Verhaltensmotivation ist also, so kann man aus den Arbeiten von Klama folgern, die *gesamte Verhaltensgeschichte eines tierischen Individuums heranzuziehen.* Die Naturkonstanz dürfe aus den artlichen Voraussetzungen als nicht so fix angesehen werden, wie das Lorenz getan habe (S. 109). Daraus folgt auch die Plastizität oder besser *Pluralität von Reaktionsmöglichkeiten* in einem *angereicherten Verhaltensrepertoire,* welches man prozeßtheoretisch auf der Basis von Rückeinspeicherung der Lerngewinne in die Motivation auffassen kann, schon beim Tier, aber viel mehr noch beim Menschen. Dies sind zumindest meine Konsequenzen aus den von Klama referierten Forschungen.

Unter solchen Voraussetzungen studierte die Gruppe Klama auch ethnologisches Material und stieß dabei auf eine beträchtliche Variation von gesellschaftlichen Verarbeitungen und Präsentationen von Aggression. Während bei einer Population von Kaluli in Papua-Neu Guinea z. B. durch Spezialforschungen *offene Aggressionsdarstellung* durch stark sichtbaren Ausdruck von Ärger als Einschüchterungsstrategien verwendet werden, konnte bei Studien über die Utku, eine Eskimopopulation, eine völlig anders gelagerte, auf Rückzug und Kommunikationsverweigerung basierende depressiv-verstopfte Aggressionsäußerung gefunden werden. Die Klama-Gruppe folgert daraus, daß Ärger und Aggression „kulturell konstruiert" seien und daß physiologische Erregung völlig ungenügend sei, um Emotionen zu spezifizieren. Dies trifft sich mit meiner oben im soziologisch *historischen* Zusammenhang vorgetragenen Auffassung von der jeweiligen gesellschaftlichen *Typisierung* von aggressiven Verhaltensäußerungen.

Die ethnologisch-sozialpsychologischen Überlegungen im Anschluß an die Forschungen der Klama-Gruppe erlauben uns nun, auch die *strategische* Orientierung der Gefühlsformung in der Aggressionsverarbeitung generell besser zu verstehen. An der *bürgerlichen* Familie bzw. in deren auf sozialen Aufstieg des Nachwuchses gerichteten Aggressionszuspitzung auf Wettbewerb fanden wir eine spezifische kulturelle Stilisierung, die als gesellschaftsfunktional bezeichnet werden kann.

Betrachten wir nun die „nachfamiliäre Familie" der Postmoderne: Hier liegen für die Aggressivität andere Grundbedingungen vor. Erst dort, wo der Wohlfahrts- und Bildungsstaat, wo v. a. auch die über die gesamte Population generalisierte Schule die Orientierungs- und Stützungsfunktionen (Förderung *und* Auffangnetze) bieten, kann es sich die (postfamiliäre) Familie (oder besser die Gesellschaft) leisten, daß *innerhalb* der Familie die Aggressionen sowohl der Mitglieder gegeneinander als auch diese gegen die Reste der Institution Familie freigesetzt werden.

Die Zukunft der Aggressionsforschung, darin jedenfalls bestärkt das Klama-Team, wird der auf Genauigkeit und Methodik der Einzelbeobachtungen thematisch fokussierten Art (und meist auch disziplinärer Vorstrukturierung) gehören, bei unablässigem Bedacht darauf, Disziplinen zu verweben und Modelle überdisziplinär zu erproben. Vielleicht wird uns die genaue Übersetzung von Verhaltensstrukturen in neurologische Lokalisierung prinzipiell verwehrt bleiben bzw. sich über weite Strecken als falsche Bemühung herausstellen. Andererseits wird uns aber deutlich, wie stark wir gerade bei der von der Physiologie zu studierenden Erregbarkeit zum Verständnis dieser und zu ihrer Ausformung zur Aggression auf das kognitiv zugängliche Wissen von der Welt und der Deutung menschlicher Motivation bzw. der gesellschaftlichen Bewertung und Sanktionierung angewiesen sind. Wenn auch genaue Zurechnungen fehlen und noch lange fehlen werden, oder sogar prinzipiell nicht erstellbar sind, so wird doch die Verwobenheit von Faktoren und Kräften immer deutlicher. Dort liegt, glaube ich wirklich, ein Weg der Aggressionsforschung, auch wenn der Begriff sich vielleicht grundsätzlich ändern wird.

Literatur

Adler A (1908) Der Aggressionstrieb im Leben und in der Neurose. Fortschr Med 26:577–584
Bandura A, Walters RH (1963) Social learning and personality development. Holt, New York
Battegay R (1979) Aggression, ein Mittel zur Kommunikation? Huber, Bern
Beck U (1986) Die Risikogesellschaft. Suhrkamp, Frankfurt am Main
Becker AM (1978) Psychoanalyse. In: Strotzka H (Hrsg) Psychotherapie: Grundlagen, Verfahren, Indikationen. Urban & Schwarzenberg, Wien, S 206–14

Berkowitz L (1965) The concept of aggressiondrive: Some additional considerations. Adv Exp Soc Psychol 2:301–329

Brunner O (1956) Das „ganze Haus" und die alteuropäische „Ökonomie". In: Brunner O (Hrsg) Neue Wege der Sozialgeschichte. Vandenhoeck, Göttingen, S 33 f.

Burger R (1989) Vermessungen. Essays zur Destruktion der Geschichte. Sonderzahl, Wien

Coleman P (1986) Die asymmetrische Gesellschaft. Beltz, Weinheim

Coser L (1964) The function of the social conflict. Free Press, London

Durkheim E ([1]1897, 1973) Der Selbstmord. Luchterhand, Darmstadt

Eisermann G (1962) Vilfredo Paretos System der allgemeinen Soziologie. Enke, Stuttgart S 102–113

Featherstone M, Hepworth M (1989) Aging and old age: Reflections on the postmodern life course. In: Bytheway B, Keil T, Allatt P, Bryman A (eds) Becoming and being old. Sociological approaches to later life. Sage, London, pp 143–157

Freud S (1931) Das Unbehagen in der Kultur, 2. Aufl. Internationaler Psychoanalytischer Verlag, Wien

Fromm E (1980) Anatomie der menschlichen Destruktivität. Deutsche Verlags-Anstalt, Stuttgart (Gesamtausgabe, Bd 7)

Gehlen A (1964) Urmensch und Spätkultur. Athenäum, Bonn

Gehlen A (1974) Der Mensch, 10. Aufl. Athenaion, Frankfurt am Main

Gruen A (1987) Der Wahnsinn der Normalität. Kösel, München

Henseler H (1984) Narzißtische Krisen. Zur Psychodynamik des Selbstmords. Westdeutscher Verlag, Opladen

Hofmannsthal H von (1979) Der Turm. (Gesammelte Werke, Dramen, Bd. 3; Fischer, Frankfurt am Main, S 177–476)

Jonas H (1980) Das Prinzip Verantwortung. Insel, Frankfurt am Main

Klama J (1988) Aggression – The Myth of the Beast Within. John Wiley & Sons, New York

Lorenz K (1987) Das sogenannte Böse. Zur Naturgeschichte der Aggression, 13. Aufl. Deutscher Taschenbuch Verlag, München

Luhmann N (1973) Vertrauen. Ein Mechanismus der Reduktion sozialer Komplexität, 2. Aufl. Enke, Stuttgart

Marx K (1862) Das Kapital, Bd 1. Dietz, Berlin, S 573 (Marx-Engels-Gesamtausgabe)

Merton RK (1967) Social theory and social structure, 2nd part. Free Press, New York

Ringel E (1984) Die österreichische Seele. Böhlau, Wien Graz Köln

Rosenmayr L (1982) Wandlungen in der Familie – Wandlungen in der Stellung der Alten. In: EURAG (Hrsg) Kongreßbericht, 10. Internationaler Kongreß der EURAG, Graz 1.–5. Juni 1982, S 17–39

Rosenmayr L (1985) Wege zum Ich vor bedrohter Zukunft. Jugend im Spiegel multidisziplinärer Forschung und Theorie. Soz Welt 3:274–298

Rosenmayr L (1986) Über Familie in den Strukturumbrüchen heute. Arch Wiss Prax Soz Arbeit 2–4:48–81

Rosenmayr L (1987) Familie à la carte. Altenpflege 5:300–308

Rosenmayr L (1988) Jugend als Spiegel der Gesellschaft. In: Janig H, Hexel PC, Luger K, Rathmayr B (Hrsg) Schöner Vogel Jugend. Analysen zur Lebenssituation Jugendlicher. Trauner, Linz, S 4–35

Rosenmayr L (1989) Soziologie und Natur. Soz Welt 1/2:12–28

Schulz W (1988) Einführung in die Soziologie. Institut für Soziologie, Wien
Schumacher EF (1986) Rat für die Ratlosen. Rowohlt, Reinbek
Simmel G (1955) Conflict & The Web of Group-Affiliations. The Free Press of Glencoe, London, S. 34.
Simmel G (1908, ⁶1983) Der Streit. In: Simmel G (Hrsg) Soziologie. Untersuchungen über die Formen der Vergesellschaftung. Duncker & Humblot, Berlin, S 186–255
Stendhal (1822, 1975) Über die Liebe. Insel, Baden-Baden
Strotzka H (1982) Psychotherapie und Tiefenpsychologie. Springer, Wien New York
Strotzka H (1983) Fairness, Verantwortung, Fantasie. Eine psychoanalytische Alltagsethik. Deuticke, Wien
Strotzka H (1985) Macht. Ein Psychoanalytischer Essay. Zsolnay, Hamburg
Thomas WI (1965) Person und Sozialverhalten. Luchterhand, Neuwied
Weiss E (1935) Todestrieb und Masochismus. Imago 21:393–411

Klinische Aspekte der Aggression und Selbstaggression – ein integrales Konzept der Suizidalität

Walter Pöldinger

Um diesem Titel gerecht zu zu werden, muß zunächst einmal abgeklärt werden, was unter „Klinik" und was unter „Suizidalität" zu verstehen ist. In der 255. Auflage von Pschyrembels *Klinischem Wörterbuch* aus dem Jahre 1986 wird „Klinik" als die „medizinisch übliche Bezeichnung für die gesamte Symptomenkonstellation und den Verlauf einer Krankheit" definiert. Unter „Suizidalität" verstehen wir das Integral aller selbstzerstörerischen und selbstaggressiven Kräfte, welche den eigenen Tod zum Ziel haben (Pöldinger 1968). Wenn wir diesen beiden Definitionen gegenüberstehen, so müssen wir uns zunächst einmal fragen, ob es sich bei der Suizidalität um eine Symptomenkonstellation handelt, welche tatsächlich einer Krankheit zuzuordnen ist, oder ob wir unter Suizidalität einen weiter gefaßten Begriff verstehen müssen.

Der Krankheitsbegriff

Bevor wir aber diese Frage stellen, müssen wir uns dem Begriff „Krankheit" zuwenden. Denn besonders in jüngster Zeit und v. a. seit Jean Amery 1976 sein Buch *Hand an sich legen, Diskurs über den Freitod* veröffentlicht hat, ist erneut die Frage aufgebrochen, ob Selbstmord überhaupt mit medizinischen Kategorien zu erfassen ist und ob es sich nicht vielmehr um ein menschliches Phänomen handelt, bei dem es vielmehr um die Frage der Willensfreiheit, also um ein primär nicht medizinisches Problem geht. Hoche hat in diesem Zusammenhang in seinem akademischen Kriegsvortrag vom 6. November 1918 mit dem Titel „Vom Sterben" erstmals den Ausdruck „Bilanzsuizid" verwendet. Seitdem dieser Begriff in die Welt gesetzt worden war, gab und gibt es eine heftige Diskussion darüber, ob es nun einen „freiwilligen" Tod gäbe, ohne daß psychopathologische Symptome oder Veränderungen nachweisbar sind. Es geht also um die Frage, ob ein seelisch völlig gesunder Mensch seinem Leben

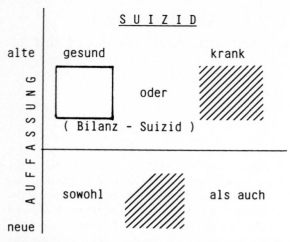

Abb. 1. Alte und neue Auffassung zum Krankheitskonzept des Suizids

ein Ende bereiten kann oder nicht, bzw. um die Frage, ob jemand der Hand an sich legt, zwangsweise in irgendeiner Weise seelisch beeinträchtigt, bzw. krank ist. Haenel hat 1988 in einem Artikel mit dem Titel „Der Bilanzsuizid – Mythos oder Realität?" darauf hingewiesen, daß sich die Frage, ob es einen Bilanzsuizid gäbe, von der qualitativen auf die quantitative Ebene verlagert habe. Er meint damit, daß bei der Beurteilung eines einzelnen Suizides heute die Frage nicht mehr lautet, ob ein Bilanzsuizid vorliegt oder nicht, sondern daß man sich heute eigentlich fragen muß, wie groß der Anteil einer gesunden Bilanzierung des eigenen Lebens war, ob er klein war, oder vielleicht von ausschlaggebender Bedeutung. Der Autor weist aber gleichzeitig darauf hin, daß sich an der allgemeinen Erfahrung nichts geändert habe, daß bei den allermeisten Fällen von vollzogenen Suiziden psychopathologische Symptome im Vordergrund stehen und für die Suizidhandlung maßgeblich als ursächlich angesehen werden müssen. Unter diesem neuen Gesichtspunkt erübrigt sich natürlich auch die Frage nach dem Krankheitswert einer Suizidhandlung, und zurück bleibt lediglich die Abwägung, inwieweit Anteile der gesunden Persönlichkeit bei der Entscheidung mit eine Rolle gespielt haben könnten. Damit sehen wir aber auch, daß sich auch die Beurteilung der Suizidhandlungen in der Geschichte der Medizin einem ganzheitlichen Konzept zuwendet (Abb. 1).

Symptomatologie

Wenn wir uns nun der weiteren Frage zuwenden, ob es sich bei suizidalen Handlungen um Symptome, Syndrome oder Krankheiten im engeren Sinne handelt, können wir heute die Frage dahingehend beantworten, daß es sich bei der Suizidalität um einen Syndromenkomplex handelt, der verschiedene Ursachen haben kann und nicht als eine Krankheit sui generis angesehen werden kann.

Wenden wir uns zunächst einmal der Symptomatologie selbst zu, so können wir grundlegend zwischen dem Suizid und dem Suizidversuch unterscheiden. Bei den Suizidversuchen wieder gibt es schon sehr lange die beiden gegenteiligen Ansichten, ob ein Suizidversuch, d.h. eine Suizidhandlung, die nicht zum Tode führt, prinzipiell als ein mißglückter Suizid aufzufassen ist, oder ob der Suizidhandlung, die nicht zum Tode führt, ein eigener Stellenwert zukomme. Kreitman (1969) und Feuerlein (1971) haben für die verschiedenen Formen von suizidalen Handlungen, die nicht zum Tode führen, den Ausdruck „parasuizidale Handlungen" vorgeschlagen. Vor allem Feuerlein nimmt an, daß dem Suizid eine meist sehr starke Selbstaggression zugrunde liegt, und daß wir in Fällen mit massiver Selbstaggression verbunden mit einer Suizidhandlung, die aber nicht zum Tode führt, von einem „mißglückten Suizid" sprechen sollten. Beide Autoren weisen aber darauf hin, daß der mißglückte Suizid nicht die einzige suizidale Handlung ist, die nicht zum Tode führt. Sie haben daher, wie bereits erwähnt, für diese Handlungen die Bezeichnung „parasuizidale Handlungen" vorgeschrieben.

Vor diesen Autoren hat aber bereits Stengel (1965) darauf hingewiesen, daß zwischen der Entwicklung zum Suizid und der zum Suizidversuch Unterschiede bestehen. Während bei der Entwicklung zum Suizid die Selbstaggression und Selbstzerstörung im Vordergrund stehen, sehen wir bei der Entwicklung zum Suizidversuch, daß hier neben der Autoaggression auch noch andere Faktoren eine große Rolle spielen. Farberow u. Shneidman haben 1961 darauf hingewiesen, daß viele Suizidversuche auch als Hilferuf („cry for help") zu verstehen sind, welche v. a. dann auftreten, wenn besonders junge Menschen ihre Nöte nicht verbalisieren können und diese durch Gesten ausdrükken müssen. Man spricht daher auch von „parasuizidalen Gesten". Demzufolge wären parasuizidale Handlungen zum Teil als averbale Kommunikationsversuche zu verstehen, die dann angewendet werden, wenn keine verbale Kommunikation mehr möglich ist.

Als Beispiel sei ein 16jähriger Patient genannt, der seinem Vater mitteilte, daß er ihm helfen müsse, denn sein Mädchen möchte nicht mit ihm schlafen, und er sei derart von sexuellen Impulsen überwältigt, daß er nicht schlafen und nicht denken und v. a. auch keine Schulaufgaben machen könne. Auch könne er sich in der Schule nicht mehr konzentrieren. Sein Vater erklärte ihm sinngemäß, daß er mit ihm alles besprechen könne, aber über die Sexualität könne er erst dann mit ihm sprechen, wenn er einen Beruf erlernt habe und eine Frau erhalten können. Zwei Tage später sah ich diesen jungen Mann auf der Notfallstation, und nachdem ich mit ihm gesprochen hatte, stürzte der Vater auf mich zu und sagte: „Herr Professor, wie kann mir das mein Sohn antun, ich habe doch immer alles für ihn getan." Leider mußte ich dem Vater zunächst einmal mitteilen, daß er eben nicht alles getan habe und v. a. vor 2 Tagen nicht bereit war, mit seinem Sohn über die Sexualität zu sprechen.

Neben dem mißglückten Suizid und der Appellfunktion als Kommunikationsversuch, gibt es aber auch Menschen, die nach Überwindung einer kritischen Periode, beispielsweise nach einer Scheidung oder großen beruflichen Schwierigkeiten, eine höhere Dosis eines Schlafmittels zu sich nehmen, um einmal „richtig auszuschlafen". Sie wollen sich gewissermaßen selbst einer „Schlafkur" unterziehen, um dann neu anzufangen. Hier kann es vorkommen, daß durch das zufällige Dazwischentreten von irgend jemandem der Arzt alarmiert wird und der Betreffende als „Intoxikation" mit dem Verdacht auf einen Suizidversuch auf einer Intensivstation landet. Es ist also wichtig zu wissen, daß es Menschen gibt, die gelegentlich einmal eine höhere Dosis Schlafmittel nehmen, ohne sich damit das Leben nehmen zu wollen oder auch einen Appell vorzunehmen. Dafür wurde der Ausdruck „parasuizidale Pause" vorgeschlagen.

Interpretation von Suizidhandlungen

Das Krisenmodell

Bei dem Krisenmodell der Suizidhandlungen wird angenommen, daß eine psychosoziale Krise in der Regel die Ursache dieser Handlungen darstellt. Diese Interpretation ist auch mit eine der Ursachen, warum immer wieder von der „Entmedikalisierung" des Selbstmordproblems gesprochen bzw. dieses gefordert wird. Seelische Krisen sind Ereignisse und Erlebnisse, die von den Betroffenen nicht mehr sinnvoll verarbeitet und bewältigt werden können und somit die Gefahr einer pathologischen Entwicklung in sich tragen. Die Krisenanlässe lassen sich nach Cullberg (1978) einerseits unterteilen in Krisenanlässe, welche sich aus der Lebensgeschichte ergeben, wie z. B. Verlassen des

Verlauf einer seelischen Krise mit möglichem Übergang in pathologische Entwicklungen
Krisenschock
Krisenreaktion
Krisenbearbeitung
Neuorientierung
   oder Übergang in eine pathologische Entwicklung

                             Chronifizierung der Krise
                             Neurotisierung der Krise
                             Suizidale Entwicklung
                             Auslösung einer Psychose

Elternhauses, Heirat, Geburt eines Kindes, Wohnungswechsel, Arbeitslosigkeit, Klimakterium, Pensionierung, Verbringung in ein Altersheim und andererseits in dramatische Krisen, welche unerwartet und plötzlich auftreten, wie z. B. plötzlicher Tod eines nahestehenden Menschen, Krankheit, Invalidität, Untreue, Kündigung, soziale Niederlagen und äußere Katastrophen. Die Übersicht (s. oben) zeigt das Modell eines Krisenverlaufs, macht aber auch deutlich, daß aus dem Krisenverlauf, wenn es nicht zu einer Neuorientierung kommt, eine pathologische Entwicklung entstehen kann. Nun ist es wichtig, daß die psychosoziale Krise zu einem großen Teil durch Selbsthilfe, Familienhilfe und Nachbarschaftshilfe behoben wird und daß nur etwa 20% einer professionellen Krisenintervention bedürfen. Zu dieser kann ein Arzt herangezogen werden, muß es aber nicht. Wenn es aber aus der Krisenentwicklung heraus zu einer pathologischen Entwicklung kommt, beispielsweise zu einer suizidalen Entwicklung, dann sprechen wir von einem „psychiatrischen Notfall", und bei diesem ist sehr häufig eine ärztliche Intervention dringend notwendig.

Verschiedene Autoren sind nun der Frage nachgegangen, welche Krisen v. a. das Risiko in sich bergen, in eine suizidale Entwicklung überzugehen. Aufgrund breitangelegter Untersuchungen haben Kiev (1970) und Wilkins (1970) eine Reihenfolge von Risikogruppen zusammengestellt, bei welchen die Gefahr einer suizidalen Entwicklung sehr groß ist. Nach Beck et al. (1974) spricht man dann von einem hohen Suizidrisiko, wenn bei einer bestimmten Gruppe die Suizidrate 1000 bis 10000 auf 100000 erwachsene Einwohner beträgt. Die Reihenfolge der Risikogruppen wird wie folgt angesetzt:

1. Depressive aller Art,
2. Alkoholiker, Medikamenten- und Drogenabhängige,
3. Alte und Vereinsamte,

4. Personen, die eine Suizidankündigung oder Drohung gemacht haben,
5. Personen, welche schon einen Suizidversuch hinter sich haben.

Das psychodynamische Konzept

Das psychodynamische Konzept geht auf S. Freud (1916) zurück und besagt, daß sich Aggressionen, die sich nicht gegen eine andere Person wenden können, gegen die eigene Person richten. Er geht dabei ursprünglich vom verlorenen Liebesobjekt aus, welches natürlich Aggressionen gegen dasselbe zur Folge hat. Da das verlorene Liebesobjekt aber nicht mehr vorhanden ist, um diese Aggressionen zu empfangen, richten sich dann die Aggressionen eben gegen die eigene Person. Freud hat dieses Konzept sowohl für die Erklärung der Depressivität als auch im speziellen für die Erklärung der Suizidalität verwendet.

Im Anschluß an Freud haben sich weitere andere Autoren mit dem Problem der Suizidalität, der Aggression und der Selbstaggression beschäftigt. Beispielsweise hat Menninger (1938) 3 Motive der Selbstmordhandlung unterschieden, die mit unterschiedlicher Stärke wirksam werden:

1. den Wunsch zu töten,
2. den Wunsch, getötet zu werden,
3. den Wunsch, tot zu sein.

Der Wunsch zu töten, entstammt nach Menninger dem Aggressionstrieb, der dem Menschen eigen ist. Der Wunsch, getötet zu werden, entspricht der Unterwerfung gegenüber den aggressiven Impulsen des Über-Ich. Und der Wunsch zu sterben, entspricht nach Menninger dem vom Freud postulierten „Todestrieb".

Nach Zilboorg (1936) ist Freuds Formulierung, daß der Suizidant das Opfer gehemmter aggressiver Impulse ist, zu wenig aussagekräftig, und er fügt weitere Bedingungen an, nach denen der Selbstmord seiner Meinung nach (und er verwendet auch diesen Ausdruck) „ein Mord am Ich erst dann ist, wenn ein Liebesobjekt endgültig verloren ist". Die dadurch freiwerdende libidinöse Energie zieht sich ganz auf das Ich zurück, und damit tritt ein Realitätsverlust ein, der nicht mehr durch neue Objektbeziehungen ausgeglichen werden kann. Die Person des Suizidanten muß dem verlorenen Liebesobjekt mit ambivalenten Gefühlen von Haß und Liebe gegenüberstehen, und die feindseligen Neigungen nach der Identifikation mit dem geliebten Objekt müssen in der eigenen Person bekämpft werden.

Abschließend ist in diesem Zusammenhang zu erwähnen, daß die Todestriebhypothese Freuds heute in einer allgemeinen Aggressionstheorie aufgefangen ist.

Das verhaltenstherapeutische und kognitive Konzept

Die Verhaltenstherapie beruht auf lerntheoretischen Konzepten und hat bezüglich Depression und Suizidalität 2 Schwerpunkte, nämlich einerseits das Problem der Separationsdepressionsforschung und andererseits das Phänomen der gelernten Hilflosigkeit nach Seligman (1975). Für die Lerntheorie wesentlich ist aber auch, daß sowohl negative wie positive Erfahrungen durch Wiederholung verstärkt werden können und daß es therapeutisch verschiedene Möglichkeiten gibt, diese Verstärker zu beeinflussen.

Eine besondere Entwicklung hat aber die Verhaltenstherapie in Richtung kognitiver Therapie genommen, wobei v. a. die Erkenntnis wesentlich war, die schon auf den griechischen Philosophen Epictet zurückgeht, daß es nicht die Ereignisse sind, welche die Menschen bedrücken, sondern die Sicht dieser Ereignisse. Die kognitive Therapie hat also die Erkenntnis gebracht, daß es v. a. kognitive Störungen sind, welche zur Depression und zur Hoffnungslosigkeit und damit auch zur Suizidalität führen. Die kognitive Störung des Depressiven liegt darin, daß er sich selbst durch eine schwarze Brille sieht, aber auch seine Umgebung, von der er keinerlei Hilfe mehr erwartet, da er vollkommen ohne Hoffnung ist und hoffnungslos und pessimistisch steht er auch der Zukunft gegenüber, die er ebenfalls durch eine schwarze Brille sieht. Wir sprechen in diesem Fall von einer kognitiven Triade, die sich auf die Sicht der eigenen Person, der Umgebung und die Zukunft bezieht.

Gerade beim Suizidalen ist es der Umgang mit der Hoffnungslosigkeit, die von großer Entscheidung ist. Der Suizidale sieht ja meist das Leben als sinnlos an, das er nicht ertragen kann, indem man nicht glücklich sein kann, wobei das Unglücklichsein ein derartiges Maß annimmt, daß er im Suizid die einzige Möglichkeit sieht, diesem Unglücklichsein zu entkommen, und zudem fühlt er sich als Last für seine Familie und meint, daß es diese besser haben werde ohne ihn. Es ist nun gerade bei den Suizidalen wichtig, Möglichkeiten aufzuzeigen, mit unlösbaren Problemen fertigzuwerden und daß es andere Wahlmöglichkeiten für das gegenwärtige Verhalten gibt. Als ein sehr banales Beispiel von fehlangepaßtem Verhalten sei der Fall einer jungen Frau angeführt, die immer dann verzweifelt wurde und sich mit Selbstmordgedanken trug, wenn ihr Freund sie mehrere Tage nicht angerufen hatte. Als man sie fragte, ob es nicht noch etwas anderes gäbe, außer zu warten bis der Anruf kommt und deswegen neben dem Telefon zu sitzen, hellte sich ihre Miene auf und sie antwortete: „Nun, ich könnte ihn anrufen." Und schon diese Wende läutete die Wendung des Problems ein.

Wenn es darum geht, einen Patienten oder eine Patientin von ihren negativen Gedanken abzubringen, so sei noch ein anderes Beispiel angeführt: Wenn beispielsweise eine Hausfrau sich als totalen Versager erlebt, dann muß man ihr klarmachen, daß dies nicht stimmt, indem man ihr beispielsweise aufzeigt, daß sie sehr wohl in der Lage war, 2mal am Tage, wenn auch einfaches Essen auf den Tisch zu stellen und die wichtigsten Hausarbeiten zu erledigen. Dies sind natürlich nur einige kleine Beispiele, in welche Richtung sich diese therapeutischen Ansätze entwickeln und von welchen Entwicklungen einige entscheidende Impulse für die Behandlung und Prophylaxe von Suizidideen und Impulsen ausgehen könnten.

Das systemische bzw. familiendynamische Konzept

Dieser Aspekt, der einerseits von der Familientherapie und -dynamik, andererseits von der Systemtheorie ausgeht, zeigt v. a., daß jene Person im Rahmen einer Familienstruktur, welche eine Suizidhandlung begeht, nicht immer jene Person ist, welche am „meisten krank" ist, sondern vielfach ist es die „schwächste Person" in der Familie. Ausgehend von der Bemerkung Federns: „Niemand tötet sich selbst, den nicht ein anderer tot wünscht", hat Sperling (1980) ein neues Konzept entwickelt. Er weist darauf hin, daß sich in den Familien Suizidaler unvergleichlich mehr frühe Todesfälle in der Familienvorgeschichte finden als bei sonstigen Familien. Er spricht in diesem Zusammenhang davon, daß in diesen Familien ein „Trend zum Tod" vorherrsche. Tod als Problemlösung fällt den Mitgliedern einer solchen Familie als erstes ein. Außerdem weist er darauf hin, daß die innerfamiliären Feindseligkeiten, besonders von seiten der Mütter, in Familien Suizidaler optimale Familientherapie im Sinne gemeinsam zu leistender Trauerarbeit erheblich erschwert. Unter Berücksichtigung mehrerer Generationen kommt Sperling aufgrund der Beobachtungen aus Kasuistik und Statistik zu folgenden Schlußfolgerungen:

1. Die gegenwärtige Familie, in der man lebt, hat eine protektive Wirkung bezüglich des Selbstmords. Die besondere Gefährdung der Alleinlebenden geht durch alle Statistiken.
2. Die Herkunftsfamilie hat eine suizidfördernde Wirkung in mehrfacher Weise:
   a) Wenn Selbstmorde in der Familienvorgeschichte nachweisbar sind.
   b) Wenn Selbstmorddrohungen Angehöriger als Erpressung eingesetzt werden.
   c) Hinzu tritt eine Häufung mehr oder minder offen ausgesprochener Todeswünsche gegenüber dem späteren Suizidanten. Diese werden relativ unverhohlen geäußert, z. B. bei Alkoholikern und chronisch Kranken, v. a. aber auch bei unbotmäßigen Kindern; diese haben dann zentrale Werte ihrer Eltern verletzt.
   d) Die Familien haben Erfahrungen mit vorzeitigen schicksalhaften Todesfällen wichtiger Beziehungspersonen, die niemals „ausgetrauert" wurden. Die Vorzeitigkeit des Todes wurde verständlicherweise als unverstehbar abgekapselt.

Das narzißtische Konzept

Den Begriff des Narzißmus führte Freud erst 1914 in seine Theorie ein. Er betrachtete ihn als „die libidinöse Ergänzung zum Egoismus des Selbsterhaltungstriebes", von dem jedem Lebewesen mit Recht ein Stück zugeschrieben wird. Der Narzißmus entspricht der affektiven Einstellung des einzelnen Individuums zu sich selbst und hat sehr viel mit Selbstwertgefühl, Selbstbewußtsein und Selbstsicherheit zu tun. Der Säugling befindet sich v. a. nach der Geburt in einem Zustand, den man mit Worten des Erwachsenen etwa so beschreiben könnte: „Es geht mir gut und alle haben mich lieb." Dieser Zustand der Harmonie wird durch die Ich-Entwicklung empfindlich gestört, indem jeder Mensch erfährt, daß diese Harmonie störbar ist und daß Unlusterlebnisse nicht vermeidbar sind. Henseler (1974) hat für diese Erfahrungen den Ausdruck „Urverunsicherung" geprägt, für welche er ausführt, daß sie zwar bei jedem Menschen objektiv vorhanden, aber nicht entsprechend den bestehenden Erziehungsverhältnissen von allen gleich erlebt wird. Der Abbau des primären Narzißmus verläuft parallel zu dem Aufbau des Ich. Henseler vertritt nun die Meinung, daß der Mensch verschiedene Möglichkeiten hat, mit der Bedrohung seines Selbstwertegefühls fertig zu werden. Die frühest vorhandene Möglichkeit besteht in der Regression zu dem Primärzustand, eine zweite Technik besteht im Leugnen der eigenen Minderwertigkeit, eine dritte Möglichkeit, diese Bedrohung zu bekämpfen, besteht darin, daß man vorgebrachte Argumente auf ihren Realitätsgehalt hin überprüft und gegebenenfalls das eigene Selbstbild kontrolliert. Aus dem harmonischen Primärzustand entwickelt sich also in einer ersten Phase das sog. „grandiose Selbst" (ich habe alles und bin einzigartig) und das „idealisierte Objekt" (gewissermaßen eine Garantie für Schutz, Größe und Allmacht). In einer zweiten Phase spaltet sich das grandiose Selbst in das reale und das ideale Selbst auf, und aus dem Objekt entwickelt sich einerseits das reale Objekt und andererseits das Ich-Ideal (Über-Ich) als System spezieller Aspekte der verinnerlichten Elternfiguren. Das Ich stellt dabei das Regulationszentrum des narzißtischen Systems dar und reagiert auf Bedrohungen des Gleichgewichtszustands einer optimalen Harmonie. Wenn allerdings eine sehr starke Bedrohung, z. B. eine Kränkung durch die Außenwelt, erfolgt oder ein besonders labiles und leicht zu erschütterndes Selbstwertgefühl vorliegt, dann gelingt es dem Ich oft nicht mehr, mit sog. reifen Reaktionen den Gleichgewichtszustand aufrechtzuerhalten. Als Folge kommt es zu einer Regression auf Abwehrtechniken früherer Entwicklungsphasen, wie z. B. die Abwehrmechanismen der Idealisierung oder der Verleumdung. Wenn nun selbstunsichere Personen eine narzißtische Objektwahl vornehmen, obwohl sie eine Realitätsverzerrung beinhaltet, so wird dies sehr problematisch und unter extremen Belastungsbedingungen kann das Ich eine Möglichkeit darin sehen, daß es dem drohenden Zusammenbruch des narzißtischen Systems aktiv zuvorkommt. Henseler (1974) kommt so zur folgenden narzißtischen Betrachtung der Suizidalität:

> Personen mit einer Suizidneigung sind in ihrem Selbstwertgefühl stark verunsichert. Sie fühlen sich subjektiv besonders bedroht und fürchten sich vor dem Zustand totaler Verlassenheit und Ohnmacht. Um ihr Selbstwertgefühl zu schützen, bedienen sie sich in hohem Maße der Realitätsverleugnung und der Idealisierung der eigenen Person, und wenn es mit diesen Schutzmechanismen nicht gelingt, das narzißtische Gleichgewicht zu erhalten, so kommt es zum Rückzug in einen harmonischen Primärzustand, indem die Personen diese Phantasie in Handlung umsetzen, wodurch sie der drohenden narzißtischen Krise aktiv zuvorkommen und damit ihr subjektives Selbstwertgefühl retten. Sie verzichten zwar auf ihre Individualität zugunsten einer Verschmelzung mit einem diffus erlebten primären Objekt, gewinnen dabei aber Sicherheit und Geborgenheit.

Diese Hypothese überprüft Henseler aufgrund der Analyse von praktisch-klinischen Untersuchungen und glaubt, mit diesen seinen Untersuchungen den Nachweis erbracht zu haben, daß die Berücksichtigung einer narzißtischen Problematik und der für sie typischen Regressionsvorgänge eine große erklärende Kraft nicht nur für zahlreiche Besonderheiten der idealtypischen suizidalen Persönlichkeit und ihrer Suizidhandlung, sondern auch für die Problematik des konkreten Suizidanten sowie für sein Erleben und Verhalten hat. Insbesondere dürfte die Rolle narzißtischer Konflikte für die zur Suizidhandlung führenden Situationen deutlich geworden sein.

Battegay (1987) weist darauf hin, daß der Suizidale häufig durch seine Handlung einerseits erkennen läßt, daß ihm sein Ich bis zu einem gewissen Grad fremd geworden ist, andererseits aber auch, daß er – unbewußt – seine mitmenschliche Umgebung auf sich aufmerksam machen möchte. In einer Suizidhandlung ist damit eine „Mischung bzw. Überdetermination von selbstzerstörerischer und selbsterhaltender Motive" zu erkennen. An anderer Stelle schreibt dieser Autor:

> Ob diese narzißtische Störung bei Depressiven einem primär pathologischen Narzißmus im Sinne von O. F. Kernberg (1975) und damit einem defekt angelegten Bezug zum eigenen Selbst und zu den Objekten entspricht oder ob sich die narzißtische Störung entsprechend der Annahme von H. Kohut (1981) aus der normal bestehenden Selbstliebe herleiten läßt, ist für die Tatsache der häufigen Suizidalität dieser Menschen unwesentlich. Immer wird den Depressiven, mehr oder weniger unbewußt oder bewußt, aufgehen, daß ihr Selbstzug wie eine Objektbeziehung in Folge ihrer die Depression unterhaltenden narzißtischen Lehre gestört sind, ihr Lebensvollzug deshalb gefährdet ist und sie daher mit der Frage konfrontiert sind, ob ihr Weiterleben, nach allfällig gescheiterten Versuchen der Kompensation ihrer narzißtischen Lücke, unter diesem Umstand noch einen Sinn hat, zumal sie entsprechend ihrer Grundstimmung subjektiv meist keinen Ausweg aus ihrer Situation, keine andere Zukunft zu sehen vermögen (S. 146).

Battegay u. Haenel (1979) schreiben:

> Diese Menschen streben einem hohen, realitätsfremden Ich-Ideal nach, das sie niemals zu erreichen imstande sind. Schwere Enttäuschungen sind die Folge. Der Schritt zur Suizidhandlung ist demgemäß oft nur kurz. Manche Patienten setzen sich in ihrem Erleben über ihre Sterblichkeit hinweg und hoffen, auf irgendeine Weise – nach ihrem Suizid – mit der Nachwelt in Kontakt bleiben und so irgendwie am Leben weiter teilnehmen bzw. das Bestrafungserlebnis ihrer Nächsten miterleben zu können. Es ist der infantile Wunsch, die erstrebte Erlösung in einem diesseitigen Bezugssystem erfahren zu dürfen. Damit wären die Patienten aller Mühen zur Bewältigung der Objektbeziehungen enthoben (S. 46).

Soziologische Konzepte

Eine der ersten Suizidtheorien stammt von Emil Durkheim, der in seinem 1897 erschienen Buch *Le suicide* ausgeführt hat: „Jede Gesellschaft hat in jedem Augenblick ihrer Geschichte jeweils eine bestimmte Neigung zum Selbstmord." Er stellte sich im speziellen die Frage, welche gesellschaftlichen Zustände zu einer hohen Selbstmordrate führen und ging dabei von 2 Dimensionen aus: von der sozialen Integration und der sozialen Regulierung. In einer sozial integrierten Gesellschaft mit weitgehender Übereinstimmung der gegenseitigen Interessen und der gemeinsamen Ziele sieht er v. a. den altruistischen Suizid, wie z. B. den Märtyrertod im frühen Christentum oder die Witwenverbrennung beim Tod des Gatten in Indien. Bei einer nicht integrierten sozialen Gesellschaft sieht er dagegen v. a. den egoistischen Selbstmord, den Selbstmord aus egoistischen Gründen. Die Gesellschaft beeinflußt aber nicht nur Denken und Handeln des einzelnen, sondern besitzt auch die Macht, die Gefühle und Motive ihrer Mitglieder zu regulieren. In einer stark regulierten Gesellschaft kann es zum fatalistischen Selbstmord kommen, oder wenn eine soziale Beeinflussung durch allgemein verbindliche Normen nicht besteht, kommt es zum anomischen Suizid. Im Zustand der Anomie, der Regellosigkeit, sieht Durkheim die wesentlichsten Ursachen hoher Selbstmordraten besonders in wirtschaftlich weit entwickelten Ländern, z. B. in Wirtschaftskrisen oder in Kriegen. Neben diesen wirtschaftlichen Aspekten der Anomie betrachtet Durkheim aber auch die Anomie in den familiären Beziehungen und findet auch einen Zusammenhang zwischen hohen Selbstmordraten und schlechten familiären Beziehungen, ausgedrückt durch hohe Scheidungsraten.

Erweiterter Suizid und Doppelselbstmord

Unter einem erweiterten Suizid verstehen wir die Tatsache, daß jemand ohne Wissen des anderen einen oder auch mehrere Menschen mit in den Tod nimmt. Zum erweiterten Suizid gehört beispielsweise jene Mutter, die aus einem tiefen Pessimismus und einer tiefen Depression heraus die Zukunft derart schrecklich sieht, daß sie dem Elend nicht nur selbst entgehen will, sondern auch die Kinder mit in den Tod nimmt, um aus Mutterliebe heraus auch diesen dieses Schicksal zu ersparen.

Beim Doppelselbstmord dagegen gehen 2 Menschen gemeinsam bewußt in den Tod, wobei im Regelfall beide gleichzeitig Suizid begehen. Es gibt aber auch die Variante, daß der eine Partner den anderen tötet, um sich nachher selbst das Leben zu nehmen. Bei dieser Form des Doppelselbstmords kommt es aber dazu, daß der eine Partner nach Tötung des anderen gewissermaßen sich in der Zwangslage befindet, daß er, wenn er sich im letzten Augenblick noch anders entscheiden sollte, dies nur mit dem Risiko tun kann, wenn er am Leben bleibt, als Mörder angeklagt zu werden.

In diesem Zusammenhang ist der tragische Tod des österreichischen Kronprinzen Rudolf zu erwähnen, der sich am 30. Januar 1889 in Mayerling erschoß, nachdem er Stunden vorher seine Geliebte Mary Vetsera auch durch einen Schuß getötet hatte. Mit diesen Schicksalen haben sich in letzter Zeit v. a. die Historikerin Brigitte Hamann (1978) und der aus Ungarn stammende und derzeit in Kanada wirkende Psychiater und Familientherapeut John T. Salvendy (1987) beschäftigt.

In ähnlicher Weise verübte der bekannte Dichter Heinrich von Kleist am 21. November 1811 auf einer kleinen Anhöhe zwischen der Potsdamer Chaussee und dem Wannsee in Berlin Selbstmord durch Mundschuß, nachdem er vorher die gleichaltrige Adolphine Henriette Vogel-Kerber, Ehefrau eines kleinen Staatsbeamten und Mutter einer 10jährigen Tochter, auf ihren Wunsch durch einen Brustschuß aus geringer Distanz getötet hatte. Mit diesem Ereignis hat sich v. a. Paul Ghysbrecht (1967) in seinem Buch *Der Doppelselbstmord* auseinandergesetzt.

Als Beispiel eines gemeinsamen Doppelselbstmords sei an Stefan Zweig erinnert, der am 22. Februar 1942 auf die Nachricht vom Fall der Stadt Singapur bestürzt vom Karneval in Rio mit seiner zweiten Frau Lotte nach Petropolis, wo er im Exil wohnte, zurückkehrte, um mit dieser zusammen durch die Einnahme des Schlafmittels Veronal in Überdosis aus dem Leben zu scheiden. Prater (1981) hat sich in einer Biographie mit dieser Problematik auseinandergesetzt.

Das integrale Konzept der Suizidalität

Unter dem modernen Schlagwort „Ganzheitsmedizin" verstehen wir eine simultane Interpretation von Krankheiten aus verschiedenen Gesichtspunkten, so v. a. vom Standpunkt der Biologie, der Psychologie und der Soziologie her.

Bezüglich des biologischen Aspekts ist darauf hinzuweisen, daß es unter den Depressionen, die ja als die häufigste Ursache von Selbstmordhandlungen immer wieder genannt werden (Kielholz 1967), Verlaufsformen gibt, welche eine familiäre Häufung zeigen und daher endogene Depressionen genannt werden. Diese zeichnen sich v. a. durch eine familiäre Häufung, periodische Phasen von Depressionen oder auch von Depressionen und manischen Zuständen und in der Regel durch eine Dauer von mehreren Monaten aus. In neuerer Zeit gibt es auch molekularbiologische Studien, die auf einen bestimmten Genort für die Vererbung dieser Erkrankung hindeuten. Über die Frage von erblichen Faktoren war daher im Zusammenhang mit der Suizidalität immer nur dann die Rede, wenn es um diese endogenen Depressionen gegangen ist, die jedoch unter den Depressionen nicht die häufigste Ursache für Suizide darstellen. Diese Erkrankungen kommen bei knapp 1% der Bevölkerung vor. Es ist nun interessant, daß schon Sperling (1980) in seinem Buch *Suizid und Familie* eine Bauernfamilie erwähnt, in der sich seit 3 Generationen die Männer jeweils um das 40. Lebensjahr herum an demselben Haken auf dem Heuboden erhängten. Dieses Beispiel läßt aber 2 Interpretationen zu, nämlich eine psychodynamische und eine biologisch-genetische. Suggestive Momente scheinen aber auf jeden Fall eine Rolle zu spielen. Zaw (1981) beschreibt eine Familie, in der sich – u. a. ein-eiige Zwillinge – über 2–3 Generationen mehrere Personen mit harten Methoden suizidiert hatten. Er hält eine genetische Prädisposition unabhängig von der Depression für wahrscheinlich. Juel-Nielson u. Videbeck (1970) untersuchten 19 monozygote und 58 dizygote Zwillingspaare im Hinblick auf einen Suizid. Von den 19 monozygoten Paaren waren 4 bezüglich Suizid konkordant, bei den dizygoten Zwillingen fand sich bezüglich Suizid keine Konkordanz. Die Autoren zogen die vorsichtige Schlußfolgerung, daß genetische Faktoren das Vorkommen von Suiziden indirekt konditionieren könnten.

Schulsinger et al. konnten 1979 anhand einer Adoptionsstudie nachweisen, daß in der Herkunftsfamilie von adoptierten Kindern, die sich später suizidiert haben, mehr Suizide nachweisbar waren als in den biologisch nicht verwandten Adoptivfamilien. Roy fand 1988 bei einer Untersuchung von 243 Patienten mit einer positiven Suizidanamnese in der Familie, daß von diesen 118 (48,6%) einen Suizidversuch unternommen hatten. Die Mehrheit dieser Patienten, nämlich 84,4% hatten schon früher einmal eine Depression durchgemacht. Der Autor meint, daß eine positive Suizidanamnese in der Familie ein signifikant größeres Risiko für einen Suizidversuch darstelle.

Mitterauer u. Pritz haben 1984 in einer interessanten Studie zeigen können, daß es Hinweise für genetische Aspekte der Suizidalität gibt, die von der Vererbung der Depression unabhängig sind. Dieser Studie folgten andere große, auf Familiengeschichten beruhende Studien, die zeigten, daß es keine Korrelationen zwischen der Häufigkeit des Suizids und Psychosen gibt. Ein mehrdimensionales neuropsychiatrisches Diagnoseverfahren wurde auf 89 Fälle angewendet, die nach der Entlassung aus dem Krankenhaus Suizid begangen hatten (Zeitspanne dieser Studie: 01. 06. 1969–31. 08. 1980). Hauptsächlich orientierte sich hingegen diese Studie an den Familiengeschichten, v. a. an Informationen über Suizid und endogene Psychosen. Dabei konnte in 69,7% der Fälle eine suizidpositive Familienanamnese eruiert werden. Bei 56,2% der Suizide (n = 89) war das gleichzeitige Auftreten von endogenen Psychosen und Suiziden eindeutig signifikant (χ^2 = 22,94; df = 4; p < 0,01). Diese in der Literatur einzigartigen Ergebnisse sind durch eine außerordentlich gute Datenquelle dank einer epidemiologisch scharf designierten Gegend (Bundesland Salzburg) begründet. Das dürftige Datenmaterial in manchen typischen Suizidstudien, welche die Familiengeschichten von Selbstmorden beleuchten, dürfte im Fehlen von ursprünglichen Datenquellen begründet sein. Es ist wahrscheinlich, daß Studien, welche Selbstmord in der Gesamtbevölkerung untersuchen, ebenfalls einen hohen Anteil an suizidpositiven Familiengeschichten fänden, wenn sie nur entsprechend geeignete Methoden verwendeten. Daraus darf geschlossen werden, daß die Bedeutung genetischer Faktoren beim Selbstmord revisionsbedürftig ist.

1984 hat eine Konferenz über serotonerge Mechanismen im Gehirn von Suizidopfern stattgefunden (veröffentlicht durch Papworth 1984), nachdem Schulsinger et al. 1979 und van Praag 1982 die Aufmerksamkeit auf eine Korrelation zwischen Depression, Suizid und Serotonin gelenkt haben. 1987 haben Åsberg u. Nordstroem nochmals eine Arbeit publiziert, welche die biologischen Korrelate des suizidalen Verhaltens beschreibt. Im gleichen Jahr berichteten Owen et al. (1987) über die serotonergen Mechanismen im Gehirn von Suizidopfern. Leider ist es uns noch nicht gelungen, über Hypothesen hinauszugelangen, weil der endgültige klinische Beweis fehlt, daß Antidepressiva, welche den serotonergen Stoffwechsel regulieren, eine bessere antisuizidale Wirkung zeigen als andere Antidepressiva.

Wenn weitere Forschungsergebnisse diese Angaben bestätigen, so könnte man zu einer ganzheitlichen Suizidtheorie oder einem integralen Konzept in dem Sinne gelangen, daß man eine gewisse biologische „Vulnerabilität" annehmen könnte, welche bei den gleichen psychosozialen Voraussetzungen bei dem einen Menschen zur Suizidhandlung, bei dem anderen aber zu keiner solchen führen könnte. Die Vulnerabilitätstheorie, welche zuerst von Zubin (1980) für die Schizophrenie postuliert wurde, gewinnt ganz allgemein zunehmende Bedeutung in der Psychiatrie. Bei der Erörterung dieser Fragen muß man sich aber bewußt sein, daß für viele Forscher hier weltanschauliche Aspekte die objektive Sicht trüben, denn es geht auch um ein politisches Problem, wie immer, wenn es um die Frage Anlage oder Umwelt geht. Diese

kann aber unter modernen Gesichtspunkten nicht mehr als eine quali-
tative Frage nach dem Entweder-Oder, sondern nurmehr als ein
quantitatives Problem des Sowohl-Als-auch gesehen werden.

Die Entwicklung der Suizidalität

Wenn eine Krisenentwicklung oder auch eine andere krankhafte Entwicklung zur Ausbildung von suizidalen Gedanken und Impulsen
führt, so kann man in abgestufter Reihenfolge Risikogruppen unterscheiden, welche ein hohes Risiko bezüglich der Suizidalität aufweisen: Es sind dies, wie erwähnt, v. a. Depressive, Drogen- und Alko-
holabhängige, Alte und Vereinsamte, Menschen, welche Selbstmordankündigungen gemacht haben, und Menschen nach Suizidversuchen.
In Abb. 2 sind die Stadien der suizidalen Entwicklung schematisch
dargestellt. In einer ersten Erwägungsphase kommt es dazu, daß unter
bestimmten psychodynamischen Faktoren und evtl. unter dem Einfluß
suggestiver Momente oder Erinnerungen an einen Suizid überhaupt
gedacht wird. Von besonderem Interesse ist in diesem Zusammenhang
die Diskussion über den Einfluß von Fernsehsendungen über suizidales Verhalten auf das diesbezügliche Verhalten der Zuschauer
(Schmidtke u. Häfner 1986). Es kommt dann die Periode des Kampfes
zwischen Selbstzerstörung und Selbsterhaltung, aus welchem Kampf
heraus Selbstmordankündigungen und -drohungen erfolgen, welche in
jedem Fall ernstzunehmen sind. Es ist ein Aberglaube, der wahrscheinlich schon sehr vielen Menschen das Leben gekostet hat, anzunehmen, daß Menschen, die vom Suizid reden, es nicht tun werden,
und daß die, welche es tun wollen, davon nicht reden. Untersuchungen in verschiedenen Städten haben gezeigt, daß etwa 80% der Menschen, die später einen Suizidversuch unternehmen, diesen vorher
auch angekündigt haben. Interessant ist auch, daß etwa die Hälfte der
Patienten, die sich später suizidierten, im Monat davor einen Arzt
aufgesucht haben und ein Viertel sogar in der letzten Woche. Wenn
man der Sache nachgeht, stellt man meist fest, daß sie eigentlich aus
Bagatellgründen den Arzt aufgesucht haben, aber man kann wohl
annehmen, daß sie dies in der Hoffnung taten, vielleicht auf ihre
Probleme und ihre Suizidalität angesprochen zu werden. Wenn der
Kampf zwischen selbsterhaltenden und selbstzerstörerischen Kräften
zu Ende ist und der Entschluß gefaßt ist, tritt Ruhe ein, und zwar
unabhängig davon, in welche Richtung der Entschluß gefaßt wurde.
Oft sind Menschen, die längere Zeit erregt sind und über Suizid
reden, plötzlich ruhig, und alle glauben, die Krise ist vorbei, und in

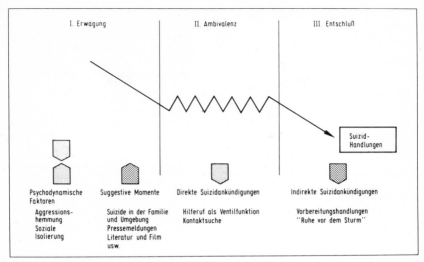

Abb. 2. Stadien der suizidalen Entwicklung (Pöldinger)

Wirklichkeit ist nur der Entschluß zum Suizid gefaßt. Es ist daher wichtig, daß man Menschen, die lange Zeit vom Suizid reden und es plötzlich nicht mehr tun, darauf anspricht, warum sie jetzt nicht mehr daran denken; Menschen, die zum Suizid entschlossen sind, haben dann meist Mühe, eine Antwort zu finden. Es muß an dieser Stelle überhaupt betont werden, daß das Thema Suizidalität in den ärztlichen Gesprächen noch viel zu sehr tabuisiert wird. Man sollte viel mehr und offen natürlich darüber reden, denn in jedem Fall bedeutet es für Menschen mit Suizidgedanken oder -impulsen eine Katharsis, wenn sie darüber sprechen können.

Abschätzung der Suizidalität

Wenn wir uns nun fragen, welche Möglichkeiten bestehen, den suizidalen Patienten zu erkennen, so sei zunächst einmal das präsuizidale Syndrom nach Ringel (1953) erwähnt (s. Übersicht), bei welchem aber die Feststellung einer Aggressionsstauung oft sehr schwierig sein kann. Dagegen ist es sehr wichtig, nach Selbstmord und Todesphantasien zu fragen, denn es ist typisch, daß bei Suizidalen diese zunächst einmal aktiv intendiert werden, später aber auch passiv auftreten, was

Das präsuizidale Syndrom (Ringel 1953)

1. Einengung

→ Situative:	Überwältigung von einer übermächtigen, unbeeinflußbaren Situation: nicht „ein noch aus" wissen
→ Dynamische:	Emotionen, die nur noch in eine Richtung gehen (Verzweiflung, Angst, Hoffnungslosigkeit), ohne Gegenregulation
→ Zwischenmenschliche:	Isolierung oder entwertete Beziehungen
→ Der Wert Welt:	Entwertung von immer mehr Lebensgebieten, die uninteressant werden; Wertverwirklichung nicht mehr möglich
	eigene Existenz wertlos

2. Gehemmte oder gegen die eigene Person gerichtete Aggression

3. Selbstmordphantasien
   → Wunsch, tot zu sein
   → Selbstmord
   → Vorstellung: Wie?
   → Diese Vorstellungen werden zwingend

die Menschen schildern können, weil sie dies sehr unangenehm erleben. Dies bedeutet aber höchste Alarmbereitschaft.

Im Anschluß an das präsuizidale Syndrom nach Ringel wurden zahlreiche Methoden zur Abschätzung der Suizidalität entwickelt, über welche ich gemeinsam mit Sonneck (Pöldinger u. Sonneck 1980) in einem Übersichtsartikel und mit Haenel (Haenel u. Pöldinger 1986) in einem Handbuchbeitrag zusammenfassend berichtet habe.

Ich selbst habe 1968 eine Risikoliste zur Abschätzung der Suizidalität erarbeitet, welche aber zu kompliziert war und – wie die meisten Risikolisten – auch nicht das gewünschte Ergebnis brachte. So habe ich 1980 den folgenden Fragenkatalog zur Abschätzung der Suizidalität entwickelt, der v. a. den Sinn hat, jedem der ein Suizidrisiko zu beurteilen hat, daran zu erinnern, welche Fragen relevant sein könnten.

Das Problem der Abschätzung der Suizidalität ist natürlich auch deswegen so schwierig, da sich ja die Bedingungen für die Suizidalität von einem auf den anderen Augenblick ändern können, wenn der oder die Betroffene beispielsweise plötzlich eine Erfahrung machen oder eine Mitteilung erhalten, welche die Situation vollkommen verändert. Sicher aber gehört die Abschätzung der Suizidalität mit zu den schwierigsten ärztlichen Aufgaben. Gemeinsam mit Adams (Pöldinger u. Adams 1984) haben wir in diesem Zusammenhang von gefährlichen „tödlichen Fehleinschätzungen" gesprochen.

Fragenkatalog zur Abschätzung der Suizidalität (Pöldinger 1968)

Je mehr Fragen im Sinne der angegebenen Antwort beantwortet werden,
um so höher muß das Suizidrisiko eingeschätzt werden.

1. Haben Sie in letzter Zeit daran denken müssen, sich das Leben zu nehmen?	ja	
2. Häufig?	ja	
3. Haben Sie auch daran denken müssen, ohne es zu wollen? Haben Sie sich Selbstmordgedanken aufgedrängt?	ja	
4. Haben Sie konkrete Ideen, wie Sie es machen würden?	ja	
5. Haben Sie Vorbereitungen getroffen?	ja	
6. Haben Sie schon zu jemandem über Ihre Selbstmordabsichten gesprochen?	ja	
7. Haben Sie einmal einen Selbstmordversuch unternommen?	ja	
8. Hat sich in Ihrer Familie oder Ihrem Freundes- und Bekanntenkreis schon jemand das Leben genommen?	ja	
9. Halten Sie Ihre Situation für aussichts- und hoffnungslos?	ja	
10. Fällt es Ihnen schwer, an etwas anderes als an Ihre Probleme zu denken?	ja	
11. Haben Sie in letzter Zeit weniger Kontakte zu Ihren Verwandten, Bekannten und Freunden?	ja	
12. Haben Sie noch Interesse daran, was in Ihrem Beruf und in Ihrer Umgebung vorgeht? Interessieren Sie noch Ihre Hobbies?		nein
13. Haben Sie jemand, mit dem Sie offen und vertraulich über Ihre Probleme sprechen können?		nein
14. Wohnen Sie in Ihrer Wohnung, in einer Wohngemeinschaft mit Familienmitgliedern oder Bekannten?		nein
15. Fühlen Sie sich unter starken familiären oder beruflichen Verpflichtungen stehend?		nein
16. Fühlen Sie sich in einer religiösen bzw. weltanschaulichen Gemeinschaft verwurzelt?		nein
Anzahl entsprechend beantworteter Fragen		

Endzahl = maximal 16

Literatur

Amery J (1976) Hand an sich legen. Diskurs über den Selbstmord. Klett, Stuttgart

Åsberg M, Nordstroem P (1988) Biological correlates in suicidal behavior. In: Moeller HJ, Schmidtke A, Welz R (eds) Current issues of suicidology. Springer, Berlin Heidelberg New York Tokyo

Battegay R (1987) Depression. Psychophysische und soziale Dimension. Therapie, 2. erw. Aufl. Huber, Bern Stuttgart Toronto

Battegay R, Haenel T (1979) Narzißtische Störungen und Suizidalität. Soz Präventivmed 24:42–47

Beck AT, Resnik HLP, Lettieri DJ (1974) The prediction of suicide. Charles Press, Bowie

Beck AT, Rush AJ, Sahw BF, Emery G (1981) Kognitive Therapie der Depressionen. Urban & Schwarzenberg, München Wien Baltimore

Bloeschl L (1981) Verhaltenstherapie depressiver Reaktionen. Huber, Bern Stuttgart Wien

Cullberg J (1978) Krisen und Krisentherapie. Psychiatr Prax 5:25–34

Durkheim E (1987) Le suicide. Etude de sociologie. Alcano, Paris (Dt. Übers. Der Selbstmord. Luchterhand, Neuwied 1969)

Farberow NL, Shneidman ES (1961) The cry for help. McGraw-Hill, New York

Federn P (1919) Die Diskussion über Selbstmord, insbesondere den Schülerselbstmord, im Wiener psychoanalytischen Verein. Z Psychoanal Päd 3:334–379

Feuerlein W (1971) Selbstmordversuch oder parasuizidale Handlung? Tendenzen suizidalen Verhaltens. Nervenarzt 42:127–130

Freud S (1914) Zur Einführung in den Narzißmus. Pentick, Leipzig Wien (Jahrbuch für die psychoanalytische und psychopathologische Forschung, Bd 6)

Freud S (1961) Trauer und Melancholie. (Gesammelte Werke, Bd 10, S 427; Fischer, Frankfurt am Main)

Ghysbrecht P (1967) Der Doppelselbstmord. Reinhardt, München Basel

Haenel T (1988) Der Bilanzsuizid – Mythos oder Realität? Neurol Psychiatr 2:341–360

Haenel T, Pöldinger W (1986) Erkennung und Beurteilung der Suizidalität. In: Kisher KP, Lauter H, Meyer J-E, Müller C, Strömgren E (Hrsg) Krisenintervention Suizid, Konsiliarpsychiatrie. Springer, Berlin Heidelberg New York Tokyo (Psychiatrie der Gegenwart, 3. Aufl, Bd 2, S 107–132)

Hamann B (1978) Rudolf. Kronprinz und Rebell. Amalthea, Wien München

Henseler H (1974) Narzißtische Krisen. Zur Psychodynamik des Selbstmordes. Rowohlt Taschenbuch Verlag, Rheinbeck

Hoche A (1919) Vom Sterben. Kriegsvortrag gehalten in der Universität am 6. November 1918. Fischer, Jean

Juel-Nielson N, Videbeck T (1970) A twinstudy of suicide. Acta Genet Med Gemellol 19:37–310

Kernberg OF (1975) Borderline conditions and pathological narcissism. Aronson, New York

Kielholz P (1967) Suizidprophylaxe durch Depressionsbehandlung. Troponwerke, Köln (Das ärztliche Gespräch, No 7)

Kiev A (1970) New directions for suicide prevention centers. Am J Psychiatry 127:87–88

Kohut H (1981) Die Heilung des Selbst. Suhrkamp, Frankfurt am Main

Kreitman N (1969) Parasuicide. Br J Psychiatry 115:746–747

Menninger KA (1938) Man against Himself. Harcourt Brace, New York

Mitterauer B, Pritz WF (1984) Familienanamnestische Untersuchung von 89 Selbstmördern nach Entlassung aus stationärer psychiatrischer Behandlung. MMW 134:37–43

Owen F, Chambers DR, Cooper SJ, Crown TJ, Johnson JA, Lofthouse R, Poulter M (1986) Serotonergic mechanisms in brain of suicide victims. Brain Res 362:185–188

Papworth SJ (ed) (1984) Serotonergic systems in suicide and mood disorders. Raven, New York

Pöldinger W (1968) Die Abschätzung der Suizidalität. Huber, Bern Stuttgart

Pöldinger W (1980) Die Beurteilung und Behandlung der Suizidalität. Ther Umsch 37:9–16

Pöldinger W (1982) Familie und Suizid. Schweiz Ärztez 63:668–673

Pöldinger W, Adams C (1984) Tödliche Fehleinschätzungen bei depressiven und suizidalen Patienten. In: Kielholz P, Adams C (Hrsg) Vermeidbare Fehler in Diagnostik und Therapie der Depression. Deutscher Ärzteverlag, Köln, S 29–34

Pöldinger W, Sonneck G (1980) Die Abschätzung der Suizidalität. Nervenarzt 51:147–151

Praag HM van (1982) Depression, suicide and metabolism of serotonin in brain. J Affect Dis 4:275–290

Prater DA (1981) Stefan Zweig. Das Leben eines Ungeduldigen. Hanser, München Wien

Pschyrembel (1986) Klinisches Wörterbuch, 255. Aufl. De Gruyter, Berlin New York

Ringel E (1953) Der Selbstmord. Abschluß einer krankhaften Entwicklung. Maudrich, Wien Düsseldorf

Robins E, Gassner S, Kayes J, Wilkinson RH, Murphy GE (1959) The communication of suicidal intend: A study of 134 consecutive cases of successful (completed) suicides. Am J Psychiatry 115:724

Roy A (1988) Are there genetic factors in suicide? Can J Psychiatry 33:79–80

Salvendy JT (1987) Rudolf. Psychogramm eines Kronprinzen. Amalthea, Wien München

Schmidtke A, Häfner H (1986) Die Vermittlung von Selbstmordmotivation und Selbstmordhandlungen durch fiktive Modelle. Die Folgen der Fernsehserie „Tod eines Schülers". Nervenarzt 57:502–510

Schulsinger F, Kety SS, Rosenthal D, Wender P (1979) A family study of suicide. In: Schou M, Stromgren E (eds) Origin, prevention and treatment of affective disorder. Academic Press, London New York

Secunda SK, Huber G, Gross G (1986) Biochemistry and suicidal behavior in depressed patients. Biol Psychiatry 21:756–767

Seligman ME (1975) Helplessness on depression, development and death. Freemann, San Francisco

Sperling E (1980) Suizid und Familie. Gruppenpsychother Gruppendyn 16:24–34

Stengel E (1965) Suicide and attempted suicide. Penguin, Harmondsworth

Wilkins J (1970) A follow up study of those who called a suicide prevention center. Am J Psychiatry 127:155–161

Zaw KM (1981) A suicidal family. Br J Psychiatry 139:68–69

Zubin J (1980) Chronic schizophrenia from the standpoint of vulnerability. In: Baxter CF, Melnechuk T (eds) Perspectives in schizophrenic-research. Raven, New York

Zielboorg G (1936) Differential types of suicide. Arch Neurol Psychiatry 35:270–291

Die Beurteilung der Suizidalität*

Erwin Ringel

Suizidalität hat viele Ursachen. Selbstmordhandlungen werden aus verschiedenen Motiven heraus begangen und die Motive dieser Handlungen sind oft schwer zu durchschauen. Die Beurteilung der Suizidalität gehört daher zu den schwierigsten Aufgaben, da jeder Irrtum tödlich enden kann. Trotzdem glaube ich ohne Anmaßung sagen zu dürfen, daß wir im präsuizidalen Syndrom einen gemeinsamen Nenner der Suizidtendenz gefunden haben, einen echten Indikator bestehender Selbstmordgefahr, und deswegen möchte ich heute in dem knappen Rahmen, den mir die Zeit läßt, wieder einmal darüber berichten und dabei natürlich auch neueste Gesichtspunkte berücksichtigen.

Das präsuizidale Syndrom

Das präsuizidale Syndrom besteht aus 3 Bausteinen: der Einengung, der gehemmten und gegen die eigene Person gerichteten Aggression und den zunehmenden Selbstmordphantasien.

Die Einengung

Die Einengung tritt in 4facher Form in Erscheinung. Ich beginne mit der situativen Einengung, die bedeutet, daß man sich in einer Situation befindet, die man als überwältigend, erdrückend erlebt, der gegenüber man sich klein, ohnmächtig, hilflos, ausgesetzt und ausgeliefert empfindet (Gefühl, die Dinge nicht mehr gestalten zu können, gefolgt von einem Nicht-ein-noch-aus-Wissen). Diese situative Einengung kann erstens auftreten als Folge eines Schicksalschlages, wobei

---

* Dieser Beitrag stellt den ausführlichen ersten Teil des Manuskripts von Professor Ringel dar, der nur stark gekürzt vorgetragen wurde. Aus Gründen der thematischen Systematik erscheint er an dieser Stelle.

das Vorstadium der situativen Einengung die situative Not ist. Durch
eine bestimmte Reaktion des Menschen auf eine situative Not, nämlich daß er verzagt, sozusagen den Kopf verliert, in Panik gerät, nicht
Zeit vergehen lassen kann (dies ist ein sehr wichtiger Faktor), wird
daraus die situative Einengung. Situative Not ist noch nicht präsuizi-
dal, situative Einengung ist es bereits. Zweitens kann diese situative
Einengung auch bei geringfügigen psychischen Traumen auftreten,
wenn der Betreffende aufgrund seiner Vorgeschichte für dieses
Trauma anfällig ist. Ein Trauma ist immer „subjektiv" zu beurteilen,
aber nicht subjektiv aus unserer Sicht (wenn mir das passierte, wäre es
ein schweres oder ein leichtes Trauma, daher muß es für den Patienten genauso sein), sondern aus der Sicht dessen, dem es geschieht
(dazu muß man ihn und seine Entwicklung freilich zuerst kennen).
Die dritte Möglichkeit ist, daß die situative Einengung durch eigenes
Verhalten systematisch herbeigeführt wird, wie wir es bei der neurotischen Lebensverunstaltung sehen, wo ein Unglück nach dem anderen
unbewußt „inszeniert" wird, bis schließlich eine ausweglose Situation
resultiert. Viertens kann situative Einengung auch dadurch zustande
kommen, daß ein Mensch alles durch eine „schwarze Brille" sieht und
damit dort eine situative Hoffnungslosigkeit zu entdecken vermeint,
wo sie in Wirklichkeit gar nicht besteht (klassisches Beispiel dafür
wäre etwa der Krebswahn des endogen Depressiven, der überzeugt
ist, daß es für ihn keine Rettung gibt). Bei den Möglichkeiten 2–4,
besonders aber 3 und 4 spricht alles für eine schwere Persönlichkeits-
störung, um so leichter wird natürlich die situative Einengung zu
suizidalen Reaktionen führen.

Die zweite Form der Einengung betrifft die Wertwelt: Zuerst wäre
hier die Reduktion des Selbstwertgefühls zu erwähnen. Es handelt
sich also um Menschen, die nicht an sich, nicht an die Wichtigkeit
ihrer Existenz glauben, die meinen, sie würden niemandem abgehen,
die das Gefühl entwickeln, ob sie auf der Welt seien oder nicht,
bedeute dasselbe. Zweitens wäre an die Reduktion der Wertbezogen-
heit zu erinnern: Der selbstmordgefährdete Mensch verliert sein
Angezogensein zu Wert- und Interessensgebieten, immer mehr Dinge
werden ihm „gleichgültig". An dieser Stelle muß gesagt werden, daß
die beiden vorhin angeführten Faktoren eine besondere Rolle spielen
bei den Selbstmorden von Jugendlichen, die in beunruhigendem
Ansteigen begriffen sind. Leider ist die gerne vorgebrachte Theorie,
daß nämlich alle Eltern „naturgemäß" ihre Kinder lieben, völlig
unhaltbar. Die richtige Elternliebe ist heute seltener als je zuvor,
jedenfalls so selten wie eine gute Mann-Frau-Beziehung. Alle Eltern
versichern natürlich, ihr Kind zu lieben, und glauben es auch, aber sie

lieben es in jener Art, von der Kafka gesagt hat: „Das eigentliche Elterngefühl ist der Eigennutz der Eltern, das heißt, sie benützen das Kind für ihre Zwecke und zerstören es dadurch." Diese Zerstörung ist sehr intensiv, das Selbstwertgefühl wird dabei vernichtet, Richter (1972) und Miller (1980) haben darüber in meisterhafter Form berichtet. Die Eltern haben sich im Rahmen dieser Entwicklung heute auch weitgehend von ihrer Pflicht, den Kindern Werte zu vermitteln, zurückgezogen, teils weil ihre eigenen Wertsysteme zerbrochen, teils weil sie über ihren „Autoritätsverlust", nämlich den der falschen, angemaßten Autorität (echte ist selten geworden!) gekränkt sind. Was früher mit geradezu einer Aufdrängung von Werten, die von den Kindern akzeptiert werden mußten, zu viel geschah, das geschieht jetzt zu wenig. So geraten die Kinder in eine Wertverdünnung, in eine ungeheure diesbezügliche Unsicherheit, können den vielzitierten Sinn des Lebens nicht finden: Sie sind eben „Waisenkinder mit Vater und Mutter" (Sperber 1970), und die Ersatzgabe rein materieller Werte kann das eingetretene Defizit nicht ausgleichen, erzeugt lediglich Überdruß und Langeweile – beides Vorstufen der Selbstmordtendenz!

Was die Einengung der Wertwelt betrifft, ist noch ein weiterer wichtiger Punkt hinzufügen, der gesellschaftspolitisch von Bedeutung scheint (und der Suizid ist ja u. a. auch ein gesellschaftspolitisches Problem): Jeder Mensch, der anders denkt als die Mehrheit einer Gesamtheit, der also abweichende Wertvorstellungen hat, jeder Mensch dieser Art, der gewöhnlich automatisch zu den Aussätzigen, den Minderwertigen, den Verachteten gerechnet wird, ist schon durch diese wertmäßige Isolation in einer erhöhten Selbstmordgefahr. Nun gibt es aber eben viele Jugendliche, die sich aus Protest gegen die Welt, die ihnen als erstrebenswert vorgegaukelt wird, für die sie sich aber nicht begeistern können, ihre eigenen (zugegebenermaßen oft abstrusen) Wertvorstellungen aufbauen: sie geraten dann automatisch in die Posititon des „Abweichlers" und damit des Suizidgefährdeten.

Die dritte Form der Einengung, nämlich die dynamische Einengung, stellt in gewissem Sinne – so glaube ich – das Herzstück des präsuizidalen Syndroms dar. Dynamische Einengung ist nicht zu verwechseln mit dynamischer Restriktion, Menschen im adynamischen Zustand (wie er z. B. oft bei Krebskranken im terminalen Stadium besteht) begehen keinen Suizid, denn zu dieser Aktion gehört eine enorme zusammengeballte Kraft. Eine endogene Depression täuscht mit ihrer Hemmung oft einen Zustand der nicht vorhandenen Dynamik vor, aber „unterirdische" Dynamik ist reichlich vorhanden, sie ist nur gleichsam in einen Schraubstock gepreßt, kann sich aber jederzeit freimachen und zum Selbstmord führen. Der Begriff der dynamischen

Einengung meint, daß sich die Gefühle des Menschen in eine einzige Richtung bewegen, etwa in die Richtung der Depression, ganz besonders in die Richtung der Verzweiflung, der Hoffnungslosigkeit, und daß die Gegenregulationsmechanismen, die einen Ausgleich der Gefühlswelt herbeizuführen vermögen, versagen. Im Krieg hat Gottfried Benn, der nicht nur ein grandioser Dichter, sondern auch ein ganz hervorragender Arzt und psychologischer Beobachter war, gesagt: „Der Entschluß zum Selbstmord entsteht in den Bereichen der menschlichen Persönlichkeit, die irrational und elementar sind." Selbstverständlich können wir für jedes Suizidgeschehen, weil wir eben Verstand besitzen, eine Rationalisierung vornehmen. In Wirklichkeit aber ballen sich in unserer Gefühlswelt jene Kräfte zusammen, die den Menschen dann mit einer unglaublichen Gewalt aus der Anziehungskraft der Selbsterhaltung herausschleudern, hinein in die Selbstvernichtung. Es kann nicht oft und ernst genug betont werden, daß der Mensch zwar auf der einen Seite so perverse Situationen erfunden hat, wie z. B. das Konzentrationslager, in dem die Möglichkeit, Selbstmord zu begehen, vielleicht die letzte Freiheit blieb, die einem Menschen zur Verfügung stand. Aber wenn wir von solchen Extremsituationen, die doch wohl die Minderheit darstellen, absehen, können wir auf der anderen Seite sagen, daß der Selbstmord in der überwiegenden Mehrzahl aller Fälle mit dem, was man im Deutschen „Freitod" nennt, nicht das geringste zu tun hat, weil er in einem Zustand begangen wird, der freien Willen zumindest weitgehend reduziert, wenn nicht sogar aufhebt. Zu der beschriebenen dynamischen Einengung gehört auch, was ich ganz besonders hier erwähnen will, weil es für die Praxis besonders wichtig ist: die Einengung der Abwehrmechanismen. Wenn wir einen Menschen bezüglich Selbstmord zu beurteilen haben, müssen wir immer prüfen, über wie viele Abwehrmechanismen er konkret verfügt: Je mehr Abwehrmechanismen er anwendet, desto mehr ist die Selbstmordgefahr reduziert. Ein Beispiel dafür wäre der Abwehrmechanismus „Somatisierung", weswegen bei psychosomatischen Erkrankungen die Suizidgefahr i. allg. reduziert erscheint. Selbst noch die Sucht wäre ein Beispiel für das, was man lateinisch „Pars pro toto" nennt: man opfert Teile des Körpers, um das Ärgste (den Selbstmord) zu verhindern oder zumindest hinauszuschieben. Freilich kommt es gerade bei der Sucht oft zum Versagen der Abwehrmechanismen, und zwar dann, wenn durch die Sucht die soziale Position zerstört und das Schuldgefühl unerträglich geworden ist. Andere Beispiele: Je mehr Konversion, je mehr Überkompensation, desto wahrscheinlicher ist es, daß die Selbstmordtendenz, wenn sie sich überhaupt durchsetzt, nur in abgeschwächter Form auftritt.

Der vierte und letzte Punkt der Einengung wäre die Einengung der zwischenmenschlichen Beziehungen. Es ist eine Tatsache, daß in der überwiegenden Mehrzahl aller Fälle der Selbstmordgefährdete ein vereinsamter Mensch ist. Unter vereinsamten Menschen darf man sich freilich nicht, wie in den tragischen Fällen des Altersselbstmordes, Menschen vorstellen, die wirklich ganz allein sind, niemanden haben, der sich um sie kümmert, dem sie abgehen, weswegen auch ihr Tod oft tagelang nicht bemerkt wird, sondern solche, die zwar äußerlich über Beziehungen verfügen, aber innerlich isoliert sind, weil sie sich unverstanden fühlen, weil sie nebeneinander einherleben ohne Kommunikation, belastet durch ein totales Entfremdungserlebnis, weil sie – entgegen leeren verbalen Versicherungen – in der Stunde der Bewährung auf niemanden zählen können, der Hilfe leistet. Das ist der Tatbestand, den Wildgans meint, wenn er ausruft: „So einsam kann man sein auf Gottes Erde"; den Paul Valery in die Worte faßt: „Für den Selbstmörder bedeutet jeder andere nur Abwesenheit"; und Hermann Hesse zu einem seiner schönsten Gedichte veranlaßte:

„Seltsam im Nebel zu wandern
leben heißt einsam sein
kein Mensch kennt den anderen
jeder ist allein."

Für die Praxis der Selbstmordverhütung muß aus dieser Erkenntnis der Schluß gezogen werden, daß man in allen Fällen sich nicht mit der Registrierung bestehender Beziehungen begnügen darf, sondern immer auch zu prüfen hat: Was sind diese Beziehungen in Wirklichkeit wert? Und noch etwas folgert daraus: Wir (und dies gilt besonders auch für Ärzte) haben die Pflicht, diese Isolation zu durchbrechen, indem wir eine gute und tragfähige Beziehung zum Gefährdeten aufbauen.

Der „Freudsche Baustein"

Nun zum zweiten Baustein des präsuizidalen Syndroms, den man mit Fug und Recht den Freudschen Baustein nennen kann, denn Freud (1961) war der erste, der die bedeutende Rolle, welche die Aggression für den Selbstmord spielt, entdeckte. Drei Stadien lassen sich abgrenzen: Zuerst ballt sich in einem Menschen, gewöhnlich durch Frustrie-

rung schon in der Kindheit, natürlich aber auch durch andere und
spätere Enttäuschungserlebnisse, eine ungeheure aggressive Kraft zusammen. Diese Aggression kann aus vielen Gründen, wie etwa Gewis-
sensverbot, Zivilisation (die automatisch zu immer größerer Triebun-
terdrückung führt) und Entfremdung (denn die zwischenmenschlichen
Beziehungen dienen zweifellos, wenn sie gut sind, auch der Aggres-
sionsabreaktion aneinander), nach außen nicht entladen werden. So
entsteht das Gefühl „ohnmächtiger Wut", welche schließlich zur
Umkehr der Aggression gegen die eigene Person führt, zu dem, was
die Amerikaner mit einem ausgezeichneten Ausdruck als „Implosion"
bezeichnen, also als eine Explosion, die nach innen erfolgt. Diese
Implosion trifft aber natürlich auch die Umwelt mit, sie ist ein Vorwurf, eine Anklage gegen die nächste Umgebung, vielleicht auch
gegen die Gesellschaft und Gott: Zwar wird zuerst die eigene Person
getroffen, aber es findet damit zugleich eine Rachetendenz an anderen
ihre Befriedigung, wie es Adler (1982) ausgedrückt hat. Vor einiger
Zeit behandelte ich ein Mädchen nach einem Selbstmordversuch,
wobei sich herausstellte, daß bereits eine ihrer 4 Schwestern Selbstmord begangen hatte. In einer der ersten Unterredungen fragte ich es:
„Mädchen, wie hätten die Eltern weiter existieren sollen, wenn sie
jetzt hätten erleben müssen, ein zweites Kind durch Selbstmord sterben zu sehen?" Die Antwort kam blitzschnell: „So viele Kinder, wie
meine Eltern verdienen würden, durch Selbstmord zu verlieren, soviel
können sie im ganzen Leben nicht zeugen." Deutlicher und tragischer
kann die Rolle der Aggression im Selbstmord nicht dargestellt werden: weil der direkte Weg nicht möglich ist, wird über den eigenen
Tod der indirekte gewählt, sie auszudrücken. Natürlich spielt die hier
beschriebene Aggressionsproblematik auch eine ganz entscheidende
Rolle für das Zustandekommen der dynamischen Einengung; denn
Depression ist ja, psychodynamisch gesehen, nichts anderes als
gehemmte Aggression.

Der positive Aspekt

Der letzte Baustein des präsuizidalen Syndroms ist das Überhand-
nehmen von Selbstmordphantasien. Menschen flüchten aus einer
unerträglichen Wirklichkeit in 3 Phasen ins Phantasieren des Totseins,
des Selbstmordes und schließlich in konkrete Vorstellungen, wie sie
den Suizid durchführen wollen (gefährlichstes Stadium!). Was zuerst
wie ein selbstgewählter (aktiv intendierter) Entlastungsmechanismus
aussieht (Hesse läßt im „*Steppenwolf*" Harry Haller schwere Zeiten

dadurch überstehen, daß er sich immer wieder vorstellt, er könne sich ja immer noch etwa an seinem 50. Geburtstag umbringen), entpuppt sich später aber als Bumerang: denn nun machen sich die Selbstmordgedanken selbständig, drängen sich gegen den Willen auf und immer intensiver in den Tod.

Dennoch haben diese zunehmenden Selbstmordphantasien auch einen positiven Aspekt: denn wie das Sprichwort sagt: „Wes das Herz voll ist, des geht der Mund über"; und so beginnen diese Menschen in der Labilitätsphase, die Pöldinger (1986) so ausgezeichnet beschrieben hat, in der Leben und Sterben noch miteinander im Kampf liegen, über ihre Selbstmordabsichten zu sprechen. In all diesen Ankündigungen ist die Hoffnung enthalten, verstanden und „von dem letzten schweren Schritt", um es mit Goethe zu sagen, zurückgehalten zu werden. Freilich erfolgen diese „Hilferufe" oft in indirekter Form, so daß gleichsam dem Leben und dem Tod eine Chance gegeben wird. So „gütig" sind die Leute i. allg. nicht, daß sie sagen: „Morgen werde ich mich auf diese oder jene Weise umbringen" (auch das kommt vor, auch das wird oft genug ignoriert). Man muß eben lernen, die chiffrierten Nachrichten zu „enträtseln". So hat z. B. eine 18jährige vor der Matura ihre Freundin, die sie zu einer Party eingeladen hatte, angerufen und gesagt: „An dieser Gesellschaft werde ich nicht mehr teilnehmen!" Hätte nicht das Wort „mehr" auffallen müssen? Es kommt oft wirklich auf jedes Wort an, man muß äußerst wach und wachsam sein, wenn man Selbstmord verhindern will. Später, wenn es zu spät ist (wie leider in diesem Fall), erkennt man den „tieferen Sinn" mühelos, warum nicht früher? Es ist nur schwer zu verstehen, warum die Ankündigungen in der überwiegenden Mehrzahl überhört werden: 90 von 100 Selbstmorden ließen sich verhindern, würden Mitmenschen den Satz der Bibel erfüllen: „Wer Ohren hat zu hören, der höre." So aber bleibt in unserer Realität nichts anderes übrig, als zu analysieren, warum diese Warnungen (oft auch von Ärzten) einfach nicht wahrgenommen (für wahr genommen) werden; man wird dies mit Unwissenheit, viel mehr aber noch mit gestörten zwischenmenschlichen Beziehungen in Zusammenhang bringen müssen. Weil wir aneinander vorbeileben, hat der Tod eine größere Chance als das Leben.

Interpretation und Ausblick

Die zunehmenden Selbstmordzahlen beweisen meiner Meinung nach zweierlei: 1) daß durch falsche Erziehung immer mehr selbstmordgefährdete Menschen heranwachsen und 2) daß Selbstmordverhütung nur möglich ist, wenn die sog. Fachleute von der sog. Bevölkerung unterstützt werden. Ich hoffe, heute gezeigt zu haben, daß das präsuizidale Syndrom keine Geheimwissenschaft ist, sondern daß jeder sie sich zu eigen machen kann, damit auf bestehende Selbstmordgefahr aufmerksam werden und sich durch echte Zuwendung hilfreich erweisen kann. Und wenn er sehen sollte, daß er an die Grenze seiner Möglichkeiten gekommen ist, dürfte er nicht zögern, diejenigen zu konsultieren, die dafür spezifisch zuständig sind, ganz besonders natürlich die Ärzte. Deren Aufgabe wäre es dann, „fachmännisch" festzustellen, in welchem Ausmaß das präsuizidale Syndrom vorhanden ist und im Rahmen welcher psychischer Erkrankung es sich entwickelt hat: davon wird dann die richtige Therapie abhängig sein (das präsuizidale Syndrom eröffnet nicht nur diagnostische, sondern auch Gesichtspunkte einer spezifischen antisuizidalen Therapie).

Im Jahre 1828 hat ein Selbstmörder gleichsam als Abschiedsbrief ein Gedicht hinterlassen, welches das präsuizidale Syndrom komplett vorwegnimmt, jedem seiner Bausteine ist gleichsam eine Strophe gewidmet:

Immer enger wird mein Denken,
immer blinder wird mein Blick,
mehr und mehr erfüllt sich täglich
mein entsetzliches Geschick.

Kraftlos schlepp ich mich durchs Leben,
jeder Lebenslust beraubt,
habe keinen, der die Größe
meines Elends kennt und glaubt.

Doch mein Tod wird euch beweisen,
daß ich Jahre, jahrelang
an des Grabes Rand gewandelt,
bis es jählings mich verschlang.

Dieses Gedicht sagt noch etwas aus: Das präsuizidale Syndrom kann sehr rasch entstehen, aber in der großen Mehrzahl der Fälle entwickelt es sich über eine lange Periode („jahrelang an des Grabes Rand gewandelt"), und das gäbe gerade uns Ärzten auch über längere Zeit eine Chance, helfend einzugreifen. Es wird jetzt viel davon geredet, daß der Mensch ein Recht habe zu sterben und insbesondere auch ein Recht darauf, durch Selbstmord zu sterben. Ich möchte dieses Recht nicht in Abrede stellen, aber soweit darf es doch nicht kommen, das Recht derer, die den Verzweifelten helfen wollen, sofern diese

Hilfe nicht aufgedrängt, sondern angeboten wird, anzuzweifeln. Wir sollten uns vielmehr auf Hölderlins Worte besinnen: „Wo Gefahr ist, wächst das Rettende auch."

Literatur

Adler A (1982) Menschenkenntnis. Hirzel, Leipzig
Farberow NL, Shneidman ES (1961) The cry for help. McGraw-Hill, New York
Freud S (Ausg. 1961) Trauer und Melancholie. (Gesammelte Werke, Bd 10, 3. Aufl. S 427; Fischer Frankfurt am Main)
Miller A (1980) Am Anfang war Erziehung. Suhrkamp, Frankfurt am Main
Pöldinger W (1968) Die Abschätzung der Suizidalität. Huber, Bern Stuttgart
Richter HE (1972) Patient Familie. Rowohlt, Reinbeck bei Hamburg
Ringel E (1953) Der Selbstmord. Abschluß einer krankhaften psychischen Entwicklung. Maudrich, Wien
Ringel E (1961) Neue Untersuchungen zum Selbstmordproblem. Unter besonderer Berücksichtigung prophylaktischer Gesichtspunkte. Hollinek, Wien
Ringel E (Hrsg) (1970) Selbstmordverhütung. Huber, Bern Stuttgart Wien
Ringel E (1973) Selbstzerstörung durch Neurose. Herder, Wien
Ringel E (1980) Selbstmordverhütung im Wandel. In: Pöldinger W, Stoll-Hürlimann M (Hrsg) Krisenintervention auf interdisziplinärer Basis. (Hg. W. Pöldinger, M. Stoll-Hürlimann) Huber, Bern Stuttgart Wien
Ringel E (1981) Die Beurteilung des Suizidrisikos. Schweiz Ärztezeitg. 62 : 1405–1409
Sperber M (1970) Alfred Adler oder das Elend der Psychologie. Fischer, Frankfurt am Main

Schuld und Schuldgefühle

Günter Hole

Zur Bedeutung des Themas

Von diesem Thema sind wir alle in besonderer Weise persönlich betroffen. Die Möglichkeit der Schuldempfindung und die Schuldfähigkeit gelten als ein zentrales Humanum und gehören zum Kern der Person und ihrer Wertwelt. Und wie bei allen Fragen, die uns persönlich besonders angehen, handelt es sich hier um schwierige Fragen, weil wir mit unseren emotionalen Reaktionen und unserer Einstellung direkt beteiligt sind und uns eine neutrale, unvoreingenommene Argumentation schwer möglich ist.

Je mehr ich mich über die Jahre hinweg mit dieser Frage beschäftige, um so komplexer wird sie für mich. Gleichzeitig nimmt ihre Faszination zu und auch die Ahnung, welch lebensbestimmender Bogen sich hier von der elementaren Alltagspsychologie bis hinein einmal in eine Vielfalt pathologischer Verzerrungen und zum andern in den Hintergrund unserer abendländischen kulturellen Tradition erstreckt. Wollen wir uns dem Themenkreis wissenschaftlich nähern, so stehen wir vor schwierigen methodischen Problemen, die nie befriedigend zu lösen sind. Dies trifft freilich auch für andere Sachgebiete zu. In diesem Fall jedoch bildet das „Interesse" im eigentlichen, ursprünglichen Wortsinn eine Voraussetzung besonderer Art. Das eigene, persönliche Betroffensein, der subjektive Anteil schafft erst die erlebnismäßige Grundlage für die Unterscheidung von Schuldgefühl und Schuld als psychischem, nicht etwa als juristischem Problem.

Schon unsere ursprüngliche emotionale Reaktion auf das Thema, ob sie akzeptierend oder ablehnend, eindeutig oder zwiespältig, beteiligt oder indifferent ist, stellt eine Aussage über unsere diesbezügliche Struktur dar. Und wir bilden unter diesem Gesichtspunkt wohl von vornherein eine bestimmte Selektion. Ich brauche ja nur anzudeuten, daß in den komplexen Motivationen in der Berufswahl für die sog. „Helferberufe" oder sozialen Berufe auch ein besonderes Sensorium für die Schuldthematik, konkret in Form der sog. „sozialen Schuldgefühle", eine Rolle spielt.

Tournier (1959) schildert in seinem Buch *Echtes und falsches Schuldgefühl* diese Bereitschaft zum raschen Anspringen von Schuldgefühlen sehr schön:

> Jedes Vorrecht, selbst ein verdientes, ist mit einem gewissen Schuldgefühl verknüpft. Ein wertvoller Angestellter, dem sein Chef, weil er ihn schätzt, eine höhere Verantwortung anvertraut, wird dieses Schuldgefühl seinen Kameraden gegenüber empfinden. Ein junges Mädchen, welches gebeten wird, an Weihnachten in der Kirche zu singen, empfindet es gegenüber einer Freundin, die selbst gerne an seiner Stelle singen würde. Jedes Verlangen und jeder Neid der andern erweckt in uns ein schlechtes Gewissen ... Ich empfinde ein Unbehagen, gesund zu sein, während es so viele Kranke gibt, glücklich zu sein, während so viele unglücklich sind, Geld zu besitzen, während so viele andere keines haben, einen interessanten Beruf auszuüben, während so viele andere unter der Last einer verhaßten Arbeit seufzen ... (S. 55f.).

Was Tournier hier freilich wie eine objektive Wahrheit schildert und z. T. in die Form allgemeingültiger Aussagen kleidet, ist in Wirklichkeit ein Stück Projektion seiner eigenen, besonders empfindlichen Reaktion auf diesem Gebiet. Denn keinesfalls alle Menschen reagieren mit sozialen Schuldgefühlen angesichts der Ungleichheiten und Ungerechtigkeiten in der Welt. Es gibt ja umgekehrt genauso den lustvollen Genuß solcher Unterschiede zu eigenen Gunsten, die schuldgefühlsfreie Durchsetzung eigener Vorteile und ein nur geringes Tangiertsein durch Schuldgefühle wegen der eigenen Lebensführung oder Vergangenheit. – Die Bedeutung des Themas liegt also v. a. auch darin, daß die strukturellen, persönlichen Voraussetzungen auf der zentralen Ebene Wertwelt/Schuld/Schuldgefühl bei den einzelnen Menschen so unterschiedlich sind, und welche Konsequenzen sich aus diesen Unterschieden ergeben.

Beziehung und Unterscheidung zwischen Schuld und Schuldgefühl

Mit diesen Umrissen sind wir bereits mitten im Thema. Die entscheidende Frage läßt sich hierbei so formulieren: Wenn die Bereitschaft und die Schwelle zur Ausbildung von Schuldgefühlen bei den einzelnen Menschen so unterschiedlich ist, kann dann dieses Schuldgefühl die Basis und den Maßstab abgeben für die Erkennung und Beurteilung tatsächlicher Schuld? Und dies auch noch im Rahmen einer religiös-kulturellen Tradition, bei der die Schuldfrage so sehr im Zentrum steht? Das klare Nein, das auf diese Frage schon logischerweise erfolgen muß, stellt uns gleichzeitig vor die Aufgabe, die Bedingungen und die Determinanten in der psychischen Entwicklung, die zu einer so unterschiedlichen Schulddynamik führen, aufzudecken und zu hinterfragen; d. h. es ist nicht nur legitim, sondern auch unumgänglich, das Schuldgefühl als psychologisches Phänomen auch psychologisch anzugehen und von der Interpretation als Schuld abzukoppeln.

Diese Forderung klingt zwar plausibel und erscheint selbstverständlich, doch in der Lebensrealität gestalten sich die Vorgänge anders. Denn wer ein Schuldgefühl erlebt, erlebt damit bereits eine durch dieses Gefühl thematisierte Schuld, d. h. das unmittelbare psychische Erleben vermag Schuldgefühle als Affekt von Schuld als eigentlichem Normverstoß nur schwer zu unterscheiden. Es wird also in der Anklage das Urteil bereits schon als gesprochen erlebt. Daß dem so ist, hat sicher verschiedene Gründe, psychodynamische und anthropologische.

Verständlicherweise gibt es auch Widerstände gegen die psychologische Bearbeitung des Themas überhaupt. Besonders die naheliegenden Bedenken von theologischer Seite wurzeln darin, daß in der christlichen Tradition und theologischen Schwerpunktsetzung das Schuldgefühl stets eine überragend große Rolle gespielt hat und auch heute noch spielt. Es ist auf so hoher Wertebene angesetzt, daß sich der Unterschied zu der auf einer ganz anderen Ebene liegenden tatsächlichen Schuld weithin verwischen mußte. Wer viele, intensive und anhaltende Schuldgefühle auszubilden in der Lage ist, gilt eben doch der christlichen Botschaft näher und zeigt v. a. jene Sündenerkenntnis, jene contritio cordis, die die Voraussetzung für Buße, Sündenvergebung und Versöhnung bildet. Daß der Mensch Gottes Gnade um so näher ist, je zerknirschter und schuldbeladener er sich fühlt, bildet bis heute in den verschiedensten Frömmigkeitsrichtungen einen zentralen Aspekt, mit entsprechender Wirksamkeit für die Erlebniswelt des einzelnen.

In neuerer Zeit sind freilich auch innerhalb der Theologie selbst mehr und mehr kritische Stimmen zu dieser traditionellen Schwerpunktsetzung zu hören. Die Legitimität einer Betrachtung des Schuldgefühls bzw. des Schuldbewußtseins im Rahmen psychologischer Kategorien und somit als Gegenstand empirischer Forschung wird von Theologen der verschiedensten Richtung betont, so z. B. von Tillich (1964), Rahner (1962), Trillhaas (1953), Tournier (1959), Demal (1953), Neidhardt (1969), v. Stein (1978) oder Scharfenberg (1972). Nach Rahner (1962) z. B. haben die Schuldgefühle nicht in der Persontiefe, sondern im empirischen, leibseelischen Bereich ihren Platz und können daher von außen induziert werden und aus diesem Grund auch Gegenstand ärztlicher Tätigkeit sein (S. 61). Scharfenberg (1972) spricht sich grundsätzlich dafür aus, „die theologischen Grundmodelle des Schuldverständnisses einer selbstkritischen Überprüfung zu unterziehen" und postuliert ein „Jenseits des Schuldprinzips" und einen „theologischen Neuansatz, der statt von den Über-Ich-Funktionen von den Ich-Funktionen ausgeht" (S. 190, 206).

Sowohl nach dem Gesagten als auch grundsätzlich scheint es jedenfalls wichtig, gerade den Unterschied zwischen Schuld und Schuldgefühl deutlich zu betonen und auch entsprechend herauszuarbeiten. Schuld bedeutet – auch juristisch – konkrete, persönliche Zurechenbarkeit und Vorwerfbarkeit von Tat oder Unterlassung im Rahmen unterstellter freier Willensbildung. Hier wird also zum einen eine objektive Zuordnung von Innenwelt und Handlungswelt getroffen (als Causa) und zum andern diese Zuordnung nach einer Wertnorm interpretiert (als Culpa). Schuldgefühl meint demgegenüber einen völlig anderen Sachverhalt, nämlich die eigene subjektive Befindlichkeit in Zusammenhang mit Tat oder Unterlassung, genauer eine emotionale Reaktion mit negativer Selbstbewertung der eigenen Gedanken- und Handlungswelt vor subjektiv wichtigen Instanzen und Normen. Hier haben wir es also mit einem rein psychologischen Phänomen zu tun, mit einem Gefühl wie andere auch, freilich mit besonderer Nähe zum Personkern und zum Wertgefüge. Welche Dynamik dieser Reaktion zugrunde liegt, z. B. seitens des Über-Ich, wird uns noch beschäftigen.

Es ist schließlich klärend, hiervon noch den Begriff des Schuldbewußtseins abzusetzen, obwohl diese Bezeichnung wiederum weithin synonym zu „Schuldgefühl" gebraucht wird. Sie benennt jedoch viel eher eine noetische und ganzheitliche, keine rein affektive Kategorie mehr. Mit Schuldbewußtsein meinen wir ein verarbeitetes Schuldgefühl mit Bejahung der Schuld durch die Gesamtpersönlichkeit. Es handelt sich also um eine integrierte Leistung von Über-Ich und Ich gleichzeitig. Voraussetzung ist wohl eine persönliche Anerkennung des Schuldigwerdens und der Schuldfähigkeit des Menschen überhaupt, sei es vor dem Hintergrund religiöser und ethischer Grundeinstellungen oder aber gesellschaftlich-pragmatischer Wertanerkennungen. – Analoge Differenzierungen wurden auch mit anderen Bezeichnungen versucht, so z. B. durch Tournier (1959) mit der Bezeichnung „wertbestimmtes Schuldgefühl" (in Anlehnung an Odier 1943), das „ein freies Urteil über sich selbst" darstelle, im Gegensatz zum „funktionalen Schuldgefühl", das ein automatisches Ergebnis der Gesellschaftseinflüsse oder der Dressur sei und sehr ausgeprägt v. a. bei Neurotikern vorkomme (S. 99f.).

Aus dem Gesagten und aus sonstigen empirischen Realitäten folgt als grundlegende Forderung, daß ein wo und wie auch immer auftretendes Schuldgefühl stets auf sein Verhältnis zu eigentlicher Schuld hin – sei es im theologischen, allgemein ethischen oder juristischen Sinn – jeweils eigens befragt werden muß; und umgekehrt, daß eine konstatierbare, innerhalb anerkannter Normen bestehende Schuld (im oben definierten Sinn) auf ihre subjektive Seite, also auf das Vorhandensein oder Nichtvorhandensein eines Schuldgefühls hin, zu untersuchen ist. Im Idealfall wäre der Gegensatz zwischen subjektiver und objektiver Seite durch das beschriebene Schuldbewußtsein – als wesentlicher Leistung des reifen Ich – aufgehoben. Für den Regelfall gilt dies aber keineswegs. Schuld und Schuldgefühl stehen zwar in einem logischen, aber empirisch nicht notwendigen, sondern nur möglichen Zusammenhang. Das Schuldgefühl kann also nicht eo ipso Indikator von Schuld sein, sondern nur Befragungsanstoß auf mögliche Schuld hin. Denn in unserer Erfahrungswelt gibt es nun einmal, und zwar sehr deutlich, Schuld ohne Schuldgefühl auf der einen, und Schuldgefühl ohne Schuld auf der anderen Seite.

Das erstere – Schuld ohne Schuldgefühl – ist uns aus dem normalen Leben oder aus den Grenzsituationen des Abnormen wohl bekannt. Das Spektrum reicht hier von der kleinen, banalen Verfehlung, deren wir uns überhaupt nicht bewußt geworden sind, über unser tägliches selbstsüchtiges Verhalten, das wir uns gewohnheitsmäßig gestatten, bis hin zu den Triebbefriedigungen gemütsarmer Persönlichkeiten oder der perfekt durchorganisierten Quäl- und Tötungsmaschinerie ideologisch ausgerichteter Machtgruppen.

Wie rasch und auf welche Weise das individuelle Gewissen des einzelnen durch die Dialektik einer übergeordneten Instanz neutralisiert werden kann, und wie leicht das Über-Ich einem Autoritätswechsel zugänglich und das Ich-Ideal durch andere idealisierte Personen ersetzbar bleibt, ist ein bedrängendes Kapitel der politischen Psychologie.

Der umgekehrte Fall hingegen – Schuldgefühl ohne Schuld bzw. ohne konkretisierbare Schuld – begegnet uns in ausgesprochener Weise im pathologischen Bereich. Dies wird uns später noch ausführlicher beschäftigen. Beim gesunden bzw. einigermaßen ausgeglichen strukturierten Menschen jedenfalls kommt ein Schuldgefühl ohne Schuld wohl nur in seltenen, stark affektbesetzten Durchgangsstadien seelischen Erlebens vor; es entspricht etwa dem, was Trillhaas (1953) das „unbestimmte Schuldbewußtsein" nennt, in dem sich ein „herannahendes Gewissensurteil" ankündigt (S. 72).

Was aber häufig begegnet, nicht nur im deutlich pathologischen, sondern auch im gesunden Bereich, ist die Inadäquatheit von erlebten Schuldgefühlen zum Ausmaß der nach den jeweiligen Wertnormen sich ergebenden tatsächlichen Schuld. Das unangemessen starke Leiden vieler Menschen unter relativ kleinen, oft als Banalität zu betrachtenden Verfehlungen, sowie der projektive Umgang mit eigenen Selbstvorwürfen, darf als viel wesentlicheres Grundphänomen gelten. Diese Inadäquatheit hat auch zu einer Vielfalt von Benennungen und Gegenüberstellungen geführt. So ist von wahren und falschen oder echten und unechten Schuldgefühlen (entsprechend dem bekannten Buchtitel von Tournier) die Rede, ferner von begründeten und grundlosen, sinnvollen und sinnlosen, gesunden und kranken, schließlich auch von bewußten und unbewußten Schuldgefühlen. Allemal ist damit die für den Lebensalltag sehr bedeutsame phänomenologische Tatsache angesprochen, daß es einerseits Menschen gibt, die sich eigensüchtiges und antisoziales Verhalten ohne besondere Skrupel gewohnheitsmäßig gestatten, und andererseits Menschen, die selbst einfache Bedürfnis- und Triebregungen und alltägliche Bagatellverfehlungen nur unter Entwicklung intensiver Schuldgefühle und Selbstvorwürfe zu erleben und zu verarbeiten vermögen. Damit stehen wir aber vor der Frage, woher solche Unterschiede kommen und wie sie zu bewerten sind.

Modelle zur Genese des Schuldgefühls

Gerade eine menschlich so zentrale Frage wie die, warum und auf welche Weise Schuldgefühle überhaupt entstehen, führt unmittelbar zu der Frage nach der zugrundeliegenden Anthropologie, dem Menschenbild und dem jeweiligen weltanschaulichen Standort. Abgesehen von den allgemeinen methodischen und Zugangsproblemen darf ein relativer Konsens somit nur auf einer psychologischen Zwischenstrecke zu erwarten sein, auf der die psychodynamischen Vorgänge in einem anerkannten Modell einigermaßen verifizierbar sind. Wenn Freud (1948) mit seiner Feststellung recht hat, daß das Schuldgefühl „das wichtigste Problem der Kulturentwicklung" darstellt (S. 494), so kann es letztlich nur deutbar sein, wenn die Kulturentwicklung, d. h. die menschliche Entwicklung überhaupt, deutbar ist. Und weil wir dazu nicht in der Lage sind, ist bei allen Aussagen über das Phänomen

Schuldgefühl und Schuld deutliche Zurückhaltung und Bescheidenheit geboten. Es steht uns gut an, dies immer wieder zu bedenken.

Die Deutungsperspektiven für die Entstehung von Schuldgefühlen reichen von theologisch-metaphysischen Herleitungen – besonders im Zusammenhang mit der Wichtigkeit von Sündenerkenntnis – über anthropologisch-humanistische Anschauungen, denen es v. a. um die Unverlierbarkeit der Gewissensfunktion geht, über existentielle Sichtweisen im Sinn der Daseinsanalyse bis hin zu den bekannten psychoanalytischen Deutungen im Rahmen eines bestimmten Entwicklungs- und Instanzenmodells. Ohne hier einen Überblick geben zu können, seien im folgenden einige wichtige Positionen auf der psychodynamisch-psychogenetischen Ebene markiert.

Interessant wegen der impliziten negativen Wertung und der damit verbundenen markanten Aussage über die menschliche Entwicklungsgeschichte überhaupt ist die Sicht von Nietzsche, der das „schlechte Gewissen", wie er es nennt, als die „größte und unheimlichste Erkrankung, von welcher die Menschheit bis heute nicht genesen" ist, bezeichnete, und der diese Entwicklung auf die nach innen, „gegen den Menschen selbst" gerichteten Instinkte zurückgeführt hat (1953, S. 318f.). Damit wurde durch ihn die Konzeption Freuds teilweise vorweggenommen und der Mechanismus der sich nach innen in Selbstaggression und Schuldgefühlen entladenen Aggressionen und Triebimpulse deutlich erahnt.

In dem psychogenetischen Modell von Freud nimmt das Schuldgefühl und seine Entstehung nicht von ungefähr eine zentrale Stellung ein. Dieses „wichtigste Problem der Kulturentwicklung" (s. oben) fügt sich gut in sein Instanzenmodell. Das Schuldgefühl entsteht, indem die Angst vor der äußeren Autorität, primär der Eltern, durch die ja ein ständiger Triebverzicht erzwungen wird, schließlich abgelöst wird durch eine Identifizierung mit eben dieser Autorität. Die Triebimpulse und aggressiven Regungen aus dem „Es" (der Triebschicht) werden von da an nicht mehr durch eine äußere, sondern durch eine innere – und deshalb viel wirksamere – Autorität kontrolliert und abgewehrt. Diese internalisierte Autorität, im Instanzenmodell das „Über-Ich", kann nun natürlich sehr unterschiedlich ausgeprägt sein und dementsprechend unterschiedlich auch die innere Spannung, die gegenüber dem „Es" und dem „Ich" (als steuernder Instanz) entsteht. Eben diese Spannung wird nun, gemäß dieser Auffassung, als Schuldgefühl erlebt. – Freud sagt erläuternd:

Die Spannung zwischen den Ansprüchen des Gewissens und den Leistungen des Ichs wird als Schuldgefühl empfunden (1940, S. 265).

An anderer Stelle:

> Der Triebverzicht hat nun keine voll befreiende Wirkung mehr, die tugend-
> hafte Enthaltung wird nicht mehr durch die Sicherung der Liebe gelohnt, für
> ein drohendes äußeres Unglück – Liebesverlust und Strafe von seiten der
> äußeren Autorität – hat man ein andauerndes inneres Unglück, die Spannung
> des Schuldbewußtseins, eingetauscht ... Die Aggression des Gewissens konser-
> viert die Aggression der Autorität (1948, S. 487).

So sehr dieses psychoanalytische Modell auch Gültigkeit für die
psychische Entwicklung des Menschen generell beansprucht, so ist
doch sowohl theoretisch als auch empirisch zu fragen, ob die Interpretation der Spannung zwischen den Instanzen als „Schuldgefühl"
das psychische Erleben wirklich trifft, und v. a., ob Schuldgefühle
nicht auch im Rahmen einer ganz anderen Dynamik auftreten bzw.
unter anderen Perspektiven betrachtet werden können. So erwach-
sen Schuldgefühle z. B. für Schultz-Hencke (1965) „auf dem Boden
der Gehemmtheit", ebenso wie die Angst (S. 270). Jung (1954)
wiederum sieht den Boden für ihre Entstehung in der Ablehnung
der „Ganzheit", d. h. der Weigerung, den eigenen „Schatten" mit
den abgelehnten Persönlichkeitsanteilen in das Bewußtsein zu integrieren. Auch für die Entstehung von Schuldgefühlen auf oraler und
symbiotischer Ebene gibt es hinreichende Anhaltspunkte. Eine ver-
wöhnende oder das Kind narzißtisch einvernehmende Mutter vermag
hier eine so starke Abhängigkeit zu erzeugen, daß alle Regungen,
die bei ihr zu einer Enttäuschung ihres Einsatzes und ihrer Bedürfnisse führen müssen, beim Kind Schuldgefühle erzeugen können.
Somit werden dann auch später Selbstbehauptungs- und Autonomie-
regungen schuldhaft erlebt, und dies um so mehr, je deutlicher sie
solche früheren Enttäuschungsreaktionen der Bezugspersonen emotional wiederholen.

Vielleicht darf man – als Hypothese – annehmen, daß allen bisher
formulierten Modellen, ob sie auf der Entwicklungslinie zwischen narzißtischer und ödipaler Dynamik liegen oder anderen, tiefenpsycholo-
gisch, existentiell oder humanistisch orientierten Entwürfen zugehö-
ren, ein gemeinsames, anthropologisch vorgegebenes Reaktions- und
Erlebensmuster zugrunde liegt. In jedem Fall erfolgt offenbar ein
Zurückbleiben hinter einem Fremd- oder Selbstanspruch, verbunden
mit einem Gefühl des Ungenügens, das, sehr nahe am Kern der
Person liegend, als Schuldgefühl und insoweit auch als etwas typisch
Menschliches erlebt wird. Tellenbach (1976) scheint mit seiner Sicht
und seiner Begrifflichkeit diesem Punkt besonders nahe gekommen zu
sein, wenn er von der „Remanenz" als „Zurückbleiben hinter dem
Selbstanspruch" redet. „Das Essentielle eines solchen Zurückbleibens

hinter dem Selbstanspruch ist in allen Fällen ein Schulden" (S. 134). –
Für ihn ist damit auch der Bogen zum pathologisch übersteigerten
Schuldgefühl geschlagen.

Pathologie des Schuldgefühls

Wenn wir im folgenden das pathologisch verzerrte, übersteigerte oder
abgewandelte Schuldgefühl betrachten, so soll dies geschehen, ohne
daß hierbei auf die vielfältigen Verflechtungen zwischen psychogen
und endogen, neurotisch und psychotisch eingegangen wird. Dies ist
in dem hier vorgegebenen Rahmen nicht möglich. Wir werden also
den neurotischen und den psychotischen Aspekt hintereinander stellen, wohl wissend, daß sich gerade auf dem Gebiet des Schuldgefühls
ein Kontinuum von der prämorbiden Persönlichkeit über die neurotischen Verarbeitungen bis hin zu den psychotischen Abwandlungen
und Verstärkungen annehmen läßt, deren Besonderheiten sich aus der
jeweiligen Relation der gesunden und der gestörten Anteile des Ich
und der Person ergeben. Insofern kann man hier wohl eine Analogie
zu anderen pathologischen Abwandlungen, z. B. im Furcht-Angst-
Syndrom oder bei der Sexualität, sehen.

Das Schuldgefühl im Rahmen neurotischer Störungen läßt sich – auf
der psychodynamischen Ebene betrachtet – als Symptom eines unbewältigten Triebkonfliktes auffassen. Es ist so Ausdruck der beschriebenen, auch beim Gesunden vorhandenen Spannung zwischen dem
Ich und den Triebansprüchen des „Es" einerseits, und dem Über-Ich
als normativer Instanz andererseits, nur eben pathologisch gesteigert
oder verzerrt und dann auch verbunden mit verschiedenen anderen
psychischen oder körperlichen Symptomen. Das Besondere des neurotischen Erlebens kommt gerade hier in augenfälliger Weise zum
Vorschein, nämlich daß das Innenleben den gleichen Stellenwert
bekommt wie die Realität, daß also das bloß Gedachte und Phanta-
sierte dem Tun gleichgestellt wird. Nur das „mit Affekt Vorgestellte"
sei bei den Neurotikern wirksam, „dessen Übereinstimmung mit der
äußeren Realität aber nebensächlich", sagt Freud. „So erweist sich die
Allmacht der Gedanken, die Überschätzung der seelischen Vorgänge
gegen die Realität als unbeschränkt wirksam im Affektleben des Neu-
rotikers und in allen von diesem ausgehenden Folgen" (1961, S. 107).

Von besonderer Wichtigkeit ist hierbei – was ja das Zeichen des
Neurotischen ohnehin darstellt – daß gerade bei der Kerngruppe neurotischer Störungen der Hauptvorgang im Unbewußten abläuft, das

Schuldgefühl also in verdrängter Form erscheint, und wir in diesem Fall dann von „unbewußtem Schuldgefühl" (Condrau 1962, S. 124) sprechen. Im Phänotypus, im Symptombild, herrschen dann andere, sekundäre Erscheinungen vor, die die Neurose nach außen kennzeichnen (s. unten). „... dies Schuldgefühl ist für den Kranken stumm", schreibt Freud (1940, S. 279), „es sagt ihm nicht, daß er schuldig ist, er fühlt sich nicht schuldig, sondern krank". Nach Ruffler (zit. nach Sommer 1962) besteht die Aufgabe der Psychotherapie hier dann gerade darin, „nach einem mühevollen Wegräumen des Falschen und Vorgeschobenen" zum „eigentlichen Schuldinhalt" durchzudringen (S. 47). Je früher die unbewältigte Konfliktsituation in der Persönlichkeitsentwicklung liegt, um so unbewußter pflegt sie für den Patienten später zu sein. Ein erheblicher Teil der sog. „frei steigenden Schuldgefühle" – also des eingangs erwähnten Schuldgefühls ohne Schuld – dürfte hierher gehören, ebenso auch die sekundäre Koppelung mit einem anderen, also inadäquaten Schuldinhalt. Es ist aber sehr davor zu warnen, diesen Zusammenhang einfach vorschnell zu behaupten; nur die subtile Einzelanalyse vermag solchen Vorgängen näher zu kommen.

Die inhaltlichen Bereiche, um die es sich bei diesen Störungen der Schulddynamik handelt, sind in erster Linie die der Aggression, der Sexualität und des Machtstrebens. Vor allem das Ausmaß der schuldgefühlbezogenen Prägung in der Erziehung, mit der Unterdrückung und Tabuierung dieser Trieb- und Entfaltungsbereiche speziell in der christlich-abendländischen Tradition, bedeutet einen wesentlichen Faktor für eine entsprechende Neurotisierung. Die erstmals von Schaetzing (1955, S. 97ff.) so benannten, später von Thomas (1964, S. 304) ausführlich beschriebenen sog. „ecclesiogenen Neurosen" stellen den klassischen Bereich der Wirksamkeit solcher neurotischer Schuldgefühle dar. Das Schuldgefühl kann hierbei sowohl im übersteigerten Sinn überdeutlich bewußt, als auch nur halbbewußt oder unbewußt sein. Je nach dem wirkt es als solches direkt entfaltungs- und handlungsblockierend, oder es tritt an seine Stelle ein anderes Symptom mit hemmender, einengender Wirkung. Sexuelle Schuldgefühle können so über die Hemmung sexueller Vollzüge zum neurotischen Partnerschafts- und Ehehindernis werden. Das Schuldgefühl aus einer phantasierten Triebkonfliktschuld läßt den Patienten in der Zwangsneurose in Form des Waschzwangs ein permanentes Abwaschen dieser Schuld vollziehen. Und das durch aggressive Regungen und Zurückweisungen gegenüber anderen entstehende Schuldgefühl verhindert in Form der neurotischen Aggressionshemmung die normale Durchsetzung und Bedürfnisentfaltung, entweder in der unerkannten Form alltäglichen neurotischen Leidensdrucks oder in der manifesten depressiven Dekompensation.

Die Schuld, auf die sich das neurotische Schuldgefühl bezieht, ist hierbei allemal ein „Schulden" im Sinn Tellenbachs (s. oben) gegenüber der eigenen Wertwelt, die sich ihrerseits aus gesellschaftlichen Normen, Prägung und Erziehung sowie Identifikationen in der eigenen Entwicklung herleiten läßt. Das krankmachende Element liegt nicht in diesen Vorbedingungen, auch nicht in der grundsätzlichen menschlichen Schuldfähigkeit und damit Fähigkeit der Schuldgefühlsentwicklung, sondern in der mangelhaften Durchsetzungsfähigkeit natürlicher Selbstentfaltungsbedürfnisse gegenüber den internalisierten Normen, im Instanzenmodell gesprochen, dem Über-Ich. Anders ausgedrückt: die Kompromißfähigkeit zwischen den sich widersprechenden Anforderungen und Bedürfnissen, der psychische Regelkreis zur Einhaltung eines „gesunden Maßes" zwischen Wunsch und Verzicht, ist gestört. Wir kommen darauf noch zurück.

Wenden wir uns nun dem Phänomen der Schuldgefühle bei psychotischen Störungen zu, so geschieht dies unter der bereits dargestellten Prämisse. Das klassische Beispiel hierfür, die endogene Depression mit ihren oft so maßlos übersteigerten Schuldgefühlen bis hin zum grotesken Schuld- und Versündigungswahn, war gleichzeitig auch seit je das besondere Interpretationsfeld für die verschiedensten Standpunkte und Hypothesen. Die besondere menschliche Betroffenheit und die gleichzeitige Faszination, die von solchen Patienten auf uns übergeht, muß verständlicherweise einen jeden dazu herausfordern, das seiner Sichtweise naheliegende Erklärungsmuster zu praktizieren. Daß „die Konfrontation mit den sich in tiefer Schuld wähnenden Kranken", wie Condrau (1962, S. 119) formuliert, „zum eindrücklichsten menschlichen Erlebnis" gehört, sagt ja gleichzeitig auch etwas über den Stellenwert dieser Thematik für uns als Betrachter überhaupt aus. Sich für das verworfenste Geschöpf auf Erden, für den größten aller Sünder zu halten, sich den gräßlichsten Strafen ausgesetzt zu sehen, sich schwerer, oft frei erfundener Sünden und Verbrechen anzuklagen oder irgendwelchen Bagatellen ein gewaltiges Schwergewicht beizumessen sowie das ganze bisherige Leben unter diesem Aspekt selbstquälerisch umzupflügen, – dies fordert unser Erklärungsbedürfnis elementar heraus, und sei es auch nur zur abwehrenden Rechtfertigung unseres eigenen, leichtnehmenden Umgangs mit der Schuldfrage.

Für den Theologen besteht das Faszinierende natürlich darin, daß hier endlich einmal die „contritio cordis", die wahre Herzenszerknirschung zu begegnen scheint, die er beim Gesunden so oft vergeblich sucht. Hier begegnet ihm das „mea maxima culpa" ohne Vorbehalt und Abschwächung in echter, schrecklicher Verzweiflung gesprochen. Und um so mehr sieht er sich dann enttäuscht, wenn er schließlich feststellen muß, daß gerade diese tiefe Erschütterung keinerlei Frucht für das spätere Leben zeitigt, sondern daß sie mit dem Abklingen der depressiven Phase eben auch verschwindet, – daß also, wie Weitbrecht sagt, „nach dem Abklingen der Depression zumeist nichts mehr übrig ist von der Berührung mit dem Numinosen in der wiedergewonnenen zyklothymen Behäbigkeit" (1952, S. 250).

Vertreter der Daseinsanalyse wiederum sehen, im Anschluß an Gedankengänge Heideggers (1963, S. 280ff.), im depressiven Schuldgefühl einen Ausdruck der sog. „existentiellen Schuld", als einem „wesenhaft zum menschlichen Dasein" gehörigen „Schuldigsein" (Condrau 1962, S. 150). Und Meerwein spricht davon, daß sich in dem für den Außenstehenden uneinsichtigen Herstellen einer Beziehung zwischen dem Schuldgefühl und einer vermeintlichen Schuld die Tatsache enthülle, daß dieses dem „eigenen Lebensgrund" des Menschen zugehöre und letztlich stets einer „existentiellen Schuld" entspreche (S. 35). Nach v. Siebenthal (1956) schließlich ist sogar der psychotische Prozeß selbst „hintergründig entstanden und unterhalten durch die Tatsache der existentiellen Schuld bzw. das in ihr Macht gewordene Nichts" (S. 216).

Neben dieser reinen „Psychiker"-Position, die in dieser Formulierung sicher mit Skepsis zu betrachten ist, steht die „Somatiker"-Position, für die das endogen-depressive Schuldgefühl und die sich daran anheftende Schuldthematik als direkter Ausfluß des pathologischen Prozesses entsteht und so wie auch andere depressive Symptome nach dem Abklingen der Depression keine Bedeutung mehr für das gesunde Leben des Patienten hat. Weitbrecht hat darüber hinaus den Versuch unternommen, in sehr scharfer Weise solche psychotischen Schuldgefühle als „primäre", autochthone, unableitbare Schuldgefühle von „sekundären", dem psychologischen Verständnis zugänglichen Schuldgefühlen abzugrenzen (1952, S. 251f.). Er ist der Meinung, daß selbst dann, wenn gewisse Schuldthemen sich aus der besonderen Biographie des endogen Depressiven als verständlich nahelegen, diese „dann wohl in ihrem So-Sein, keineswegs aber in ihrem Da-Sein einer verstehenspsychologischen Analyse zugänglich" seien (Weitbrecht 1960, S. 72). Aber auch ein derartiger Abgrenzungsversuch scheint mir zunehmend schwierig und bei intensiver Beschäftigung mit der Sache höchstens phänomenologisch einigermaßen gedeckt zu sein. So sehr wir auf der einen Seite gewiß kritisch fragen müssen, was mit dem ja sehr eingängigen Wort von der „existentiellen

Schuld" konkret für den jeweiligen Patienten gemeint ist, so sehr
zeigen andererseits verschiedene Untersuchungen und die klinische
Erfahrung, daß sich eben schon die prämorbide Persönlichkeit endogen Depressiver meist durch eine verstärkte Neigung zur Entwicklung
von Schuldgefühlen und durch skrupulösen Umgang mit Alltagssitua-
tionen auszeichnet.

Die beste Annäherung daran, wie der Zusammenhang der Schuldgefühle insgesamt, vom prämorbiden Zustand bis zu den neurotisch
und endogen Depressiven, zu verstehen ist, hat wohl Tellenbach
gefunden. Ausgehend von der schon genannten „Remanenz", dem
Zurückbleiben hinter dem Selbstanspruch, das als ein „Schulden"
erlebt wird (s. oben), zeigt der Melancholiker für ihn „eine überdurch-
schnittliche Empfindlichkeit im Gewissen, was die Ordnungen perso-
naler und sachlicher Bezüge angeht". „Alles Tun ist ein dem Dasein
geschuldetes Pflichten" (S. 81). Und seine Sicht des Stellenwerts der
kleinen Verfehlungen, der „petites fautes" dürfte für alle bedenkens-
wert sein, die psychotherapeutisch oder seelsorgerlich mit depressiven
Schuldgefühlen umgehen. Denn trotz der „endogenen Deformation"
des Schulderlebens – so Tellenbach –

> liegt für uns doch kein zwingender Grund vor, die Anlässe für *nichtig* zu
> nehmen, auf welche sich das Schulderleben bezieht (S. 162).
> Man erinnere sich ... das Gewichtes der Kleinigkeiten im Leben dieser
> Typen. Bei den Melancholischen besteht eine echte Parallelität zwischen der
> Genauigkeit auf der Seite des Leistens und der „Kleinigkeit" auf der Seite der
> Schuld. Es ist die Maßlosigkeit in der Bewertung des Kleinen, die den melan-
> cholischen Schuld-Größenwahn mit vorbereitet (S. 163).

So versteht sich also die Gesamtdynamik des depressiven Schulderlebens von den Grundzügen der depressiven Erlebnis- und Verarbei-
tungsstruktur her, v. a. ihren perfektionistischen Anteilen. Der Über-
steigerung im Kleinen, bei den Bagatellvergehen, entspricht die Über-
steigerung im Großen, wo der Depressive dann auf dem extrem
negativen Pol der „größte aller Sünder" – aber eben doch „der
Größte" – ist. Deutlich wird in diesem Zusammenhang gleichzeitig
auch die Feststellung von Battegay (1985), „daß die Psychologie der
Depression, welchen Ursprungs sie auch sein möge, immer mehr oder
weniger ähnlich ist" (S. 54). – Trotz dieser Ähnlichkeiten und Analo-
gien und trotz der partiellen Verständlichkeit der Schulddynamik,
bleibt freilich – dies soll hier ausdrücklich festgestellt sein – ein nicht
geringer Rest in der Phänomenologie, in der Einbettung und in der
Dynamik des depressiven Schulderlebens gerade im endogenen
Bereich, der dem Verstehen nicht zugänglich ist. Der alte Gedanke

von der „Aufdeckung der Urängste" durch die Psychose z. B., wie ihn
Schneider (1950, S. 193) formuliert hat, darf so wohl nach wie vor als
berechtigt gelten.

Die Rolle von Schuld und Schuldgefühl bei Aggression und Selbstaggression

Mit analogen psychodynamischen Abläufen im gesunden und im pathologischen Bereich, und nur durch die Intensität und die entspre-
chenden Auswirkungen unterschieden, stellt sich die Thematik von
Schuld und Schuldgefühl auch auf der Ebene von Aggression und
Selbstaggression dar. Dem durch gesunde Ich-Anteile und v. a. ein
relativ stabiles Selbstgefühl abgepufferten anklagenden Über-Ich beim
Gesunden entspricht auf Seiten des pathologisch gestörten Selbstgefühls und der Ich-Schwäche ein ungebremst wirksames, übermächtiges
Über-Ich, dem gegenüber kein Schutzwall und kein Arrangement
eigener berechtigter Bedürfnisse mehr möglich ist. Dies gilt erst recht
für direkte aggressive Regungen gegenüber äußeren Objekten, Bezugspersonen oder Verhältnissen. Das dynamische System, gewissermaßen der psychische Regelkreis Aggression/Selbstaggression zeigt
sich hier in fataler Weise auf die Seite der Selbstaggression verschoben
und dort fixiert. Auch wenn dieser Ablauf so bei verschiedenen Arten
psychischer Störungen vorkommt, ist das klassische Beispiel auch hier
die schwere, vorwiegend endogene Depression.

Wie schon Tellenbach (s. oben), so weist auch Battegay (1985) darauf hin, daß solche Menschen schon prämorbid die erwähnten Züge
erkennen lassen, wobei sie dann in der Depression „vollends einem
Über-Ich erliegen, das nicht mehr gemildert wird durch ein gesundes
Selbstgefühl bzw. durch narzißtische Libido" (S. 43). „Der endogen
Depressive steht immer unter der Einwirkung eines archaisch-grau-
samen Über-Ich, das keine Milderung durch narzißtische Besetzung
erfährt". Doch ließe sich dies letztlich bei allen Depressiven beobach-
ten, ebenso auch, daß deren Leben auch in „gesunden" Tagen unter
der „Domination des Gewissens" stehe (S. 44). Schon bei Freud
(1940) finden wir die Formulierung, daß das Ich bei der Melancholie
deshalb keinen Einspruch wage und sich als schuldig bekenne, weil

das überstarke Über-Ich ... gegen das Ich mit schonungsloser Heftigkeit wütet,
als ob es sich des ganzen im Individuum verfügbaren Sadismus bemächtigt
hätte (S. 281). Was nun im Über-Ich herrscht, ist wie eine Reinkultur des
Todestriebes, und wirklich gelingt es diesem oft genug, das Ich in den Tod zu
treiben (S. 283).

Daß das Schuldgefühl und der in ihm erlebte Schulddruck – sei er inhaltlich durch Normverstöße in der Phantasie oder in der Realität bestimmt – das Ich „in den Tod treiben", also den Suizid auslösen kann, ist die menschlich bedrängendste und erschütterndste Form der Selbstaggression. Es steht uns gut an, und wir sollten uns dies bewahren, vor jedem solchen Ereignis bestürzt und fassungslos dazustehen, denn es läßt sich in seinem menschlichen Ausmaß und seiner anthropologischen Tiefe nun einmal nicht fassen. Unser dünnes, eindimensionales psychologisches Wissen und Verstehen im Rahmen unserer psychodynamischen Modelle wiegt die existentielle Bedeutung eines solchen Geschehens, nämlich daß ein Mensch rein durch seine eigene Innenwelt in den Tod getrieben werden kann, jedenfalls nicht auf.

Ein besonderes Licht fällt von daher auch auf die gesunden Formen des eigenen Umgangs mit Schuldgefühlen und Schuldzuweisungen. Es ist aus der normalen Psychologie wohl bekannt, wie schwer es einem Menschen fällt, Schuld zu akzeptieren und auszuhalten, v. a. Schuldzuweisungen von außen. Die Hauptbewältigungsform ist die aggressive Abwehr, die Verteidigung in vorderster Front gewissermaßen, sei es verbal oder im Handeln. Die narzißtische Homöostase bleibt so erhalten, und v. a. wird die lähmende Passivität und die Beeinträchtigung des Selbstgefühls, die in der Anklagesituation droht, aufgehoben. Diese Dynamik zeigt die Wichtigkeit eines möglichen freien Kräftespiels in dem System Aggression/Selbstaggression im Sinne des genannten Regelkreises, unter der Steuerung eines relativ souveränen und gesunden Ich. Voraussetzung hierfür ist die Integration des Über-Ich-Mechanismus in eine von der gesamten Person getragene Gewissensfunktion, auf der Basis eines ebenso bejahten Wertsystems.

Gesellschaftliche und kulturelle Perspektiven der Schuldthematik

Damit sind wir bei der grundsätzlichen Frage angelangt, welcher Stellenwert und welche Funktion dem Schuldgefühl im menschlichen Zusammenleben überhaupt zukommt. Es ist die Frage nach seiner zwischenmenschlichen Bedeutung, seiner Relevanz als Regulativ, seiner fördernden oder hemmenden Auswirkung auf allen Lebens- und Erlebensgebieten einschließlich dem religiösen.

Zweifellos stehen wir hier vor Aspekten, die das psychologische Wissen und die herkömmliche wissenschaftliche Methodik auf diesem Gebiet weit übersteigen. Doch in unseren praktischen, enorm wirksamen Lebensurteilen und Lebensentscheidungen spielt die Zuordnung und die Handhabung von Schuldgefühl und Schuld eine überragende Rolle, und offensichtlich nehmen wir die praktische Kompetenz hierfür ganz selbstverständlich in Anspruch. Die Kenntnis der Über-Ich-Reaktionen eines Menschen einschließlich seiner Wertentscheidungen macht ihn uns ja auch berechenbar und vertrauter, und nur dies wiederum läßt im Leben Vertrauensbildung zu. Gerade hieran läßt sich aufzeigen, was für ein grundlegendes Humanum die Fähigkeit, Schuldgefühle zu entwickeln und Schuld zu erleben, darstellt.

So dürfte wohl darin Übereinstimmung unter uns bestehen, daß der Mensch, der keine Schuldgefühle mehr entwickelt oder der mit seinen Schuldgefühlen durchgehend steuernd und zweckgerichtet umgehen kann, keinesfalls wünschenswert ist. Ihn müßten wir fürchten, weil er keine echte Betroffenheit mehr über seine Taten oder Unterlassungen erleben kann, – er wäre dadurch ja eben der Prototyp des „Unmenschen". Wir sind uns wohl andererseits darin einig, daß ebensowenig der Mensch wünschenswert sein kann, der permanent von neurotischen Schuldgefühlen bestimmt und in seinem sozialen Handeln und in seiner Innenwelt extrem unfrei ist, v. a. Schuldgefühlreaktionen an Stellen und auf Gebieten zeigt, die gar nicht kongruent sind mit seiner und einer allgemein akzeptierten Wertorientierung. Es wäre also, einfach ausgedrückt, zu fragen, wie der „richtige" Weg auszusehen hat zwischen Skrupellosigkeit und Skrupelhaftigkeit.

An dieser Stelle läßt sich deutlich machen, daß die Reifungsaufgabe eines jeden Menschen auf diesem Gebiet darin besteht, die psychogenetisch herleitbaren Über-Ich-Reaktionen, einschließlich der neurotischen, überzuführen in eine höher integrierte menschliche Funktion, die wir herkömmlicherweise mit der Bezeichnung „Gewissen" belegen. Wir haben dies schon angedeutet, ebenso auch, wie das Über-Ich als formale Instanz allein ganz unterschiedlichen Arten von Wertsystemen und Ideologien dienlich sein kann. Nur so ist es ja auch in Annäherung verstehbar, wie aus ethisch scheinbar durchschnittlich eingepaßten Existenzen unvermittelt Menschen werden, die ohne besonderes Unrechtsgefühl andere demütigen, quälen und töten können.

Die Aufgabe der Ich-Reifung und der Individuation ist demnach, eine kritische Einstellung zum Über-Ich und seiner durch Erziehung und Entwicklung geprägten Dynamik zu finden, gleichzeitig aber dessen Funktionsfähigkeit und Sensibilität zu bewahren. In der reifen Gewissensfunktion kann das bisher tyrannische bzw. neurotische Über-Ich in dem Maße seine blockierende Überfunktion verlieren, als das Selbst und die Person in Orientierung an einer ebenfalls kritisch reflektierten Wertwelt die Inhalte dieses Gewissens bestimmen. Dies hört sich glatt und einfach an, bedeutet aber intensive Arbeit an sich selbst, setzt Introspektion, Selbsterkenntnis, Selbsterfahrung, Integration des „Schattens" im Sinne von Jung (1943, S. 36) voraus. Andernfalls kann es passieren, daß unerkannte archaische Kräfte und Ängste das Wertgefüge erschüttern oder pervertieren und daß das Schuldgefühl ausbleibt, wo es sich rühren müßte, und es sich übermäßig rührt, wo ein wirklicher Wert gar nicht verletzt ist.

Aus alledem ergibt sich eine wichtige, praktische Konsequenz für den Umgang mit Schuldgefühlen, sei es auf therapeutischer, auf seelsorgerlicher oder auf menschlich begleitender Ebene: Schuldgefühle sind grundsätzlich ernst zu nehmen und auch bei scheinbar „nichtigem" Anlaß nicht zu bagatellisieren (s. oben, Tellenbach). Sie sind aber immer auf ihre Beziehung zu tatsächlicher, echter Schuld im Sinne des Wertsystems dieses Menschen kritisch zu befragen. Sie haben eine wichtige Signalfunktion, sind aber nicht eo ipso Indikator einer bestimmten Schuld.

Als nächstes ist überhaupt kritisch festzuhalten, daß die kollektive psychische Entwicklung im abendländisch-christlichen Kulturkreis durch eine starke Betonung des Autoritätsprinzips und damit der Über-Ich-Entwicklung und des Schuldprinzips gekennzeichnet ist. Dem entspricht auch die zentrale Stellung der Schuldfrage und ihrer sowohl intrapsychischen als auch rituellen Bewältigung in der christlichen Theologie und Frömmigkeit. Der schon beschriebene individuelle Reifungsschritt in Richtung einer Stärkung der Ich-Funktion hat jedoch auch eine Entsprechung in einer Schwerpunktverlagerung vom Autoritätsprinzip mehr hin zum Autonomie- und Freiheitsprinzip. Dies stellt auch die christliche Theologie vor die Frage einer notwendigen Akzentverschiebung, nämlich mehr weg vom Primat der Über-Ich-Funktionen und damit vom Schuldprinzip und mehr hin zu den Ich-Funktionen und damit mehr zum Verantwortungsprinzip. Genau dies hat auch, wie eingangs schon erwähnt, Scharfenberg (1972) als „Aufbruch in ein Jenseits des Schuldprinzips" gefordert, in Verbindung mit einem „theologischen Neuansatz", „der statt von den Über-Ich-Funktionen von den Ich-Funktionen ausgeht" (S. 190, 206). Dies bedeutet mehr als nur eine Verschiebung der Gewichte, sondern auch eine Verschiebung der Blickrichtung: In der Schuld geht der Blick zurück, in der Verantwortung jedoch nach vorn.

Man darf aber davon ausgehen, daß sich der höhere Freiheitsgrad des reiferen Ich nur dann auch als eine insgesamt höhere menschliche Sozialisationsstufe ausweist, wenn in der Über-Ich-Entwicklung, als stets notwendigem Durchgangsstadium, eine Anerkennung und Internalisierung von Wertnormen und Leitbildern tatsächlich vollzogen wurde. Die Bildung eines persönlichen Gewissens ist ohne diese Basis psychologisch nicht denkbar. Sie stellt eine besondere Leistung der Individuation und also der ganzen Person dar. Gelingt sie, dann bedeutet dies mehr mündiges Handeln statt höriges Handeln, und mehr Verantwortung in der Selbstbestimmung statt in der Fremdbestimmung.

Abschließend möchte ich nochmals präzisieren, daß die normale Bereitschaft zur Entwicklung von Schuldgefühlen im Sinne einer Signalfunktion aus einem sozialen Bezugssystem nicht wegzudenken ist. Sie stellt ein grundlegendes Humanum dar und bedeutet einen der wichtigsten positiven Steuerungsfaktoren im menschlichen Zusammenleben überhaupt. Daß es hierbei Einseitigkeiten, Defizite und pathologische Verzerrungen geben kann, wie auf anderen Lebensgebieten auch, hebt nichts von dieser Wichtigkeit auf.

Literatur

Battegay, R (1985) Depression. Huber, Bern Stuttgart Toronto

Condrau G (1962) Angst und Schuld als Grundprobleme der Psychotherapie. Huber, Bern Stuttgart

Demal W (1953) Praktische Pastoralpsychologie, 2. Aufl. Wien

Freud S (1961) Totem und Tabu. Gesammelte Werke, 3. Aufl., Bd 9; Fischer, Frankfurt am Main

Freud S (1948) Das Unbehagen in der Kultur. GW Bd 14

Freud S (1940) Das Ich und das Es. GW Bd 13

Heidegger M (1963) Sein und Zeit, 10. Aufl. Niemeyer, Tübingen

Hole G (1977) Der Glaube bei Depressiven. Enke, Stuttgart

Jung CG (1943) Über die Psychologie des Unbewußten. Rascher, Zürich

Jung CG (1954) Von den Wurzeln des Bewußtseins. Rascher, Zürich

Meerwein F (1959) Überlegungen zum Schuldproblem bei Depressiven (zit. n. Condrau, S. 120)

Neidhardt W (1969) Theologische und psychologische Aspekte der Schulderfahrung. Wege zum Menschen 21/3

Nietzsche F (1953) Zur Geneaologie der Moral. Kröner, Stuttgart

Odier C (1953) Les deux sources, consciente et inconsciente de la vie morale. La Baconnière, Neuchâtel

Rahner K (1962) Schuld und Schuldvergebung. In: Bitter W (Hrsg) Angst und Schuld, 3. Aufl. Klett, Stuttgart

Schaetzing E (1955) Wege zum Menschen 7

Scharfenberg J (1972) Jenseits des Schuldprinzips? In: Scharfenberg J (Hrsg) Religion zwischen Wahn und Wirklichkeit. Furche, Hamburg

Schneider K (1950) Zur Aufdeckung des Daseins durch die zyklothyme Depression. Nervenarzt 21:193–194

Schultz-Hencke H (1965) Der gehemmte Mensch, 2. Aufl. Thieme, Stuttgart

Siebenthal W von (1956) Schuldgefühl und Schuld bei psychiatrischen Erkrankungen. Rascher, Zürich
Sommer B (1962) Über neurotische Angst und Schuldgefühle. In: Bitter W (Hrsg) Angst und Schuld, 3. Aufl. Klett, Stuttgart
Stein, E von (1978) Schuld im Verständnis der Tiefenpsychologie und Religion. Walter, Olten Freiburg
Tellenbach H (1976) Melancholié, 3. Aufl. Springer, Berlin Heidelberg New York
Thomas K (1964) Handbuch der Selbstmordverhütung. Enke, Stuttgart
Tillich P (1964) Der Mut zum Sein, 5. Aufl. Steingrüben, Stuttgart
Tournier P (1959) Echtes und falsches Schuldgefühl. Rascher, Zürich Stuttgart
Trillhaas W (1953) Die innere Welt, 2. Aufl. Kaiser, München
Weitbrecht HJ (1952) Zur Typologie depressiver Psychosen. Fortschr Neurol Psychiatr 20:247–269
Weitbrecht HJ (1960) Leid, Schuld und Neurose. Confinia Psychiatr 3:65–84

Familiendynamische Aspekte der Aggression

Christian Reimer

Familie und seelische Krankheit

Es werden zunächst 2 kurze Szenen einer Familie geschildert, die ich in den letzten 2 Monaten in der Klinik erlebt habe.

Eine 30jährige Beschäftigungstherapeutin mit einer bipolaren affektiven Psychose und sowohl hypomanischen wie depressiven Stimmungsschwankungen während des stationären Aufenthalts suizidierte sich für uns alle unerwartet auf einer offenen Station der Klinik durch Ersticken unter einer Plastiktüte. Als die Eltern informiert waren und dann kamen, erlebten wir in dem Zimmer, in dem die Tote lag, eine Familienszene, die ganz durch die Mutter gestaltet wurde. Diese äußerte zunächst den Wunsch, bei der Tochter bleiben zu können, bis sie abgeholt würde, und forderte dann die übrigen Familienmitglieder (Vater, Schwester und Bruder) auf, sich von der Toten zu verabschieden. Die Geschwister traten an das Bett, und die Mutter drückte zunächst den Kopf der Schwester auf das Gesicht der Toten, bis der Verlobte einschritt und sie zurückzog. Der jüngere Bruder wurde von der Mutter gezwungen, sich mit einem Kuß von seiner toten Schwester zu verabschieden. Dabei hatte die Mutter seinen Kopf längere Zeit, ebenso wie zuvor bei der Schwester, auf die Tote gepreßt. Die beiden anwesenden Klinikassistenten waren erschrocken von dem Ausmaß an Gewalttätigkeit, das sich in dieser Szene offenbarte.

In einem abschließenden Gespräch berichtete uns die Mutter, daß sie bei ihrem letzten Besuch im Krankenhaus das Gefühl gehabt habe, sie werde ihre Tochter nicht mehr lebend wiedersehen. Uns hatte sie davon nichts mitgeteilt. Der Suizid der Tochter erschien ihr nun als Bestätigung ihrer guten Empathie. Im weiteren Verlauf ging es dann im Gespräch überwiegend um Fragen zur Erblichkeit der Erkrankung im Hinblick auf die weitere Familienplanung der beiden Geschwister. Wir hatten dabei den Eindruck, daß v. a. die Mutter von einer möglichen Schuld entlastet werden wollte.

Zehn Tage vor dem Suizid hatte ich die Patientin zu bestimmten Aspekten ihrer Biographie nachexploriert und kam auch auf die Frage nach möglichen Auslösern bzw. Hintergründen ihrer Erkrankung zu sprechen. Die Patientin fing dabei an zu weinen und berichtete mir, daß ihre sehr dominante Mutter – der Vater, ein als weich und herzlich geschilderter Kapitän, war berufsbedingt meistens abwesend – immer und oft auch erfolgreich versucht habe, ihre Männerbekanntschaften zu boykottieren. So war die Patientin in einer sehr ambivalenten, deutlich spürbaren Abhängigkeit von ihrer Mutter zutiefst davon überzeugt, daß es ihr ja doch nie gelingen werde, einen Mann für sich zu finden. Die Mutter hatte der Patientin übrigens vorgeschlagen, ihre Wohnung aufzugeben und ins Elternhaus zurückzuziehen, damit sie dort für ihre Eltern im Alter sorgen könne.

Eine weitere Skizze:

Vor kurzem verschwand eine 22jährige Patientin, von Beruf Erzieherin, überraschend von einer unserer Stationen. Sie war 6 Wochen zuvor nach einem Selbstmordversuch, bei dem sie sich tiefe Schnitte an beiden Handgelenken mit Gefäß- und Sehnendurchtrennungen zugefügt hatte, bei uns aufgenommen worden. Hintergrund für diese Handlung war eine multiple Enttäuschungssituation. Die durch uns und die Polizei eingeleitete Suche blieb bisher ohne Erfolg. Als die Eltern nach 2 Tagen zu uns kamen, wirkten beide wenig betroffen, obwohl sie, z. T. zusammen mit der Polizei, u. a. in einem nahegelegenen Fluß nach ihrer Tochter gesucht hatten. Die Mutter imponierte uns gegenüber mit 2 Aussagen: 1) Sie hoffe doch sehr, daß die Polizei nicht noch einmal am Arbeitsplatz ihres Mannes erscheine, und 2) ob wir wohl abschätzen könnten, wie teuer die Beerdigung sein würde. Die Mutter rechnete also offenbar fest mit dem Tod ihrer Tochter. Einige Tage danach berichtete uns die Polizei, daß die Eltern auf der Wache erschienen seien mit dem Anliegen, ihre Tochter für tot erklären zu lassen. Die Polizisten fragten uns, ob die Eltern gestört sein könnten.
Wegen der relativen Verschlossenheit unserer Patientin hatten wir ihre frühe Biographie nur lückenhaft aufklären können. Fest stand aber, daß sie als Kind von ihrer Mutter mit Schlägen, Verbrennungen und Liebesentzug durch wochenlanges Schweigen schwer physisch und psychisch mißhandelt worden war. Der Vater war ebenfalls berufsbedingt meistens abwesend gewesen und hatte sich in Erziehungsfragen nicht eingemischt. – Soweit diese klinischen Eindrücke.

Es ist evident, daß der Familie eines Menschen bzw. seiner Sozialisation in ihr in vielfacher Hinsicht eine zentrale Bedeutung zukommt. Ich meine die Entwicklung und Ausformung der eigenen Person, des Selbst, und das Einüben von Sozialverhalten innerhalb des Systems Familie sowie die komplexen bewußten und unbewußten Wechselwirkungen, die sich daraus ergeben. Die Erziehungsstile von Eltern sind ein wesentlicher Faktor für die psychische Gesundheit bzw. Krankheit von Kindern.

Diese Zusammenhänge sind von vielen Autoren beschrieben worden. Ich zitiere stellvertretend nur Richter, der in seinen Untersuchungen über *Eltern, Kind und Neurose* (1963) sowie über *Patient Familie* (1970) eindrucksvoll die Rolle des Kindes in der Familie sowie die Entstehungsstruktur und Therapie von Konflikten in Ehe und Familie beschrieben hat. In Anlehnung an die Rollentheorie skizzierte Richter bestimmte traumatische Rollen des Kindes in der Familie:

Das Kind als Partnersubstitut und das Kind als Substitut für einen Aspekt des eigenen elterlichen Selbst, z. B. als Abbild, als Substitut des idealen Selbst oder als Substitut der negativen Identität: die Sündenbockrolle. Diese Rollenzuschreibungen entstehen durch elterliche Übertragungen und Projektionen auf das Kind.

Darauf aufbauend entwickelte Richter (1970) dann eine Typologie von Familienneurosen, wobei er familiäre *Symptomneurosen* und familiäre *Charakterneurosen* unterschied. Das Hauptmerkmal einer familiären Symptomneurose besteht nach Richter (1970, S. 59) darin, daß die Familie eines oder mehrere ihrer Mitglieder „krank macht und als ‚Fall' organisiert". Der Druck auf dieses Mitglied und dessen Symptomproduktion bzw. Dekompensation hat psychodynamisch den Sinn, die übrige Familie von Konflikten zu entlasten. Darauf kann hier nicht näher eingegangen werden, aber schon die kurze Beschreibung einer solchen Familiendynamik macht ja auch das darin enthaltene aggressive Potential deutlich.

Die familiäre Charakterneurose ist dadurch charakterisiert, „daß sich unter dem Druck eines unbewältigten Konfliktes das ‚Kollektiv-Ich' der Familie verändert" (Richter 1970, S. 61). Gemeint ist, daß die Familie ihre Mitglieder nicht in gesund und krank aufspaltet, sondern in einer gemeinsamen neurotischen Welt lebt, die der Abwehr innerfamiliärer Konfliktspannungen dient. Dieses läßt sich gut am Beispiel der paranoiden Familie zeigen, die die Tendenz aufweist, Realität wahnartig umzugestalten bzw. gemeinsam überwertige Ideen und Ideologien zu vertreten, die der innerfamiliären Konfliktabwehr dienen. Die Realität wird uminterpretiert, und zwar v. a. zur Bewältigung von Aggressionen, die in der Familie nicht oder nur ungenügend geleistet werden kann. Richter (1970 S. 91) schreibt dazu:

> Als Repräsentanten des Typs der paranoiden Familie findet man oft Paare oder mehrköpfige Familien, die sich immer wieder erfolgreich darum bemühen, unerträgliche, wechselseitige, feindselige Impulse nach außen gegen einzelne Personen, Gruppen oder Weltanschauungen abzuleiten. Sie schaffen sich die Fiktion guten Einvernehmens, indem sie ihr internes Gruppenproblem externalisieren und sich in der Umwelt Adressaten für Vorwürfe besorgen, die sie eigentlich gegeneinander und ursprünglich sogar meistens unbewußt gegen ihr eigenes Ich richten.

Es sind v. a. in den USA viele weitere Familientypologien entwickelt worden, die sich z. T. auf innerfamiliäre Kommunikationsstile zentrieren. In diesen sowie auch den Untersuchungen mit systemtheoretischem Ansatz werden, was Aggression betrifft, eher indirekte Aussagen getroffen. Erstaunlicherweise ist das Problem der Aggression von Anfang an in der Familientherapie nicht als Konzept aufgetaucht,

obwohl der aggressive Transport in Familien gut beobachtbar und
klinisch sehr bedeutsam ist, wie punktuell noch gezeigt wird.

Bei der Vorbereitung zu dieser Publikation suchte ich natürlich
zuerst spezielle Literatur zum Thema. Im Schlagwortverzeichnis der
Universitätsbibliothek sah ich u. a. unter dem Stichwort „Aggression"
nach; dazu gab es viele Hinweise, aber nicht im Zusammenhang mit
Familie. Bei dem Stichwort „Autoaggression" war es ebenso, so daß
das Ergebnis auch bei anderen Stichworten, die einen Zusammenhang
mit diesem Thema aufweisen konnten, nach langer Suche sehr mager
war. Selbst in neuerer Literatur zur Familientherapie, wie etwa dem
Vokabular von Simon u. Stierlin (1984), ließen sich diese Stichworte
nicht finden.

Vielleicht könnte man aber sagen, daß die Aggressionsproblematik
im Kontext anderer Konzepte zumindest teilweise enthalten ist. Ich
meine damit z. B. das Konzept der schizophrenogenen Mutter
(Fromm-Reichmann 1978) oder das Konzept des „double bind" von
Bateson (1969). Auch im Begriff der Mystifikation von Laing (1975)
sind prinzipiell aggressive Elemente berücksichtigt, ohne aber dezi-
diert ausgesprochen zu sein. Laing meint ja mit Mystifikation einen
Vorgang, durch den Geschehen, also Realität, verwirrt, vernebelt,
maskiert wird und dadurch Konfusion erzeugt. Folge davon ist, daß
richtige durch falsche Erklärungen ersetzt werden bzw. tatsächliche
durch falsche Probleme. Mystifikation kann in Familien ein wichtiger
Bestandteil von Kommunikation sein, „besonders im Hinblick auf
Streitfragen über die Rechte und Pflichten, die jeder in der Familie
hinsichtlich des anderen hat" (S. 112).

> Die wichtigste Funktion der Mystifikation scheint es zu sein, den Status quo
> aufrechtzuerhalten. Sie wird ins Spiel gebracht oder intensiviert, wenn ein oder
> mehrere Mitglieder des Familienverbandes den Status quo bedrohen oder ver-
> meintlich bedrohen durch die Art, in der sie die Situation, die sie mit den
> anderen Familienmitgliedern teilen, erleben oder in ihr handeln (S. 118).

Familie und Aggression

Gewalt gegen Kinder

Es soll jetzt auf einen speziellen Aspekt eingegangen werden, nämlich
auf eine unmittelbare Äußerung von Aggression in Familien, wie sie
sich in Gewalt gegenüber Kindern bemerkbar macht. Ich habe häufig
die Erfahrung gemacht, daß z. B. in psychiatrischen Krankengeschich-
ten äußerst selten Gewalttaten passiver oder aktiver Art exploriert

werden. Gemeint sind damit v. a. körperliche Mißhandlungen im Kindes- und Jugendalter sowie Formen des sexuellen Mißbrauchs. Diesem Thema gegenüber scheint gerade bei Akademikern ein erhebliches Tabu zu bestehen, obwohl wir wissen, daß entsprechende Erlebnisse bei nicht wenigen unserer Patienten vorliegen und teilweise in die Manifestation späterer psychischer Störungen mitverursachend einfließen. Eine kürzlich publizierte Studie aus Neuseeland über die Prävalenz psychiatrischer Erkrankungen nach sexuellen und körperlichen Mißhandlungen – es wurden 2000 Frauen befragt – hat gezeigt, daß die mißhandelten Frauen in den vorgelegten psychopathologischen Tests deutlich höhere Scores hatten. Bei jeder 5. Frau, die sexuell mißhandelt worden war, konnte eine psychiatrische Erkrankung diagnostiziert werden. Der Anteil psychischer Krankheiten war damit bei diesen Frauen deutlich höher als bei denen, die keine entsprechende Anamnese hatten (Mullen et al. 1988).

Aber zunächst ein paar Zahlen zur Größe des Problems: Exakte Statistiken über das Ausmaß an Gewalttaten in Familien, ob gegen Kinder oder gegen Partner, sind aus methodischen Gründen nur schwer zu erhalten. Vermutlich werden die schweren Mißhandlungen dadurch, daß sie in der Regel sichtbar werden, auch leichter erfaßt. Größer ist sicher das Ausmaß an Mißhandlungen, das nicht unmittelbar aufgrund der Folgen entdeckbar ist. Die Juristin Zenz (1981) hat sich mit dem Thema der Kindesmißhandlung in einer Monographie auseinandergesetzt. Sie weist darauf hin, daß bei oberflächlicher Betrachtung Kindesmißhandlung in der BRD ein marginales Problem zu sein scheint. So weist die Kriminalstatistik z. B. für das Jahr 1976 1756 entsprechende Fälle aus; in ca. 300 Fällen kommt es jährlich zu einer strafrechtlichen Verurteilung wegen Körperverletzung. Nun ist gerade in diesem Bereich häufig von der „Spitze des Eisbergs" gesprochen worden: Die Dunkelziffer gilt als extrem hoch. Nach verschiedenen Schätzungen beträgt sie bis zu 95%. Erfahrungen aus anderen Ländern haben gezeigt, daß die Fallzahlen sprunghaft anstiegen, wenn gesetzliche Meldepflicht bestand oder vertrauensärztliche Meldestellen eingeführt wurden. Es wird heute angenommen, daß auf einen registrierten Fall zwischen 10 bis zu 100 nicht registrierte Fälle kommen. Nach Schätzungen in den USA und England werden ca. 1% aller Kinder unter 18 Jahren Opfer von Mißhandlungen. Das reale Ausmaß der Gewalt gegen Kinder wird sich in amtlichen Statistiken aber nie finden lassen.

Etwas klarere Aussagen finden sich bezüglich des *sexuellen* Mißbrauchs von Kindern. Aus der Kriminalstatistik der BRD ist zu ersehen, daß 1981 42 284 Straftaten gegen die sexuelle Selbstbestimmung polizeilich bekannt wurden (Kavemann u. Lohstöter 1984). Davon entfielen auf sexuellen Mißbrauch mit Kindern 12 146 Taten. Die Dunkelziffer wurde nach repräsentativen Untersuchungen auf 1:18 bis 1:20 errechnet, so daß sich eine Zahl von ca. 250 000 sexuell mißbrauchten Kindern jährlich ergeben würde.

Ohne das Problem herunterspielen zu wollen, müssen wir natürlich sehen, daß man sich diesem Thema auch ideologisch bzw. geschlechterpolitisch nähern kann, indem man z. B. alle Männer als potentiell gewalttätig etikettiert und damit suggeriert, daß hinter jeder zweiten Wohnungstür ein Kind gequält werde.

Im folgenden sollen kurz die wichtigsten Erklärungsmodelle zum Phänomen der Gewalt gegen Kinder genannt werden.

In der BRD hat es, überwiegend vertreten von Psychiatrie und Rechtsmedizin, lange Zeit einen Erklärungsansatz gegeben, der sich auf die Psychopathologie des Täters konzentrierte: das Modell des abnormen Täters. In den Einteilungsversuchen von Täterpersönlichkeiten spielte die psychopathische Veranlagung eine führende Rolle und wurde, gelegentlich in Verbindung mit einem ungünstigen sozialen Milieu, als begünstigend für Mißhandlungen angesehen. In dieser mehr anlagezentrierten Sicht von Täterschaft ist der Schuldige gefunden und die guten anderen, wie z. B. die Eltern, sind entschuldet.

Ein weiteres erklärendes Modell verfolgt sozialpsychologische Ansätze, wie sie etwa Horn (1967) in seiner Analyse der Schlagrituale und ihrer gesellschaftlichen Funktion entwickelt hat. Die Familie wird zum Container der psychischen Belastungen, denen die Menschen als Erwerbstätige und Konsumenten ausgesetzt sind.

> In der modernen Kleinfamilie entladen sich all seine [des Menschen, C.R.] psychischen Spannungen, die im organisierten Arbeitsleben entstehen und dort nicht zum Ausdruck kommen dürfen, um nicht dysfunktional zu wirken (S. 20).

Aus dieser Sicht sind es die spezifischen Lebensformen der Kleinfamilie, die Mißhandlungen als Ventil diverser Spannungen begünstigen. Dieser Zusammenhang von psychosozialem Druck und fehlenden Kompensationsmöglichkeiten einerseits und Kindesmißhandlungen andererseits ist in mehreren Untersuchungen bestätigt worden (u. a. Claassen u. Rauch 1980).

Es hat natürlich auch psychodynamische Verstehensansätze zur Erklärung des Phänomens „Gewalt gegen Kinder" gegeben. Hier soll v. a. auf die Studie der beiden amerikanischen Psychoanalytiker Steele u. Pollock (1968) eingegangen werden, die über ihre etwa 5jährige therapeutische Arbeit mit 60 schwer mißhandelnden Eltern berichtet haben. Die Untersuchung bezog sich nur auf Fälle, in denen die mißhandelten Kinder nicht älter als 3 Jahre waren. Die Stichprobe setzte sich aus allen Schichten zusammen. Die Autoren beobachteten zunächst die Interaktion zwischen den Eltern und ihren Kindern und konstatierten, daß diese Eltern von ihren Säuglingen und Kleinkindern eine Menge erwarteten und verlangten. Außerdem war der Anspruch an die Leistungen der Kinder hoch und lag eindeutig jenseits der Verständnisfähigkeit des Kleinkindes:

> Die Eltern behandeln das Kind, als wäre es einige Jahre älter, als es eigentlich ist (Steele u. Pollack 1978, S. 173).

Stelle und Pollock beschreiben eine Fehlwahrnehmung des Kindes durch die Eltern, die aufgrund eigener Defizienzen so mit sich beschäftigt waren, daß sie die Möglichkeiten und Grenzen ihres Kindes nicht adäquat einschätzen konnten. Aufgrund eigener narzißtischer Labilität und Unreife werde das Kind als Quelle von Bestätigung, Trost und liebevoller Zuneigung gesehen. Dieser Vorgang ist als „reversal reaction" (Umkehrreaktion) beschrieben worden.

Die Fähigkeit, Mütterlichkeit oder Väterlichkeit konstant zu vermitteln, setzt voraus, daß die Eltern selbst solche frühen positiven Erfahrungen machen konnten.

> Die Entstehung eines tief verwurzelten Gefühls, versorgt und umsorgt zu werden – von anderen Autoren als Basis des Ur-Vertrauens oder eines ,sense of confidence' bezeichnet –, sehen Steele und Pollock als die wesentliche Grundlage an, auf der sich die übrigen Faktoren zur Mißhandlung konstellieren können (Zenz 1981, S. 220).

Die Mantell-Studie

Abschließend sollen die wichtigsten Ergebnisse einer Studie referiert werden, die mich sehr beeindruckt hat und die bereits Anfang der 70er Jahre und in ungekürzter Fassung 1988 unter dem Titel *Familie und Aggression* von Mantell publiziert worden ist. Im folgenden wird aus dieser Studie zitiert.

Mantell hat die Lebensgeschichten von 50 jungen Amerikanern untersucht. 25 von ihnen hatten sich freiwillig für einen Diensteinsatz in Vietnam gemeldet; sie gehörten zu einer besonderen Einheit der Special Forces (Green Berets) und stellten damit eine Gruppe dar, die spezifisch für Kriegseinsätze trainiert wurde. Die 25 Kriegsdienstverweigerer wurden überwiegend über verschiedene Antikriegsgruppen in den USA rekrutiert. Beide Gruppen, die fast zu gleichen Teilen aus verschiedenen sozialen Schichten stammten, wurden mit einem testpsychologischen Fragebogen, v. a. aber mit sehr ausführlichen Interviews, die zwischen 5 bis zu 12 Stunden dauerten, untersucht. Ich kann auf weitere methodische Einzelheiten hier nicht eingehen, möchte aber noch etwas zum Ziel der Untersuchung sagen: Mantell ging davon aus, daß Gewaltlosigkeit weniger eine intellektuelle Leistung als vielmehr eine eingeübte und sehr emotionale Lebensweise sei.

> Sowohl das gewalttätige, als auch das gewaltlose Potential im Menschen muß gelernt werden. Beide Möglichkeiten werden gelernt in der Familie, in der Schule, in sozialen Gruppen und durch die Massenmedien.

Sinn der Studie war es,

> die sozialen und psychischen Wurzeln der „Verpflichtung" zu erforschen und zu dokumentieren.

Der Autor definierte „Verpflichtung" als

> „die Übersetzung privater Empfindungen in sichtbare und administrativ registrierte öffentliche Handlungen, die ein bedeutendes Risiko für die Wohlfahrt des einzelnen mit sich bringen" (Mantell 1988, S. 13).

> Diese Studie basiert auf der Hypothese, daß Familien, gleich welcher geographischen Herkunft und wirtschaftlichen Stellung, in ihren Kindern das Potential für soziopolitische Handlungen fördern, das sich viele Jahre später auswirkt (Mantell 1988, S. 24).

Mantell wollte mit seiner Untersuchung den Einfluß der Familie auf die Heranbildung von Pro- und Antikriegsaktivisten zeigen.

In den Interviews ging es im Bereich Herkunft und Kindheit u. a. um die Familienatmosphäre, um die elterliche Ehe, um die Beziehung zwischen Eltern und Kindern und um Erziehungsmethoden. Ich beschränke mich hier auf die Erwähnung der wichtigsten Ergebnisse zu diesen Teilaspekten im Vergleich der beiden Gruppen untereinander.

Die Einschätzung der *Familienatmosphäre* erfolgte anhand der umfangreichen schriftlichen Protokolle durch voneinander unabhängige Rater. Fast alle von ihnen beschrieben die Familien der Kriegsfreiwilligen als

> stark konformistisch, hart, autoritär, intolerant und nicht-intellektuell ..., die große Mehrheit auch als aggressiv, unduldsam, gereizt, emotional isoliert, rigide, gespannt, gewalttätig und kalt (Mantell 1988, S. 38).

Obwohl in fast der Hälfte der Familien bezüglich der Atmosphäre die Beschreibungen irrational, unsicher und feindselig vermerkt wurden, waren die meisten Familien der Green Berets während der entscheidenden Entwicklungsjahre ihrer Kinder intakt, was sich aber überwiegend auf äußere Parameter bezieht, wie z. B. das Ansehen in der Wohngemeinde. Die Beschreibungen dieser Familien als einerseits äußerlich intakt und sozial akzeptiert und andererseits nach innen streng, kalt und konfirmistisch, muß kein Gegensatz sein, sondern spiegelt gut die innere Familienatmosphäre und eine andere für die Außenwelt wider. (In dem amerikanischen Film *Blue Velvet* ist dieser fast perverse Zwiespalt beeindruckend dargestellt: Es wird eine amerikanische Kleinstadtidylle gezeigt, unter deren harmonisch anmutender Oberfläche Haß und Perversionen gelebt werden.) Der Erziehungsstil der Eltern in den Familien der Kriegsfreiwilligen wird als anal-rigide beschrieben, also ein autoritärer Stil, der unbedingte Loyalität gegenüber der Familie verlange, die später auf den Staat als Familie übertragen werde.

Die Familienatmosphäre in den Ursprungsfamilien der Kriegsdienstverweigerer war grundsätzlich anders:

> Die besonderen Eigenschaften ihres Familienlebens, auf die sie [die Probanden, C.R.] wiederholt hinwiesen, waren Gewaltlosigkeit, Rationalität, Toleranz, Flexibilität, Anpassungsfähigkeit, gegenseitige Anteilnahme und Wärme sowie unautoritäres Verhalten ... Politik, soziale Probleme, Krieg und individuelle Verantwortung wurden in diesen Familien häufig diskutiert ... Die meisten der Kriegsdienstverweigerer gaben an, ihr Familienleben sei ruhig, freundlich, entspannt und sanft, ebenso wie stabil und sicher gewesen. Die hervorstechendste Eigenschaft der internen Regelung des Familienlebens war ein großes Maß gegenseitigen Einverständnisses ... Jedem Familienmitglied wurde große Bewegungsfreiheit und Ausdrucksfähigkeit zugestanden ... Der Familienzusammenhalt basierte auf gegenseitigem Respekt und gegenseitiger Zuneigung (Mantell 1988, S. 85ff).

In einem weiteren Punkt des Interviews ging es um die Beschreibung der elterlichen Ehe. Die Kriegsfreiwilligen beschrieben die Ehen ihrer Eltern ungefähr gleich häufig als eher zur Harmonie bzw. eher zur Disharmonie neigend. Fast die Hälfte der Probanden konnte sich nicht daran erinnern, daß ihre Eltern jemals zärtlich zueinander gewesen waren. Nur ein Viertel der Eltern hatte gemeinsame Interessen und ein Sechstel verbrachte die Freizeit zusammen. In bezug auf Streitigkeiten der Eltern war festzustellen, daß die Mehrzahl der Eltern vor ihren Kindern stritten und daß Meinungsverschiedenheiten in aller Regel nicht durch Diskussion und gegenseitiges Einverständnis beseitigt werden konnten. Ein Drittel der Väter und ein Sechstel der

Mütter wurde ihren Ehepartnern gegenüber handgreiflich. In den meisten Familien dominierte eindeutig der Vater, und eine wesentliche Kindheits- und Jugenderinnerung der Soldaten bezog sich darauf, daß ein Elternteil den anderen überwältigte und die Streitpunkte ungelöst blieben.

Bei den Kriegsdienstverweigerern ergab sich auch in diesem Punkt ein atmosphärisch ganz anderes Bild: Fast alle von ihnen berichteten, daß ihre Eltern miteinander zufrieden waren und sich gut vertrugen. Diese Ehen waren hauptsächlich durch gegenseitigen Respekt und Kameradschaftlichkeit gekennzeichnet. Die Ehepartner billigten einander weitgehende Unabhängigkeit zu und fanden bei Spannungen in der Regel einen Modus vivendi, der auf Anhören der Meinung jedes einzelnen und auf Rationalität fußte. Die Eltern handelten häufig in gegenseitigem Einverständnis und konnten meistens dadurch ihre Meinungsverschiedenheiten lösen, daß sie Probleme miteinander diskutierten. Die Hälfte der Kriegsdienstverweigerer hatte das Gefühl, daß ihre Eltern gleichberechtigt und gemeinsam entschieden und handelten. Handgreiflichkeiten kamen nicht vor.

Weiterhin wurde im Interview die Beziehung zwischen Eltern und Kindern erfragt.

> Die Mehrheit der Green Berets hatte das Gefühl, daß ihre Väter die Beziehung zwischen ihren Eltern und ihnen dominierten (S. 45).

> Körperstrafen wurden insgesamt als Erziehungsmittel häufig angewandt, und zwar am meisten von den Müttern, aber am schwersten von den Vätern.

> So gut wie alle Eltern waren strenge Erzieher, drohten ihren Kindern mit körperlichen Strafen, teilten diese aus, verlangten unerschütterlichen Gehorsam und erreichten ihre Kontrolle über die Kinder hauptsächlich durch Einflößung von Furcht (S. 46).

Bei den Kriegsdienstverweigerern meinten die meisten, daß ihre Mütter die wichtigere Rolle in der Erziehung gehabt hätten.

> Keiner der Kriegsdienstverweigerer wurde körperlich schwer bestraft, und der Großteil wurde selten oder nie geschlagen. Fast alle Eltern stimmten in ihren Ansichten über Kindererziehung überein, und die meisten waren etwa gleich nachgiebig und streng. Die Kriegsdienstverweigerer kannten kaum Furcht vor ihren Eltern (S. 95).

Der letzte Punkt, der hier berücksichtigt werden soll, bezieht sich auf die Erziehungsmethoden der Väter. Bei den Kriegsfreiwilligen waren, wie schon erwähnt, die häufigsten disziplinären Maßnahmen körperliche Strafen. Dazu kamen andere Formen von Strafen, wie Drohungen, negative Kritik, Einschränkungen und Entzug von Privilegien. Die Väter der Kriegsdienstgegner erzogen dagegen überwiegend mit Lob, rationalen Auseinandersetzungen und Belohnung. Wenn Strafen ausgesprochen oder ausgeführt wurden, bestanden sie überwiegend in negativer Kritik, Restriktionen oder Entzug von Privilegien. Körperliche Mißhandlungen in Form von Schlägen waren eher selten, wobei die Väter in Erinnerung ihrer Söhne nach solchen Aktionen häufig Beschämung zeigten.

Möglichkeiten der Prävention

Es war meine Absicht, punktuell einige Studien vorzustellen, die mit unterschiedlichen Ansätzen Aggression in familiendynamischen Zusammenhängen untersucht haben. Der adäquate Umgang mit Aggressionen ist offenbar eine der schwierigsten Aufgaben in der menschlichen Sozialisation. Das Erlernen und Erleben von Aggression als konstruktive affektive Äußerung, die nicht zu Verlust von Objektkonstanz führen muß, ist häufig gestört. Manche Menschen machen lebensgefährliche Anstrengungen mit aggressiven oder autoaggressiven Mitteln, um auf sich aufmerksam zu machen, verstanden und geliebt zu werden. Wir sind als Psychiater und Psychotherapeuten vielfach mit solchen Menschen konfrontiert, wenn wir z. B. suizidale, neurotisch gehemmte oder auch psychosomatisch gestörte Patienten sehen. Andererseits wird jeder von uns in einem größeren gesellschaftlichen Zusammenhang tagtäglich mit den Folgen von Aggressionsproblemen durch die Medien konfrontiert. Die bevorzugte Präsentation entsprechender Meldungen erscheint mir sehr auffällig – als ob eine unstillbare Gier bestünde, alle Menschen möglichst schnell und ausführlich über Katastrophen, Kriege, Mord und Totschlag in der Welt zu informieren. Eine Frage für uns könnte sein, ob wir das alles so schicksalsergeben und resigniert hinnehmen müssen und uns auch weiterhin zurückziehen in unsere ärztlichen Tätigkeiten der Versorgung oder Besserung von individuellen Krankheiten.

Meine Erfahrungen bei der Supervision von Kollegen in den Bereichen Psychiatrie und Psychotherapie sind wesentlich davon mitgeprägt, daß ein nicht geringer Anteil von ihnen nach anfänglichem Idealismus und großen Erwartungen an das Veränderungspotential ihrer Patienten ernüchtert zurücksteckt, weil sie so häufig mit chronifizierten, sehr unglücklichen Lebensschicksalen zu tun haben und am Ende einer langen Entwicklung den Eindruck haben, kaum noch etwas bewirken zu können.

Diese Enttäuschung wird unterschiedlich verarbeitet: entweder durch Rückzug auf fast ausschließlich pharmakopsychiatrisch-therapeutische Tätigkeit oder durch Nischenbildung im Bereich der Psychotherapie, die viele schwerer gestörte Patienten nicht mehr erreicht oder auch nicht erreichen soll.

Es ist eine Gefahr der Sozialisation zum Arzt, daß wir unsere Identität überwiegend aus dem Auftrag zur Reparatur von Schäden beziehen und nicht so sehr aus der Verpflichtung zu deren Vorbeugung. Bei dem Wissen, das wir über die psychische Entwicklung des Menschen und ihre Störungsmöglichkeiten haben, wäre es nur konsequent, wenn wir mehr als bisher einen Aspekt in unsere Identität einbeziehen, der den Arzt auch als Aufklärer und Humanisten verpflichtet. Statt immer nur im gewachsenen Dickicht von Angst und Abwehr unserer Patienten zu arbeiten, halte ich es für notwendig, daß wir mehr als bisher zur Prävention psychischer Störungen beitragen. Das ist in vielfältiger Weise möglich, z. B. durch Vorträge in Schulen, vor Elternvereinen und kirchlichen Organisationen, also bevorzugt vor all denen, die primär mit Kindern und Jugendlichen zu tun haben und deren Entwicklung und Psychohygiene beeinflussen können. Es gab und gibt einige wenige Beispiele für diese Art von präventiver Einflußnahme: z. B. Meng in der Schweiz, Richter in der BRD und Strotzka und seine Mitarbeiter in Österreich. Diese psychohygienische und damit auch politische Dimension ärztlicher Tätigkeit könnte m. E. einen Teil der Aggressions- und Autoaggressionspathologie verhindern helfen.

Literatur

Bateson G (1969) Schizophrenie und Familie. Suhrkamp, Frankfurt am Main
Claassen H, Rauch U (1980) Gewalt gegen Kinder aus sozialpädagogischer Sicht. Pahl-Rugenstein, Köln
Fromm-Reichmann F (1978) Psychoanalyse und Psychotherapie. Klett-Cotta, Stuttgart
Horn K (1967) Dressur oder Erziehung. Schlagrituale und ihre gesellschaftliche Funktion. Suhrkamp, Frankfurt am Main
Kavemann B, Lohstöter I (1984) Väter als Täter. Rowohlt, Reinbek
Laing RD (1975) Mystifikation, Konfusion und Konflikt. In: Boszormenyi-Nagy I, Framo JL (Hrsg) Familientherapie – Theorie und Praxis. Rowohlt, Reinbek, S 110–129
Mantell DM (1988) Familie und Aggression. Fischer, Frankfurt am Main
Mullen PE, Romans-Clarkson SE, Walton VA, Herbison GP (1988) Impact of sexual and physical abuse on women's mental health. Lancet I/8590:841–845
Richter HE (1963) Eltern, Kind und Neurose. Klett, Stuttgart
Richter HE (1970) Patient Familie. Rowohlt, Reinbek

Simon FB, Stierlin H (1984) Die Sprache der Familientherapie – Ein Vokabular. Klett-Cotta, Stuttgart

Steele BF, Pollock CB (1968) Psychiatric study of parents who abuse infants and small children. In: Helfer RE, Kempe CH (eds) The battered child. Chicago Univ Press, Chicago London

Zenz G (1981) Kindesmißhandlungen und Kindesrechte. Suhrkamp, Frankfurt am Main

Diskussion

Leiter: Prof. Dr. med. Peter Berner, Wien
Teilnehmer: Prof. Dr. med. Walter Pöldinger, Basel
                   Prof. Dr. Leopold Rosenmayr, Wien
                   Priv.-Doz. Dr. med. Jiří Modestin, Bern
                   Dr. med. Alfred Denzel, Heilbronn
                   Prof. Dr. med. Klaus Böhme, Hamburg
                   Prof. Dr. med. Richard Dirnhofer, Basel

Berner:
Vielen Dank, Herr Reimer, daß Sie einen besonderen Aspekt sehr stark ins Relief gesetzt haben: die Beziehung zwischen Familie und Aggression. Wie Sie uns mit dem Beispiel der Familienuntersuchungen nahegebracht haben, können gewisse Erziehungsstile zur Forcierung aggressiven Verhaltens beitragen. Damit sind wir angestoßen, über den in letzter Zeit etwas verlorengegangenen Aspekt der Prävention und der psychischen Hygiene nachzudenken. Dies wird sicher ein wichtiges Thema der Diskussion sein.

Pöldinger:
Meine Frage an Prof. Rosenmayr wäre, wie sich der heutige Stand der Diskussion, die mit Durkheim begonnen hat, darstellt, inwieweit zwischen dem Zustand einer Gesellschaft und der Häufigkeit von Suiziden ein Zusammenhang besteht.

Rosenmayr:
In meinem Vortrag habe ich aus zeitlichen Gründen die theoretische Konzeption von Emile Durkheim nicht ausgeführt. Vielmehr wollte ich so etwas wie ein Panorama für Aggression und Selbstaggression in unserer heutigen Welt darstellen. Dennoch halte ich es für wichtig, einige Worte darüber zu sagen. Mit Recht haben Sie das Anomiekonzept von Durkheim hervorgehoben: „A" als α-Privativum zu Nomos (Gesetz), also dem „Anomie"-Zustand einer Regel- und Gesetzlosig-

keit. Durkheim hat diesen Begriff der Anomie um 1900 sowohl in seinem Werk über den Selbstmord als auch in seinem Buch über die Arbeitsteilung eingeführt. Er wollte damit ausdrücken, daß sich im Zusammenhang mit Industrialisierung und gesellschaftlicher Entwicklung die ursprüngliche „mechanische" Solidarität, also die sehr stark an Regeln gebundene Fähigkeit der Integration in einer Gesellschaft, auflöst und sich unter Schmerzen und Agonie das, was er die „organische" Solidarität genannt hat, entwickeln würde. Unter „organischer Solidarität" hat Durkheim verstanden, daß die Menschen mit mehr Freiwilligkeit und mit mehr innerer Zustimmung als in den alten, z. B. stammesgesellschaftlichen Systemen, kooperieren würden. Durkheim war sehr daran gelegen (er kam aus einem religiös-jüdischen Hintergrund mit Gemeinschaftserfahrung innerhalb seiner Religion), darauf hinzuweisen, daß Selbstzerstörung, Autoaggression, überall dort, wo es zu einer Entwicklung von „organischer" Solidarität kommt, gebremst und zurückgehalten wird.

Von entscheidender Bedeutung an Durkheims Konzeption für die Gesamtdiskussion von Anomie und ihrer Überwindung durch Solidarität ist meiner Meinung nach seine folgende Aussage: „Es gibt für die gesellschaftlich erfolgende Bedürfnisbefriedigung des Menschen eine Zweck-Mittel-Relation." Dort, wo die Mittel nicht ausreichen, um Bedürfnisse zu befriedigen, entsteht eine anomische Situation, die man als hochaggressiv geladen betrachten kann. Wo Armut, wo Not, wo Mangelerscheinungen auftreten, also nach einer Katastrophe, wird geplündert, weil jeder irgendwie zu überleben sucht. Wo die Mittel nicht ausreichen, um Grundbedürfnisse zu befriedigen, entsteht also Anomie.

Aber Durkheim war – trotz vieler Kritik, die ich ihm gegenüber anzubringen habe, möchte ich das hervorheben – ein sehr weit vorausschauender Mann. Denn um 1900 bereits sagte er, daß mit zunehmendem Wohlstand, dort, wo die Mittel in der Bedürfnisbefriedigung gleichsam überborden, es zu anomischen Syndromen kommen wird. Wir sollten darüber diskutieren, ob die Übersättigung durch Konsumismus und die Überschüttung mit Gütern aggressionsfördernd sein können. Durkheim hat gesagt, sie wären anomieproduzierend.

Inwieweit wir den Begriff der Anomie auf Aggression und Selbstaggression übertragen dürfen, wäre ebenfalls zu diskutieren. Die utopische Hoffnung auf eine „organische" Solidarität war m.E. eine große Täuschung. Durkheim hat sich dem Irrtum hingegeben, zu glauben, daß durch Arbeitsteilung, durch größere Differenzierung in den Arbeitsleistungen, die „organische" Solidarität gestärkt würde, weil die Menschen durch diese höhere Differenzierung vielfach aneinander gebunden sein würden. Mit Recht hat er jedoch festgestellt, daß dort, wo die Mittel die Bedürfnisbefriedigung gleichsam überborden, auch mit anomischen Situationen zu rechnen sein wird. Dies hat er natürlich auch mit seiner Selbstmordkonzeption verbunden.

Modestin:
Wir haben gehört, das Ausleben der Aggression führe nicht unbedingt zu deren Auslöschung. Die Aggression werde möglicherweise aufgrund von Schuldgefühlen fortgesetzt. Klinisch erleben wir häufig, daß da ein Umschlag in Selbstaggression stattfindet. Dabei stellt sich die Frage nach den Bedingungen eines solchen Umschlags, der Ebene, auf welcher er stattfindet, und mit welchen Methoden wir dies am besten erklären können.

Suizid wurde hier wiederholt mit der Aggressivität in Verbindung gebracht. Im präsuizidalen Syndrom kommt dies deutlich zum Ausdruck. Ich will noch erwähnen, daß es in der letzten Zeit Versuche gibt, die Rolle der Aggressivität beim Suizid etwas zu relativieren, z. B. von Shneidman, der den Aspekt der Hilflosigkeit und Hoffnungslosigkeit auch beim vollendeten Suizid betont. Aggressivität haben wir auch v. a. mit der Destruktivität in Verbindung gebracht. Es gibt Versuche, die Aggressivität ein bißchen anders zu sehen, nicht nur in diesem negativen Licht. Die Ich-Psychologen Blanck und Blanck z. B. sehen die Aggressivität als einen wichtigen Faktor im Laufe der individuellen Entwicklung an; als Faktor eben, der Individuation und Separation ermöglicht.

Prof. Pöldinger hat die Suggestivwirkung des Suizids angesprochen. Sie läßt sich nicht immer nachweisen, offensichtlich spielt sie hauptsächlich bei Jugendlichen eine Rolle, vielleicht weniger bei älteren Menschen, und auch bei psychisch schwerkranken hospitalisierten Patienten läßt sie sich nicht nachweisen. Eine letzte Bemerkung zu der bekannten „Ruhe vor dem Sturm": hier scheint mir ein wichtiges Zeichen, daß bei Parasuizidanten eine „Ruhe vor dem Sturm" offensichtlich so gut wie nie vorkommt.

Denzel:
Ein Aspekt, der mich hier sehr beeindruckte, ist, daß auch bei Leuten, die sich mit Wissenschaft befassen und daher auf Sachlichkeit zentriert sind, emotionale Faktoren in die Diskussion einfließen. Ein weiterer Aspekt bezieht sich auf die Suizidalität. Es gibt nachweislich Gesellschaften – ich kann hier keine Literatur angeben, habe es aber vielfach gelesen –, in denen der Suizid ganz selten ist, in denen überhaupt Aggression sehr selten ist. Deshalb meine ich, daß der Faktor

der Gesellschaft und der Umgebung sicher einen großen Einfluß darauf ausübt, ob wir Suizide haben oder nicht. Der andere Faktor der Suizidalität ist sicherlich – so wie ich ihn sehe – ein genetischer Faktor, ein Faktor in der Erbanlage. Aus Anamneseerhebungen wissen wir das ja schon lange. Auf der anderen Seite erleben wir in unserer Zeit, daß Aggression sehr stark gedämpft wird – Lehrer dürfen nicht mehr prügeln, nicht mal eine Ohrfeige geben. Wenn nur der geringste Anhalt dafür spricht, daß jemand irgendwie aggressiv reagiert hat, wird er gleich in der Zeitung als prügelnder Lehrer diffamiert. Trotzdem ist die Zahl der Aggressionen, seien es sexuelle Aggressionen oder die Suizide, nicht gesunken, sondern eher gestiegen. Wir haben in der Bundesrepublik Deutschland etwa 10000 Suizide im Jahr und etwa gleich viele Verkehrstote. Weder durch Erziehung noch durch kulturelle Einflüsse konnte diese Situation geändert werden. Leider wurden diese Faktoren auch von unseren Wissenschaftlern noch nicht in der Weise durchleuchtet, daß wir Therapieansätze ableiten könnten.

Böhme:
Ich möchte gerne auf zwei Aspekte eingehen und sie am Beispiel des Kronprinzen Rudolf festmachen; das darf ich vielleicht auch als Nicht-Österreicher tun. Zunächst eine Bemerkung zum Vortrag von Prof. Rosenmayr: Die präsuizidale Situation und Konstellation ist ja auch ganz ausdrücklich geprägt durch den Kommunikationsstil in einer Gesellschaft und den Kommunikationsstil in den Familien. Wenn man die von Herrn Rosenmayr skizzierte archaische Familienstruktur nimmt, in der zwischen Beziehungs- und Bedeutungsaspekten von dem, was verhandelt wird, kaum noch Trennungen möglich sind, dann wird einem vielleicht auch deutlich, daß ein junger Mann in der Not eines Heranwachsenden und in der Not eines Menschen, dessen Wertewelt eine andere zu werden beginnt als die, auf der er sich eigentlich gründen sollte, in dieser Familie nun mit niemandem mehr reden kann. Deshalb erscheint es mir gar nicht zufällig, daß die Selbstmordhinweise Rudolfs an die Kammerzofe seiner Mutter, an seine eigene Geliebte, ins Leere laufen, und zwar, weil sie auf der einen Seite beim Wiener Polizeipräsidenten auf eine Aggressionsbesetzung, auf der anderen Seite bei der Kammerfrau auf eine Angstbesetzung stoßen und deswegen ins Leere gehen; insofern sicher alles andere als etwas Zufälliges.
Der zweite Aspekt, der mich ein wenig bewegt hat, ist bisher noch nicht zur Sprache gekommen. Er ist viktimologischer Natur. Nun ist Viktimologie ein etwas zweischneidiges Geschäft. Man zieht sich

leicht den Vorwurf zu, daß man den Opfern zu ihrem Opfersein auch noch eine Schuld am Zustandekommen der Tat zumißt. Aber ich denke, wenn man davon ausgeht, daß bis in die heutigen Tage hinein eine Restdiskussion da ist, ob sich Rudolf denn eigentlich umgebracht habe oder ob er umgebracht worden sei, dann liegt dies ja möglicherweise daran, daß er bis in die letzte Zeit vor seinem Tod eigentlich ambivalent gewesen ist und daß es möglicherweise jetzt des geeigneten Opfers, auch in viktimologischer Sicht, bedurfte, um ihn diesen Schritt tun zu lassen. Mary Vetsera war ja vielleicht in ihrer eigenen Todessehnsucht im Hinblick auf die sonst nicht gelingende Vereinigung mit dem Geliebten diejenige, die diese Ambivalenz im letzten hat zum Entschluß reifen lassen, so daß sie Opfer und Täterin in einem gewesen ist und diesen Selbstmord vielleicht an diesem Tag überhaupt erst ermöglicht hat.

Pharmakotherapie pathologischen aggressiven und autoaggressiven Verhaltens

Bruno Müller-Oerlinghausen

Die vorangehenden Beiträge dieses Buches zeigen, welche große praktische Bedeutung pathologische Formen von Aggression und Selbstaggression besitzen. Aggressives Verhalten begegnet uns in der Klinik bei manischen und bei akut oder chronisch schizophrenen Patienten ebenso wie bei Persönlichkeitsstörungen, aber auch bei Demenzen und anderen organischen Psychosen; autoaggressives Verhalten finden wir v. a. im Zusammenhang mit depressiven Syndromen, der Schizophrenie und dem Alkoholismus. Die Frage nach einer auch medikamentösen Therapie und Prävention dieser Zustände, soweit sie pathologischen Charakter haben, muß also und darf zu Recht gestellt werden.

Über die früher üblichen, rein symptomatischen medikamentösen Behandlungen von Aggressivität und Autoaggressivität im Rahmen der Behandlung anderer Zielsymptome hinaus haben sich in neuerer Zeit spezifische Ansätze entwickelt, die teilweise ihre Bewährung in der Praxis noch abwarten müssen. Sie sollen dennoch hier einmal diskutiert werden, weil sie mit unseren modernen Vorstellungen über die möglichen biologischen Grundlagen von Aggressivität in engem Zusammenhang stehen. Auf letztere soll zunächst kurz eingegangen werden.

Dabei sind die Definition und Abgrenzung geeigneter Konstrukte von Aggression in der tierexperimentellen Forschung nicht etwa leichter als in der Psychologie. Seit etwa einem Vierteljahrhundert ist den Forschern bewußt geworden, daß Aggression nicht ein einheitliches Verhalten darstellt, sondern aus verschiedenen relativ spezifischen Verhaltensweisen zusammengesetzt ist, wie v. a. Moyer (1968) in den 60er Jahren gezeigt hat. Die gleiche biologische Manipulation kann ein bestimmtes aggressives Verhalten, z. B. zwischen rivalisierenden Rattenmännchen stimulieren, dafür aber gar keinen Einfluß auf die defensive, durch Furcht induzierte Aggression, das Beutefangverhalten oder die territoriale Aggression haben. Die Hirnforschung hat durch Stimulations- und Ausschaltungsversuche gezeigt, daß bestimmte neuroanatomische Strukturen für die Auslösung aggressiven Verhaltens eine besondere Rolle spielen (Abb. 1), so z. B. der Mandelkern, der vordere und hintere Hypothalamus, das Septum und andere Kerngebiete. Die Bedeutung dieser Strukturen und insbesondere des Amygdala für die Auslösung und Unterdrückung aggressiven Verhaltens konnte durch Stimulation mittels Tiefenelektroden sowie durch neurochirurgische Eingriffe auch für den Menschen evident gemacht werden (vgl. Valzelli 1981).

Von einem neurochemischen Standpunkt aus ergeben sich ebenfalls interessante Korrelationen mit Parametern aggressiven Verhaltens. Serotonin und die Katecholamine haben hier bislang im Vordergrund des Interesses gestanden (Valzelli 1981, 1984; Mühlbauer 1985). Es fällt auf, daß in fast allen für aggressives Verhalten offenbar relevanten anatomischen Strukturen sich zirkadiane Rhythmen des Serotoningehalts haben zeigen lassen. Bei Ratten, die derartige regelmäßige Veränderungen, die wiederum mit solchen von Katecholaminen oder auch Azetylcholin korreliert sein können, zeigen, wurde auch eine bessere emotionale Stabilität beobachtet.

Im einzelnen sind viele experimentelle Ergebnisse aber sehr widersprüchlich und aufgrund der zu berücksichtigenden zahlreichen regulatorischen und gegenregulatorischen Prozesse schwer interpretierbar; sie sollten keinesfalls simplizistisch etwa so verstanden werden, daß ein Mehr an Serotonin automatisch zu einem Weniger an Aggression führt! Das gleiche gilt für mögliche Zusammenhänge mit der Hirnkonzentration oder dem Turnover von Noradrenalin und Dopamin.

Aus der Fülle biologischer Untersuchungen seien nur noch 3 Aspekte kurz angedeutet: Hinsichtlich einer genetischen Determination von aggressiver Disposition gibt es einige Hinweise, daß die Anwesenheit eines zusätzlichen Y-Chromosoms (X-Y-Y) bei Mensch und Tier die Aggressivität erhöht. Zusammenhänge mit Sexualhormonen sind vielfältig untersucht worden, sie scheinen eher eine unspezifische aggressionserhaltende Funktion zu besitzen (Ehrenkranz et al. 1974; Moyer 1976). Schließlich sei noch auf den Zusammenhang von Aggression und Hypoglykämie hingewiesen, der möglicherweise sogar ethnische Unterschiede an aggressiven Verhalten erklären könnte (Bolton 1973), allerdings über den Nucleus suprachiasmaticus auch wieder eine Beziehung zum serotonergen System herstellen läßt (Linnoila 1988; Virkunnen 1986).

Eine Vielzahl von experimentellen Eingriffen wurde benutzt, um pathologisches aggressives Verhalten zu erzeugen, z. B. das durch Isolation ausgelöste sog. murizide oder Mouse-killing-Verhalten von Ratten. Speziell mit diesem Modell sind viele Hinweise gewonnen

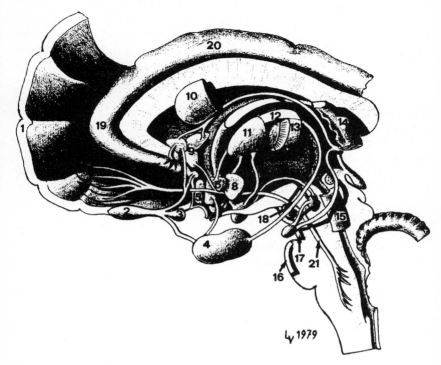

Abb. 1. Wichtige Hirnstrukturen und Kerngebiete im Zusammenhang mit aggressivem Verhalten. (Nach Valzelli 1981)

1 Frontaler Kortex	12 Nucleus dorsomedialis thalami
2 Bulbus olfactorius	13 Ventrolateraler posteriorer Thalamus
3 Tuberculum olfactorium	14 Hippocampus dorsalis
4 Corpus amygdaloidenum	15 Substantia grisea centralis
5 Nucleus praeopticus	16 Tegmentum pontis ventralis
6 Nucleus anterior thalami	17 Tegmentum mesencephali ventralis
7 Nucleus ventromedialis thalami	18 Nucleus ruber
8 Nucleus posterior thalami	19 Gyrus cinguli anterior
9 Paraseptale Kerne	20 Gyrus cinguli medialis
10 Caput nuclei caudati	21 Medianes Stirnhirnbündel
11 Nucleus anterior thalami	

worden, daß solche Art schwer aggressiven Verhaltens mit einem reduzierten 5-HT-Turnover und einem eher erhöhten Noradrenalin-Turnover einhergeht.

Auch bei übermäßig aggressiven, soziopathischen Menschen wie auch bei im Gefängnis einsitzenden Mördern oder Pyromanen wurden erniedrigte 5-Hydroxyindol-Konzentrationen im Liquor bestimmt (Brown et al. 1979; Lidberg et al. 1985; Greenberg u. Coleman 1976; Linnoila et al. 1983; Virkkunen et al. 1987). Als mögliches übergreifendes Konstrukt wird die mangelnde Kontrolle impulsiven Verhaltens diskutiert. Hier mögen sogar diätetische Umstände oder Gewohnheiten eine Rolle spielen (getreidereiche, tryptophanarme Nahrung; vgl. Mawson u. Jacobs 1978).

Es sei an dieser Stelle auch nochmals auf die wichtigsten Befunde für einen möglichen Zusammenhang zwischen Suizidalität, also Autoaggression und zentraler serotonerger Aktivität hingewiesen: Von schwedischen Autoren wurde eine erniedrigte Konzentration des Serotoninmetaboliten 5-Hydroxyindol-Essigsäure (5-HIES) im Liquor von depressiven Patienten mit vorzugsweise brutalen Suizidversuchen nachgewiesen. Diese Befunde wurden in den frühen 80er Jahren von anderen Gruppen in Holland, Ungarn und Spanien repliziert (vgl. zusammenfassende Darstellung bei Åsberg u. Nordström 1988).

Wesentlich erscheint, daß diese Beziehung nosologisch unspezifisch ist und sich auch bei Patienten mit Schizophrenie, Alkoholismus oder Persönlichkeitsstörungen hat zeigen lassen (vgl. Åsberg et al. 1986; Träskman-Bendz 1988).

Von besonders großer praktischer Relevanz dürfte der Befund sein, daß von Patienten, bei denen nach einem Suizidversuch die 5-HIES-Konzentration im Liquor bestimmt wurde, innerhalb von Jahresfrist über 20% an einem Suizid starben, wenn die 5-HIES-Konzentration unter 90 nmol/l gelegen hatte; aber nur 2%, wenn der Wert darüber lag.

Welche Möglichkeiten der Pharmakotherapie aggressiven und autoaggressiven Verhaltens existieren nun derzeit? (vgl. zusammenfassende Darstellung bei Sheard 1984; Eichelman 1987)

Aus den Lehrbüchern der Psychiatrie und der Pharmakologie erfährt man bis zum heutigen Tage kaum mehr, als daß der psychomotorische Erregungszustand mit Neuroleptika, die schwere Suizidalität mit dämpfenden Antidepressiva, Neuroleptika oder Elektrokrampftherapie behandelt wird. Auch wird darauf hingewiesen, daß die Behandlung aggressiven Verhaltens insbesondere bei dementen Patienten unbefriedigend ist bzw. keine spezifischen Studien hierzu vorliegen (Riss u. Barnes 1986).

Die diesbezüglichen Effekte von Neuroleptika sind von Itil u. Wadud (1975) zusammenfassend beschrieben worden. Die Wirkung der Benzodiazepine ist heterogen; sie können neben eindeutig antiaggressiven Eigenschaften u. U. auch aggressionsverstärkende Wirkungen entfalten (vgl. Eichelman 1987).

In der neueren Literatur finden sich allerdings Hinweise auf weitere Möglichkeiten und Entwicklungen. So wurden z. b. Betarezeptorenblocker im Hinblick auf die anfangs erwähnten experimentellen Befunde eingesetzt, um pathologisch-aggressives Verhalten zu kontrollieren. Bei mehr als drei Viertel der insgesamt untersuchten Patienten wurden Erfolge gesehen, allerdings handelt es sich meist um offene Studien (Volavka 1988). Unter 4–8 g l-Tryptophan wurde eine Reduktion aggressiven Verhaltens bei schizophrenen Patienten beobachtet (Morand et al. 1983).

Eine der interessanten Substanzen in diesem Zusammenhang ist Lithium. Eine Vielzahl experimenteller Befunde deutet auf einen serotoninagonistischen Effekt von Lithiumsalzen hin (Müller-Oerlinghausen 1985). Wir konnten einen derartigen zentralen serotoninergen Effekt mittels der durch Fenfluramin induzierten Kortisolsekretion auch am Menschen wahrscheinlich machen und zeigen, daß sich in diesem Modell Responder und Nonresponder einer rezidivprophylaktischen Lithiumlangzeitmedikation deutlich unterscheiden (Mühlbauer u. Müller-Oerlinghausen 1985, sowie unpublizierte Ergebnisse).

Tierexperimentell ist ein antiaggressiver Effekt von Lithium mehrfach belegt (Johnson 1984; Wickham u. Reed 1987). Auch am Menschen sind deutliche antiaggressive Effekte einer Lithiumlangzeitmedikation gezeigt worden (Mühlbauer 1985; Johnson 1984). Wie weit dies auch für aggressives Verhalten bei Kindern zutrifft, ist nicht ganz klar (Campbell et al. 1984; Müller-Oerlinghausen 1986).

An einem langfristig hospitalisierten schizophrenen Patienten mit durch Neuroleptika nicht beeinflußbarem chronisch-soziopathischem Verhalten konnten wir die antiaggressive Wirkung von Lithium eindrucksvoll dokumentieren:

Bei dem Patienten, dessen Mutter sich nach mehreren Suizidversuchen im 60. Lebensjahr suizidiert hatte, bestand seit der Jugendzeit eine chronisch-paranoide Schizophrenie, die auf neuroleptische Therapie nur ungenügend ansprach.
Seit seinem 29. Lebensjahr befand sich der Patient mit kurzen Unterbrechungen ständig in stationärer Behandlung in einem Berliner Landeskrankenhaus wegen paranoider Symptomatik mit Verfolgungs- und Beeinträchtigungsängsten und wiederholten schweren aggressiven Fehlhandlungen. Da der Patient 2- bis 8mal pro Monat unvermittelt Mitpatienten und Mitarbeiter schlug, mußte er ebenso oft fixiert werden, so daß dieses Vorgehen zur Routine wurde. Dreimal versuchte der Patient, während er fixiert war, sich zu verbrennen. Mehrfache Entlassungsversuche scheiterten, da der Patient innerhalb weniger Tage schwere aggressive Fehlhandlungen unternahm. Neuroleptika (2 Ampullen Fluphenazindecanoat alle 14 Tage, Levomepromazin bis 800 mg, Clozapin,

Haloperidol, Perazin), Tranquilizer (Diazepam 40 mg täglich und zur Nacht Flunitrazepam) und verhaltenstherapeutische Ansätze, die in diesem Zeitraum angewandt wurden, führten zeitweise zu einer gewissen Zugänglichkeit und hatten einen geringen Einfluß auf seine Verfolgungs- und Beobachtungsideen, konnten aber nicht verhindern, daß der Patient weiterhin gegenüber Mitpatienten und Pflegepersonal schwere aggressive Tätlichkeiten unternahm.

Im Juni 1984 erfolgte die Verlegung aus der Nervenklinik Spandau in die Psychiatrische Klinik der Freien Universität Berlin mit der Absicht, dort eine Elektrokrampfbehandlung als Ultima ratio durchführen zu lassen.

Schrittweise wurden die Benzodiazepine abgesetzt, wobei der Patient einen Grand-mal-Anfall erlitt, der als Entzugskrampf gedeutet wurde, ohne eine nachfolgende Verhaltensänderung.

Verschiedene Therapieversuche mit hochdosierten Neuroleptika (Clozapin 800 mg täglich, Haloperidol 30 mg täglich, Levomepromazin bis 300 mg täglich, teils als Monotherapie, teils aber auch in Kombination) führten zeitweise zu einer geringen Remission der paranoid-psychotischen Symptomatik mit Wahngedanken, hatten jedoch keinen Einfluß auf die ängstlichen Erregungszustände mit starker vegetativer Beteiligung (Tachykardie, Blässe, Schweißneigung und Beben des gesamten Körpers), in denen der Patient unvermittelt das therapeutische Personal und Mitpatienten tätlich angriff. Daher wurden zusätzlich zu der Gabe von Haloperidol 30 mmol/Tag Lithiumsulfat eingesetzt. Seit Erreichen eines therapeutischen Lithiumserumspiegels zwischen 0,85–1,13 mmol/l im Laufe der 4. Behandlungswoche kam es dann tatsächlich nicht mehr zu aggressiven Durchbrüchen; der Patient gab an, mit seinen Ängsten „besser umgehen zu können" und verhielt sich in vielen kritischen Situationen toleranter, frustationsbereiter und sozialer. In der Nachbeobachtungszeit über 7 Monate hat der Patient keine ängstlichen Erregungszustände gehabt, hat sich nur einmal aggressiv verhalten und mußte nicht mehr fixiert werden (Cabrera et al. 1986; Abb. 2).

Inwieweit auch Carbamazepin eine vergleichbare Wirkung zukommt, muß abgewartet werden (Mattes 1986). Falls dies belegt werden kann, wäre es im Hinblick auf die mögliche Beteiligung gabaerger Systeme auch von theoretischem Interesse (Eichelman 1987; Burkhardt 1989).

Die suizidpräventive Wirkung von Lithium ist überraschenderweise kaum systematisch untersucht worden. Wir haben dazu aus unserer 20jährigen Lithiumambulanz erste Analysen kürzlich vorgelegt, die zum einen zeigen, daß über diesen Zeitraum die ursprünglich auf das 2- bis 3fache erhöhte Mortalität von Patienten mit affektiven Psychosen auf den Normalwert der bundesdeutschen Bevölkerung reduziert wird (Abb. 3), und daß bei einer ausgewählten Risikopatientenpopulation die Zahl der Suizidversuche von 1,17 auf 0,18/Patient, d. h. um 85% abnahm. Der wesentliche Faktor für das insgesamt seltene Vorkommen von Suiziden schien das Absetzen einer Lithiumlangzeitmedikation zu sein (Causemann u. Müller-Oerlinghausen 1988; Ahrens u. Müller-Oerlinghausen, in Vorbereitung).

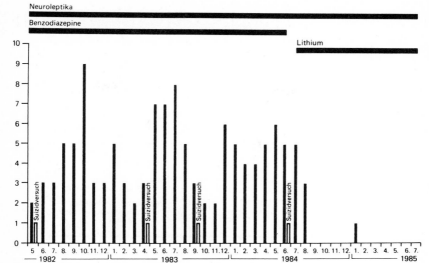

Abb. 2. Wirkung von Lithium auf aggressives und suizidales Verhalten bei dem im Text beschriebenen Patienten. Die *Ordinate* gibt die kumulative Zahl tätlicher Angriffe gegen Pflegepersonal und Mitpatienten im jeweiligen Kalendermonat *(Abzisse)* an. Mit *weißen Säulen* sind Suizidversuche markiert. *Schwarze horizontale Balken* kennzeichnen die Dauer der jeweiligen medikamentösen Therapie

Fenfluramin, der schon oben erwähnte Appetitzügler, der serotoninagonistische Eigenschaften besitzt, wurde in einer Studie bei suizidalen Patienten eingesetzt und bewirkte einen Rückgang der Suizidalitätscores (Meyendorff et al. 1986).

Das Antidepressivum Fluvoxamin, ein selektiver Serotoninaufnahmehemmer, zeigt im Tierversuch relativ schwache antiaggressive Eigenschaften. Innerhalb einer großen vergleichenden Studie wurde i. V. zu Imipramin und Plazebo eine sehr ausgesprochene antidepressive Wirkung von Fluvoxamin bei suizidalen Risikopatienten beobachtet (Wakelin 1988; Abb. 4).

In den letzten Jahren bahnt sich eine besonders interessante und vielversprechende Entwicklung an, nachdem mit der verbesserten Kenntnis der verschiedenen Serotoninrezeptortypen nun auch Substanzen entwickelt werden, die spezifisch agonistisch oder antagonistisch auf z. B. 5-HT$_1$- oder 5-HT$_2$-Rezeptoren einwirken. Dabei sind unter der Vorstellung eines Zusammenhangs zwischen v. a. dem 5-HT$_{1B}$-Rezeptor und aggressivem Verhalten Substanzen synthetisiert worden, die im Tierversuch sehr spezifisch verschiedene Formen von aggressivem Verhalten hemmen, ohne das sonstige z. B. lokomotori-

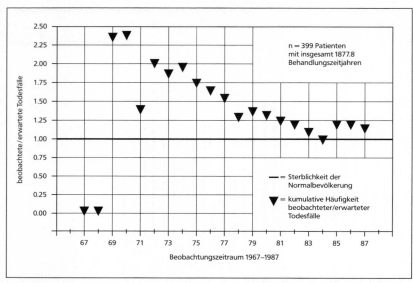

Abb. 3. Mortalität von Patienten mit affektiven Psychosen der Berliner Lithiumkatamnese über 20 Jahre. Rückgang der anfangs bestehenden Exzeßmortalität, die jeweils in bezug auf die Sterblichkeit der Normalbevölkerung in der Bundesrepublik Deutschland berechnet wurde (Beachtungszeitraum 1967–1987, n = 399 Patienten mit insgesamt 1877,8 Jahren Behandlungszeit)

sche oder explorative Verhalten der Tiere zu beeinflussen. Man hat derartige Substanzen „Serenica" genannt (Olivier et al. 1986). Ein besonders interessanter Vertreter ist das Eltoprazin, das von Olivier u. Mos (1988) ausführlich untersucht wurde.

Abbildung 5 zeigt die dosisabhängige Wirkung von Eltoprazin auf verschiedene Komponenten der territorialen Aggression.

Ein noch geeigneteres Modell für diese Substanzklasse scheint die durch elektrische Stimulation des Hypothalamus ausgelöste offensive Aggression bei der Ratte zu sein. Man kann dosisabhängig die Schwellenstromstärke messen, mit der dieses Verhalten sowie 2 weitere Verhaltensparameter – Zähneklappern und allgemeiner Bewegungsdrang – ausgelöst werden.

Tabelle 1 zeigt, daß bei Dosen von 2 mg ein deutlicher Effekt vorhanden ist – in etwa Verdoppelung der benötigten Stromstärke – während die unspezifischen Verhaltensparameter nicht beeinflußt werden.

Im Vergleich dazu hat das Benzodiazepin Chlordiazepoxid erst in hohen Dosen einen Effekt, hemmt aber gleichzeitig deutlich die Loko-

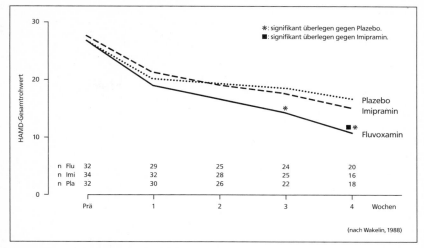

Abb. 4. Verlauf der HAMD-Gesamtrohwerte der „Risikogruppe („Risiko" – Gruppe = Item „Suizid" $\geq$ 3 zu Beginn der Studie) in einer doppelblinden Vergleichsstudie. (Aus Wakelin 1988)

motion, während bei Haloperidol keine dosisabhängigen Effekte, wohl auf Grund der starken Hemmung der Lokomotion nachweisbar sind.

Tabelle 2 verdeutlicht noch einmal, daß diese Substanzen, die als gemischte $5\text{-HT}_{1A}/_{1B}$-Rezeptoragonisten charakterisiert werden können, im Vergleich zu vielen anderen ‚serotonergen' Stoffen in einer Vielzahl von Aggressionsmodellen wirksam sind und somit auch Hoffnung für eine Wirksamkeit beim Menschen geben.

Freilich werden über 5-HT_1-Rezeptoren eine Vielzahl von Grundfunktionen reguliert, so daß z. B. auch an eine Reduktion des Appetits oder der Libido durch Eltoprazin zu denken ist.

Zusammenfassend kann wohl gesagt werden, daß erste und vielversprechende Ansätze für eine Psycho- und Pathobiologie des menschlichen aggressiven und autoaggressiven Verhaltens vorhanden sind, die ausgebaut werden sollten. Wir benötigen sowohl bessere, validere Meßinstrumente auf der Verhaltens- und Erlebensseite als auch aussagekräftige noninvasive biologische Methoden. Spezielle Versuchsprotokolle unter Beachtung der besonderen ethischen Implikationen werden benötigt, um in Zukunft an einer relativ kleinen Zahl von Patienten medikamentöse therapeutische Strategien in kontrollierter Form zu erproben.

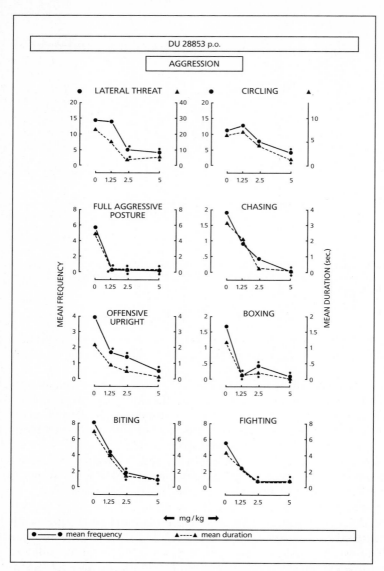

Abb. 5. Dosisabhängige Wirkungen von Eltoprazin auf verschiedene Komponenten der territorialen Aggression bei der Ratte

Tabelle 1. Mittlere Schwellen (µA) ± SEM für Aggression, Zähneklappern und Lokomotion bei hypothalamisch induziertem Verhalten der Ratte (*n.b.* nicht bestimmt, *n* Zahl der Tiere)

Substanz	Verhalten	Dosis			
		0	2	4	8 mg/kg p.o.
Eltoprazin	Aggression (n = 6)	42,9 ± 3,8	90,0 ± 13,9	85,3 ± 15,7	100,5 ± 16,6
	Zähneklappern (n = 10)	32,3 ± 3,8	37,0 ± 4,3	37,5 ± 4,2	36,8 ± 4,1
	Lokomotion (n = 5)	60,3 ± 9,7	43,3 ± 4,6	37,0 ± 9,3	40,2 ± 11,1
		Dosis 0	5	10	20 mg/kg p.o.
Fluprazin	Aggression (n = 4)	35,4 ± 6,6	54,6 ± 9,0	49,2 ± 3,9	69,2 ± 16,9
	Zähneklappern (n = 10)	28,1 ± 3,7	35,6 ± 4,4	36,6 ± 4,4	44,9 ± 5,8
	Lokomotion[a]	n.b.	n.b.	n.b.	n.b.
		Dosis 0	5	10	20 mg/kg p.o.
Chlor-diazepoxid	Aggression (n = 7)	45,0 ± 4,2	43,8 ± 9,0	38,8 ± 4,6	70,8 ± 30,0
	Zähneklappern (n = 11)	37,0 ± 4,1	38,3 ± 3,9	38,8 ± 3,2	42,3 ± 3,9
	Lokomotion (n = 6)	84,5 ± 13,6	116,5 ± 33,5	126,1 ± 25,6	140,3 ± 24,7
		Dosis 0	0,5	1	2 mg/kg p.o.
Haloperidol	Aggression (n = 4)	31,5 ± 9,1	> 200	> 200	> 200
	Zähneklappern (n = 9)	28,0 ± 4,9	31,3 ± 4,9	33,0 ± 6,4	40,9 ± 11,8
	Lokomotion[b]	n.b.	n.b.	n.b.	n.b.

[a] In den Versuchen mit i.p-Verabreichung (van der Poel et al. 1982) waren die Schwellen für die Lokomotion nicht erhöht.

[b] Wegen der langen Wirkdauer von Haloperidol waren die Schwellen nicht anzugeben, jedoch deutlich erhöht.

Tabelle 2. Wirkungen von serotonergen Substanzen auf verschiedene Aggressionsmodelle der Maus (*m*) und der Ratte (*r*); ⊘ = spezifische Abnahme des Verhaltens; ↓ = unspezifische Abnahme des Verhaltens; – = keine Wirkung; *nt* = nicht getestet

Substanz	Isolationsinduzierte Aggression (m)	Aggression zwischen männlichen Artgenossen (m)	Fußschockinduzierte Abwehrhaltung (m)	Territoriale Aggression (r)	Mütterliche Aggression (r)	Elektrische durch Gehirnstimulation induzierte Aggression (r)	
Fluprazin	⊘	⊘	⊘	⊘	⊘	⊘	1A-, 1B- und 2-Agonist
TFMPP	⊘	⊘	nt	⊘	⊘	⊘	1B-Agonist (teilweise)
Eltoprazin	⊘	⊘	–	⊘	⊘	⊘	1A-, 1b-Agonist (teilweise)
RU24969	⊘	⊘	nt	nt	↓	nt	1A-, 1B-Agonist
Quipazin	–	nt	nt	↓	↓	↓	schwacher 1,2-Agonist
5-Me-O-DMT	⊘	nt	nt	↓	nt	nt	1A-Agonist
8-OH-DPAT	⊘	↓	nt	nt	↓	–	1A-Agonist
Buspiron	–	nt	nt	↓	↓	nt	1A-Agonist
Ipsapiron	–	nt	nt	nt	↓	nt	1A-Agonist
Fluvoxamin	⊘	↓	nt	↓	⊘	↓	Wiederaufnahmehemmung
Methysergid	–	nt	nt	nt	–	–	1,2-Antagonist
Ritanserin	–	nt	nt	nt	–	nt	2-Antagonist
Fenfluramin	⊘	nt	nt	↓	↓	nt	Freisetzung
MDL 72222	↓	nt	nt	nt	–	nt	3-Antagonist
GR 38032 F	–	nt	nt	nt	–	nt	3-Antagonist

Literatur

Ahrens B, Müller-Oerlinghausen B (in Vorbereitung) Lithium Prophylaxe und Mortalität bei Patienten mit affektiven Psychosen.

Åsberg M, Nordström P (1988) Biological correlates of suicidal behavior. In: Müller HJ, Schmidtke A, Welz R (eds) Current issues of suicidology. Springer, Berlin Heidelberg New York Tokyo, pp 223–241

Åsberg M, Mårtensson B, Wägner A (1986) Biochemical indicators of serotonine function in affective illness. Adv Pharmacother 2:192–217

Bolton R (1973) Aggression and hypoglycemia among the Quolla: A study in psychobiological anthropology. Ethnology 12:227–257

Brown GL, Goodwin FK, Bellenger JC, Goyer PF, Major LF (1979) Aggression in humans correlates with cerebrospinal fluid metabolites. Psychiatry Res 1:131–139

Burkhardt E (1989) Die antiaggressive Wirkung von Carbamazepin. Eine Kasuistik. In: Müller-Oerlinghausen B, Haas S, Stoll KD (Hrsg) Carbamazepin in der Psychiatrie. Thieme, Stuttgart

Cabrera JF, Körner W, Müller-Oerlinghausen B (1986) Erfolgreiche kombinierte Neuroleptika-Lithium-Behandlung eines chronisch schizophren Kranken mit rezidivierendem aggressiven Verhalten. Nervenarzt 57:366–369

Campbell M, Small AM, Green WH, Jennings SJ, Perry R, Bennett WG, Anderson L (1984) Behavioral efficacy of haloperidol and lithium carbonate. A comparison in hospitalized aggressive children with conduct disorder. Arch Gen Psychiatry 41:650–656

Causeman B, Müller-Oerlinghausen B (1988) Does lithium prevent suicides and suicidal attempts. In: Birch NJ (ed) Lithium: Inorganic pharmacology and psychiatric use. IRL Press, Oxford

Ehrenkranz J, Bliss E, Sheard MH (1974) Plasma testosterone: Correlation with aggressive behaviour and social dominance in man. Psychosom Med 36:469–475

Eichelman B (1987) Neurochemical and psychopharmacologic aspects of aggressive behaviour. In: Meltzer HJ (ed) Psychopharmacology, the third generation of progress. Raven, New York, pp 697–704

Greenberg AS, Coleman M (1976) Depressed 5-hydroxyindole levels associated with hyperactive and aggressive behavior. Arch Gen Psychiatry 33:331–336

Itil TM, Wadud A (1975) Treatment of human aggression with major tranquilizers, antidepressants, and newer psychotropic drugs. J Nerv Ment Dis 160:83–99

Johnson FN (1984) The psychopharmacology of lithium. MacMillan, London

Lidberg L, Åsberg M, Scalia-Tomba GP, Bertilsson L (1985) Homicide, suicide and CSF 5-HIAA. Acta Psychiatr Scand 71:230–236

Linnoila M (1988) Monoamines and impulse control. In: Swinkels JA, Blijleven W (eds) Depression, anxiety, and aggression. Medidact, Amsterdam, pp 167–172

Linnoila M, Virkkunen M, Scheinin M, Nuutila A, Rimon R, Goodwin F (1983) Low cerebrospinal fluid 5-hydroxyindoleacetic acid concentration differentiates impulsive from non-impulsive violent behavior. Life Sci 33:2609–2614

Mattes JA (1986) Psychopharmacology of temper outbursts. A review. J Nerv Ment Dis 174:464–470

Mawson AR, Jacobs KW (1978) Corn, tryptophan, and homicide. J Orthomol Psychiatry 7:227–230

Meyendorff E, Jain A, Träskman-Bendz L, Stanley B, Stanley M (1986) The effects of fenfluramine on suicidal behavior. Psychopharm Bull 22:155–159

Morand C, Young SN, Ervin FR (1983) Clinical response of aggressive schizophrenics to oral tryptophan. Biol Psychiatry 18:575–578

Moyer KE (1968) Kinds of aggression and their physiological basis. Commun Behav Biol [A] 2:65–87

Moyer KE (1976) Physiology of aggression and implications for control. An anthology of readings. Raven, New York

Mühlbauer HD (1985) Human aggression and the role of central serotonin. Pharmacopsychiatry 18:218–221

Mühlbauer HD, Müller-Oerlinghausen B (1985) Fenfluramine stimulation of serum cortisol in patients with major affective disorders and healthy controls:

Further evidence for a central serotonergic action of lithium in man. J Neural Transm 61:81–94

Müller-Oerlinghausen B (1985) Lithium long-term treatment. Does it act via serotonine? Pharmacopsychiatry 18:214–217

Müller-Oerlinghausen B (1986) Lithium-Salze in der Kinder- und Jugendpsychiatrie. In: Müller-Oerlinghausen B, Greil W (Hrsg) Die Lithium-Therapie: Nutzen, Risiken, Alternativen. Springer, Berlin Heidelberg New York Tokyo, S 200–205

Olivier B, Mos J (1988) Serotonine, serenics, and aggressive behaviour in animals. In: Sinkels JA, Blijleven W (eds) Depression, anxiety, and aggression. Medidact, Amsterdam, pp 133–166

Olivier B, Vandalen D, Hartog J (1986) A new class of psychoactive drugs, serenics. Drugs Future 11:473–499

Riss E, Barnes R (1986) Pharmacologic treatment of agitation associated with dementia. J Am Geriatr Soc 34:368–376

Sheard MH (1984) Clinical pharmacology of aggressive behavior. Clin Neuropharmacol 7:173–183

Träksman-Bendz L (1988) Biochemical and pharmacological aspects of suicidal behaviour. In: Swinkels JA, Blijleven W (eds) Depression, anxiety, and aggression. Medidact, Amsterdam, pp 121–131

Valzelli L (1981) Psychobiology of aggression and violence. Raven, New York

Valzelli L (1984) Reflections on experimental and human pathology of aggression. Prog Neuropsychopharmacol Biol Psychiatry 8:311–325

Virkkunen M (1986) Insulin secretion during glucose tolerance test among habitually violent and impulsive offenders. Aggress Behav 12:303–310

Virkkunen M, Nuutila A, Goodwin F, Linnoila M (1987) CSF monoamine metabolites in male arsonists. Arch Gen Psychiatry 44:241–247

Volavka J (1988) Can aggressive behavior in humans be modified by beta blokkers? Postgrad Med 163:8

Wakelin JS (1988) The role of serotonine in depression and suicide: Do serotonine reuptake inhibitors provide a key? Adv Biol Psychiatry 17:70–83

Wickham EA, Reed JV (1987) Lithium for the control of aggressive and self-mutilating behavior. Int J Clin Psychopharmacol 2:181–190

Ethik, Aggression und Selbstaggression – medizinethische Aspekte pathologisch-destruktiven Verhaltens*

Wolfgang Wagner

Grundlagen für einen medizinischen Aggressionsbegriff

Jede Auseinandersetzung mit menschlicher Aggression erfordert ethische Betrachtungen. Daraus ergibt sich unmittelbar die Notwendigkeit einer ethischen Theorie der Aggression als Grundlage für normative Abwägungen. Eine ethische Aggressionstheorie steht jedoch heute nicht zur Verfügung. Der Grund dafür ist in einem wissenschaftstheoretischen Dilemma des Aggressionsbegriffs selbst zu suchen: die Erforschung des Phänomens der Aggression hat zu einer Vielzahl von Definitionen und Aggressionstheorien geführt, die bisher nicht zu einer integrativen Gesamttheorie zusammengefügt werden konnten. Erschwerend kommt hinzu, daß Aggression weder in ihren unterschiedlichen Qualitäten noch in ihrer Quantität im naturwissenschaftlichen Sinne darstellbar ist. Um die Grundlagen für einen medizinischen Aggressionsbegriff zu schaffen, sind in dieser Situation einige theoretische Überlegungen unverzichtbar.

Das wissenschaftstheoretische Dilemma des Aggressionsbegriffs

Aggression ist ein mehrdimensionales Konstrukt, also eine wissenschaftliche Abstraktion für Detailphänomene auf unterschiedlichen Ebenen des Lebens. Dementsprechend wurde eine ganze Reihe von

---

* Für wertvolle Anregungen danke ich dem Philosophen Hans-Martin Sass, Washington/Bochum, meinen ärztlichen Mitarbeitern Thomas Wagner, Winfried Stollmaier, Konrad F. Cimander und Robert Halla sowie dem Gesprächskreis Lila Kranz, Hannover. Doris Goldstein, Washington, Karin Schütt-Mizirakci und Trauthild Vogel, Hannover, gilt mein Dank für die Literaturrecherchen und dokumentarischen Arbeiten, Freya Kern, Hannover, für die Redaktion und Betreuung des Manuskripts.

Aggressionstheorien entwickelt, die jeweils andere Aspekte dieses komplexen Phänomens in den Vordergrund stellen. Selg, dessen klassischer Definitionsversuch noch anzusprechen sein wird, stellt mit kaum verhaltenem Spott fest, daß jeder, der dem elitären Club der Aggressionsforscher beitreten will, meine, gleichsam als „Einstand" an der Pforte eine neue Definition abgeben zu müssen (Selg 1982). Woran soll sich die Medizin also orientieren? Die Frustrations-Aggressions-Theorie, mit der Dollard et al. den Anfang der empirischen Aggressionsforschung setzten, gilt in der Psychologie heute als überholt (Dollard et al. 1939; Selg 1971; Jakobi et al. 1971; Dann 1976; Hilke u. Kempf 1982). Sie stand inhaltlich der Psychoanalyse im Sinne der zweiten Fassung der Triebtheorie Freuds (Freud 1905) nahe und war durch ihr Bemühen um eine streng behavioristische Methodologie gekennzeichnet. Die äußerst widersprüchlichen Forschungsergebnisse konnten auch mit einer Neuformulierung der Theorie durch Berkowitz (1969) nicht beseitigt werden. Eine handlungstheoretische Rekonstruktion der Frustrations-Aggressions-Theorie von Hilke u. Kempf (1982) zeigte, daß der Zusammenhang zwischen Frustration, Aggression und Katharsis nicht als einfache empirische Gesetzmäßigkeit aufgefaßt werden kann. Auch die Trieb-Katharsis-Theorie, die aus der Frustrations-Aggressions-Theorie abgeleitet und psychoanalytisch wie verhaltensbiologisch begründet wurde, wird heute abgelehnt (Hilke u. Kempf 1982). Beide Theorien haben eine enorme populärwissenschaftliche Verbreitung gefunden, da sie dem „gesunden Menschenverstand" entsprechen und scheinbar immer wieder durch lebenspraktische Erfahrungen bestätigt wurden. Den Übergang von den Verhaltens- zu den Handlungstheorien der Aggression bildet die soziale Lerntheorie (Bandura 1973), die später von Bandura zur sozialkognitiven Lerntheorie weiterentwickelt wurde (Bandura 1979). Menschliches Verhalten wird dabei nicht mehr als konditioniertes Reagieren auf determinierende Umwelteinflüsse verstanden, sondern als aktiver Prozeß, bei dem Motivationen, Emotionen und Denkprozesse eine entscheidende Rolle spielen. Zwischen Behaviorismus und Handlungstheorie ist auch die Motivationstheorie der Aggression (Kornadt 1982) anzusiedeln. Im Unterschied zur sozialkognitiven Lerntheorie und den Handlungstheorien postuliert sie ein spezifisches Aggressionsmotiv und erweist sich als sehr umfassende und integrative Theorie.

Neuere Definitionen, angefangen mit Werbik (1971), betonen v. a. den Handlungsaspekt der Aggression. Innerhalb der handlungstheoretischen Ansätze finden sich analytisch-deskriptive und konstruktive, normative Handlungstheorien. Während die analytischen Handlungstheorien (z. B. Belschner 1982) an schematischen Handlungserklärungen festhalten, Handlungen also qua naturgesetzlicher Beziehungen erklären und vorhersagen wollen, bemüht sich die konstruktive Handlungstheorie um ein Handlungsverstehen auf Grundlage der Rekonstruktion von Begründungszusammenhängen zwischen Sinngehalten und Verhaltensweisen. So gesehen, bedeuten sie die wohl radikalste Abkehr vom orthodoxen Behaviorismus (Hilke u. Kempf 1982). Die handlungstheoretischen Ansätze zeichnen sich dadurch aus, daß sie sowohl für die Integration der verschiedenen psychologischen Theorien als auch für die Zusammenschau psychologischer und biologischer Theorien ein tragfähiges Fundament bilden. Sie stoßen jedoch dann an ihre Grenzen, wenn die sozialen Regelsysteme der Gesellschaft mit ihrer Eigendynamik als Variable eingeführt werden (Hilke u. Kempf 1982). Innerhalb eines Regelsystems können Handlungen faktisch eine ganz andere Funktion haben, als es der Intention und den Sinngehalten der Handelnden entspricht (Watzlawick et al. 1969). So führt Mummendey (1982) zwar den sozialinteraktiven Aspekt in ihren Definitionsversuch ein und fordert, daß nur Interaktionen als aggressiv oder nichtaggressiv beurteilt werden sollen, erhebt jedoch die situativnormative Angemessenheit der Handlung zum Entscheidungskriterium. Erforderlich ist also die explizite Parteinahme des Beobachters für einen bestimmten Konsens über Normen, die die wechselseitigen Verhaltenserwartungen regulieren. Dies steht im Widerspruch zur systemtheoretischen Interaktionsforschung, die ja gerade versucht, eine Parteinahme zu vermeiden und statt dessen die Funktion von Handlungen für die Erhaltung des Systems zu untersuchen. Eine systemtheoretische Analyse aggressiver Interaktionen liegt bisher nicht vor, wenngleich aus dieser Richtung vielleicht die wesentlichsten Denkanstöße zu erwarten wären (Hilke u. Kempf 1982). Wichtig für einen medizinischen Aggressionsbegriff wäre schließlich der Bereich der aggressiven Gefühle; eine Emotionstheorie der Aggression liegt jedoch ebenfalls nicht vor.

Angesichts dieser kurz skizzierten Situation der Aggressionsforschung erscheint die von Selg bereits im Jahre 1968 vorgeschlagene Definition nach wie vor als Grundlage für einen medizinischen Aggressionsbegriff geeignet:

> Eine Aggression besteht in einem gegen einen Organismus oder ein Organismussurrogat gerichteten Austeilen schädigender Reize („schädigen" meint „beschädigen, verletzen, zerstören und vernichten"; es impliziert aber auch, wie „iniuriam facere" oder „to injure" Schmerz zufügende, störende, Ärger erregende oder beleidigende Verhaltensweisen, welche der direkten Verhaltensbeobachtung schwerer zugänglich sind); eine Aggression kann offen (kör-

perlich, verbal) oder verdeckt (phantasiert), sie kann positiv (von der Kultur gebilligt) oder negativ (mißbilligt) sein (Selg 1968, zit. aus Selg 1982, S. 352).

Dem Kriterium „Gerichtetheit" komme dabei besondere Bedeutung zu, da es zufälliges Schädigen ausschließe und gleichzeitig alle Bemühungen zurückweise, den Begriff „Absicht" in die Definition einzuführen. Aggression kann unter qualitativen und quantitativen Gesichtspunkten betrachtet werden. Weder die qualitativen noch die quantitativen Aspekte sind im naturwissenschaftlichen Sinne darstellbar. Dies erschwert die Abgrenzung zwischen normaler und pathologischer Aggression erheblich. Determinanten für eine Abgrenzung sind das *Wertbild des Handelnden*, das *Wertbild des Betrachters* und der *gesellschaftliche Konsens*. Die biologische Aggressionslehre weist darauf hin, daß auch die Qualität der Aggression als Abgrenzungskriterium zu berücksichtigen ist. Während beim Tier normales Aggressionsverhalten regelmäßig vorkommt, tritt pathologische Aggression unter normalen, natürlichen Bedingungen niemals auf. Tiere werden jedoch dann pathologisch aggressiv, wenn sie durch krasse Eingriffe in unnatürliche Umweltbedingungen gebracht werden. Ein gängiges Beispiel ist die exzessive, buchstäblich mörderische Rangaggression bei Wirbeltieren in gedrängter Gefangenschaft. Hier zeigt die Aggression eine andere, pathologische Qualität: das Tier nimmt in Kauf, daß die „Fitneßkosten" den Gewinn übersteigen (Markl 1982). Eine Übertragung dieser Befunde auf den Menschen wäre unzulässig. Wir sollten sie aber zum Anlaß nehmen, bei der Differenzierung zwischen der normalen und pathologischen Aggression des Menschen den Aspekt der Qualität verstärkt zu berücksichtigen. *Beurteilungsperspektive* (vgl. auch Werbik 1982[1]), *Ausprägungsgrad* und *Qualität* sind die 3 wichtigsten, aber auch sensibelsten Kriterien für die Grenzziehung zwischen normaler und pathologischer Aggression.

---

[1] Werbik unterscheidet 3 Beurteilungsperspektiven: die des Handelnden, die des Betroffenen und die des (neutralen) Beobachters. Dieselbe Handlung kann je nach Beurteilungsperspektive einmal als aggressiv, das andere Mal als nichtaggressiv eingeschätzt werden, wobei eine Handlung dann als Aggression bezeichnet werden soll, wenn ihr Ergebnis oder ihre Wirkungen dem Willen der betroffenen Person widersprechen. Zur Abgrenzung zwischen Aggression und Gewalt schlägt der Autor das Kriterium der Rechtsverletzung vor: eine Handlung soll dann „Gewalt" genannt werden, wenn ihr Ergebnis oder ihre Wirkungen grundlegende Rechte der betroffenen Person verletzen und/oder einem allgemein anerkannten Bedarf dieser Person widersprechen (Werbik 1982).

Aggression in bezug zur Medizin: die diagnostische Herausforderung

Die Medizin ist primär für den Bereich der pathologischen Aggression zuständig. Ihre Leitindikation ist das *pathologisch-destruktive* und *pathologisch-selbstdestruktive Verhalten.* Damit verpflichtet sie sich dem Primat einer Handlungstheorie. Da jedoch aggressive Gefühle in der Suizidologie und der Psychosomatik eine bedeutende Rolle spielen dürften, wird das Fehlen einer Emotionstheorie der Aggression besonders schmerzlich. Der Arzt kann nicht umhin, die aufgezeigten theoretischen Defizite im Rahmen seiner Diagnostik so gut wie möglich auszugleichen. Doch weitere diagnostische Probleme treten hinzu: der integrale, holistische Gesundheitsbegriff der WHO als „Zustand völligen körperlichen, seelischen und sozialen Wohlbefindens" (Schaefer 1988) sowie die Mehrdimensionalität des Aggressionskonstrukts fordern ein medizinisch-soziales Diagnosemodell, dem die Struktur unseres Medizinsystems nur schwer gerecht wird. Dadurch wird ein reduktionistisches Vorgehen begünstigt. Einzelaspekte können diagnosebestimmend werden, mit der Gefahr einer „Psychiatrisierung" der normalen Aggression. Dieser Gefahr, aber auch der Last der Subjektivität seiner Diagnose kann der Arzt begegnen durch Befragung der Familienmitglieder, der Schwestern und Pfleger, der Einbeziehung des Wertbildes des Patienten, die Konsultation einer pluralistisch zusammengesetzten Ethikkommission in besonderen Problemfällen, v. a. aber durch das Bemühen um eine ganzheitliche Denkweise.

Grundlagen für eine Medizinethik der Aggression und Selbstaggression

Kritik einer evolutionären Ethik und einer Gesinnungsethik der Aggression

Aus evolutionsbiologischer Sicht wird Aggression als eine der Formen des Konkurrenzverhaltens um „fitneßbegrenzende Ressourcen" aufgefaßt und als ein Verhalten definiert, das darauf gerichtet ist, die „Fitneß" eines Konkurrenten zu mindern, indem ihm ein „fitneßbegrenzendes Gut" weggenommen oder vorenthalten wird, womit die „Fitneß" des Aggressors gesteigert wird. Der Mensch unterscheidet sich hinsichtlich seines Aggressionsverhaltens vom Tier erstens in den Mitteln, es zur Wirkung zu bringen und zweitens in seiner Fähigkeit, es durch bewußte Einsicht und absichtsvolle Gestaltung seines Lebens und Handelns willkürlicher Kontrolle zu unterwerfen: der Mensch besitzt Handlungsfreiheit gegenüber seinem phylogenetischen Erbe (Markl 1982). Analogieschlüsse vom Aggressionsverhalten der Tiere auf die menschliche Aggression verbieten sich, dies gilt auch für die nächst verwandten Primaten (Kummer 1973; McKenna 1983). Der evolutionäre Prozeß führt niemals zur Herausbildung einer pathologischen, biologisch nicht angepaßten Aggression, wenngleich pathologische Aggression unter bestimmten, hochgradig unnatürlichen Bedingungen bei Tieren auftreten kann. Fromm (1973) betont, daß die pathologische Aggression des Menschen nicht phylogenetisch programmiert und nicht biologisch angepaßt sei, sie diene keinem Zweck und ihre Befriedigung sei lustvoll. Hinzu kommt die kulturelle Überformung der Aggression beim Menschen. Selbst mit den menschenähnlichsten Primaten hat der Mensch zwar einen Großteil seiner Evolution gemeinsam, nicht aber seine Kulturgeschichte (Kummer 1973).

Die biologischen Anteile an der menschlichen Verhaltenssteuerung zu ergründen, darf keinesfalls bedeuten, biologische Zusammenhänge zu ethischen Normen für den Menschen zu erheben: „Aus dem Naturgeschehen lassen sich für den Menschen keine Wertmaßstäbe ableiten" (Hassenstein 1982). Die moralpsychologische Betrachtung der Aggression muß sich notwendigerweise auf den Menschen als sprachbegabtes, handelndes Subjekt beziehen, gegenüber naturgesetzlicher Determiniertheit blieben alle moralischen Anstrengungen zwecklos. Jeder Versuch, aus Naturprozessen menschliche Verhaltensnormen abzuleiten, ist mit der Gefahr eines „naturalistischen Fehlschlusses" behaftet. Im naturalistischen Fehlschluß werden die ausgesprochenen Werturteile als im Biologischen vorgegeben angesehen, und so wird versäumt, diese wirklich ethisch zu reflektieren; statt dessen fließen unbemerkt vorgefaßte Werturteile in die vorgeblich biologische Argumentation ein (Kattmann 1988). Die Natur ist der Rahmen, nicht jedoch die Richtschnur für unser Handeln. Nicht ohne Grund war alle bisherige Ethik anthropozentrisch. Der Versuch einer evolutionären Ethik für die menschliche Aggression erscheint im Ansatz verfehlt.

Ähnliches gilt für eine Gesinnungsethik der Aggression, die auf einer Neigung zum Bekenntnishaften beruht. Schon Weber (1919) hat vor den Gefahren einer Gesinnungsethik in der ethischen Praxis gewarnt und ein nachdrückliches Plädoyer für die „Verantwortungsethik" gehalten; verantwortlich fühle sich der Gesinnungsethiker nur dafür, daß die Flamme der reinen Gesinnung nicht erlösche. Für die Nebenfolgen des Handelns und die Folgeprobleme interessiert sich die Gesinnungsethik nicht. Verantwortungsethisch dagegen sei es, daß man für die voraussehbaren Folgen seines Handelns aufzukommen habe (vgl. Ritschl 1989).

Das Versagen der traditionellen ärztlichen Standesethik in der wertpluralen Gesellschaft

Die ärztliche Standesethik in hippokratischer Tradition ist eines der ältesten und stabilsten moralischen Systeme. Seit mehr als 2500 Jahren bestimmen Fürsorge, Mitgefühl und Gerechtigkeit die moralische Natur der Beziehung zwischen Arzt und Patient. Die Konvergenz der soziopolitischen Kräfte und des technologischen Fortschritts setzten jedoch vor etwa 20 Jahren einen einschneidenden Umbauprozeß der ärztlichen Ethik in Gang. Der Wandel vollzog sich am deutlichsten in den USA, vergleichbare Veränderungen sind aber weltweit feststellbar oder zu erwarten (Cioms 1985). Wissenschaftlicher Fortschritt, moralischer Pluralismus, Demokratisierung und Wirtschaftsfaktoren sind nach Pellegrino (1988) die Kraftlinien, die in ihrem Zusammenspiel eine radikale Veränderung der ärztlichen Berufsethik bedingen: Das exponentielle Wachstum des naturwissenschaftlichen Wissens und der Technologie stellen ungeahnte neue Herausforderungen an die traditionellen moralischen Werte, v. a. an die religiösen (MacIntyre 1981). Diese Herausforderungen treten an eine moralisch und sozial heterogene Gesellschaft heran. Die Ärzteschaft steht dieser Entwicklung ohne den Rückhalt eines moralischen Konsenses gegenüber. Die demokratische Teilhabe am täglichen Leben und die zunehmende Sensibilität der Öffentlichkeit für ethische Fragen führen zu einem wachsenden Mißtrauen gegen jegliche Autorität und jegliches Expertentum, wobei der Ärztestand nicht ausgeklammert bleibt. Die Patienten fordern eine größere Entscheidungsfreiheit und eine genauere Qualitätskontrolle ihrer medizinischen Versorgung. Die Gesundheitsversorgung nimmt mehr und mehr den Charakter einer auf dem freien Markt käuflichen Ware an, auf die ein Rechtsanspruch besteht. Wirtschaftlichkeitsgebote bei knapper werdenden Ressourcen drängen den Arzt in die Rolle eines Verteilungsverantwortlichen mit dem Ziel, den Verbrauch an Gesundheitsversorgung einzuschränken (vgl. Sass 1988 b).

Die sozioökonomische Verantwortung des Arztes mit ihrer Fülle sozial- und verteilungsethischer Implikationen ist dem hippokratischen

Erbe jedoch fremd und der Trend zur Patientenautonomie, die sich am deutlichsten in der Doktrin des „Informed consent" ausdrückt, läuft dem traditionellen Arztethos genau zuwider. Die Neukonstruktion der ärztlichen Ethik wird festlegen müssen, wie das Fürsorge- mit dem Autonomieprinzip in Einklang gebracht werden kann und wo die Grenzen für den Arzt als auch für den Patienten zu setzen sind. Die neue Standesethik wird mit einem verkleinerten Kanon allgemeinverbindlicher Moralvorstellungen und mit einem Pluralismus von Regelwerken und Geboten leben müssen. Spannungen innerhalb des Berufsstandes und mit der Gesellschaft werden unvermeidlich sein (Pellegrino 1988).

Die angewandte Ethik als Wertdurchsetzungspraxis

Die klassische (philosophische, theoretische, absolute, „reine") Ethik wurde im Sinne einer Wertbegründungstheorie als deduktiver Prozeß aus normativen Festlegungen betrieben; ihre Normen entstammen metaethischen – religiösen oder philosophischen – Wertsystemen, aus denen Prinzipien abgeleitet werden, die als Grundlage für die ethische Entscheidung im Einzelfall dienen. Diese Metaethik beruht auf ontologischen Fundamentalaussagen, die grundsätzlich nicht miteinander versöhnbar sind. Da es ihnen an Kommunikationsfähigkeit mangelt, stehen sie in einem wertpluralen System gegeneinander oder, im günstigsten Falle, isoliert nebeneinander und sind konsensunfähig (Viefhues 1988). Zur Überwindung der unter normativen Gesichtspunkten gegebenen Sprachlosigkeit entwickelte sich in der amerikanischen Philosophie die angewandte Ethik zur wissenschaftlichen Disziplin, um eine Sprache zu finden, die es den Exponenten verschiedener Wertsysteme ermöglicht, überhaupt einen ethischen, rationalen Diskurs zu führen. Nach Sass (1988 a) waren dazu 2 Voraussetzungen entscheidend: die Einsicht in das Scheitern der Aufklärungshoffnung nach einer einheitlichen humanistischen Wertewelt, die die dogmatisch-theologische ablösen sollte, und das Bestreben, konsensorientiert und fallbezogen dennoch zu vertretbaren Regeln moralischen Handelns innerhalb einer pluralistischen Gesellschaft zu kommen. Die angewandte Ethik unterscheidet sich also von der klassischen Ethik dadurch, daß unter dem Primat der Anwendung – unter Umgehung von Begründungsfragen – versucht wird, mittlere Prinzipien wertbezogenen

Handelns[2] zu analysieren, zu bewerten und konsensfähig zu machen. Die effiziente Wertdurchsetzung erfordert eine enge Verbindung mit der technischen Expertise: Expertise und Ethik gehören zusammen. Die angewandte Ethik rechtfertigt sich aus der „normativen Triage".[3] Ihre Feinde sind der Dogmatismus und der Dilletantismus (Sass 1988a).

Die Methoden der angewandten Ethik in der Medizin: Fallstudie und ethische Risikoanalyse

Zwei formale einzelfallbezogene Verfahren haben sich für die Medizin als außerordentlich fruchtbar erwiesen: die Fallstudienmethode und die Methode der ethischen Risikoanalyse. Beide Modelle sind Ausdruck eines offensiven ethischen Verantwortungsprinzips und setzen relativ wenig an wertbegründender Metaphysik, Ontologie oder Dogmatik voraus. Ausführliche Darstellungen finden sich bei Beauchamp u. Childress (1983), Engelhardt (1986) und Sass (1987, 1988a). Die Fallstudienmethode wurde vor gut 100 Jahren an der Harvard Law School und Anfang dieses Jahrhunderts an der Harvard Business School eingeführt. Ihre Geschichte in der Medizinethik ist wesentlich kürzer.

---

[2] Mittlere Prinzipien sind nach Sass Chancengleichheit, Vertragstreue, Reziprozität und Fairneß, Respekt vor den Lebenszielen und Werten des anderen, Stärkung der Solidargemeinschaft, Ächtung des Schmarotzertums und der Ausnutzung solidarischer Hilfen, Offenheit und Aufklärung in bezug auf technische Risiken, Pflicht zur Expertise, Präzision und Sicherheit des eigenen Arbeitens, Verläßlichkeit, Pflicht zur Selbstverantwortung, Fürsorgeverantwortung für Hilfsbedürftige (Sass 1988a).

[3] Sass beschreibt die normative Triage als Ergebnis des Zusammenspiels des Wirkungspotentials der modernen Technik, der Pluralität der Wertvorstellungen und individuellen Wertprioritäten und Lebensziele und der sozialen Risiken von Wertwandelprozessen mit den sie begleitenden Unsicherheiten; sie führt zu einer strukturellen Unterversorgung mit wichtigen Ressourcen für eine erfolgreiche Analyse, Bewertung und Beherrschung der normativen Herausforderung, die mit Technik, Entwicklung und Emanzipation zusammenhängen: die Fähigkeit der ethischen Risikokompetenz des Bürgers, die Fähigkeit zu ethischen und kulturellen Güterabwägungen in Berufen und Berufsorganisationen sowie in den Medien, der Politik und der öffentlichen Kultur insgesamt. Zu fordern ist deshalb eine Wertdurchsetzungsdiskussion, die nicht auf Letztprinzipien, sondern auf mittlere Prinzipien, wie sie von den verschiedensten Letztprinzipien her begründet werden können, setzt und die im täglichen, persönlichen und beruflichen Handeln eine Rolle spielen. Ein Rückgang zu klassischen Formen der ethischen Wertbegründung, seien sie naturrechtlich, kantisch, utilitaristisch, dialektisch oder auf den Offenbarungsglauben gegründet, wäre reaktionär und emanzipations- wie freiheitsfeindlich (Sass 1988a).

Bei der *medizinethischen Fallstudie* wird der konkrete Einzelfall analytisch einem diskursiven Prozeß unterworfen. Dem Diskurs werden handlungsleitende ethische Prinzipien unterlegt, die als offene Leitbegriffe anhand des konkreten Falles zu präzisieren sind. Prinzipien erster Ordnung oder „Prima-facie-Prinzipien" sind:

- Gesundheits- und Wohlbefindensfürsorge (Benefizienz) einschließlich des Prinzips der Unschädlichkeit,
- Selbstbestimmung (Autonomie; „respect for persons") und
- soziale Zuträglichkeit (Gerechtigkeit)

(Beauchamp u. Childress 1983; Thompson 1987; Viefhues 1988. Die Literaturzitate beziehen sich auf *alle 3* Prima-facie-Prinzipien.).

Ziel ist die Erarbeitung alternativer Handlungsoptionen, zwischen denen sich der Arzt unter Berücksichtigung der Folgeprobleme begründet entscheiden kann. Verschiedene Arbeitsbögen, die die einzelnen Schritte der Analyse begleiten, stehen zur Verfügung, etwa der Bogen „Ethische Situationsanalyse" von Wright (1987), der „Ethische Arbeitsbogen" des Kennedy Institute of Ethics (in Sass 1988 a) oder der „Bochumer Arbeitsbogen für medizinethische Praxis" von Sass u. Viefhues (1988). Da die ethischen Leitprinzipien meist miteinander in Konkurrenz stehen und ein einzelnes Prinzip äußerst selten maximal bedient werden kann, kommt der sorgfältigen Güterabwägung entscheidende Bedeutung zu. Dazu ist das Entscheidungsdilemma für die einzelnen Handlungsalternativen deskriptiv zu präzisieren und darauf aufbauend nach einem Minimalkonsens zu suchen.[4]

Der Fallstudienmethode vergleichbar, nur sprachlich und wissenschaftsgeschichtlich anders orientiert, ist die *ethische Risikoanalyse* („Moral Cost-Benefit Assessment"). Nach dem Modell des „Technology Assessment" geht die ethische Kosten-Nutzen-Methode in 3 Schritten vor: Analyse ethischer Risiken, Bewertung ethischer Risiken und Management ethischer Risiken. Eine ausführliche Darstellung findet sich bei Sass (1988 a).

---

[4] Wegen der Einmaligkeit eines jeden Falles („kontextualer Problemzusammenhang") werden die Güterabwägungen auch bei scheinbar vergleichbaren Fällen sehr unterschiedlich ausfallen. Dennoch wurde versucht, für die Abwägung von Prioritäten eine leitende Tendenz vorzuschlagen (Thomasma 1984): Vorrang der Patientenautonomie gegenüber der paternalistischen ärztlichen Entscheidung, Vorrang der vorbehaltlosen Aufklärung gegenüber dem therapeutisch begründbaren Verschweigen der Diagnose, Vorrang der Verantwortung für den konkreten Patienten gegenüber allgemeinen Überlegungen zur sozialen Gerechtigkeit, Einziehung des Wertprofils und der Lebensansicht des Patienten wo immer möglich. Bei einer Bewertung dieser Richtlinien ist zu bedenken, daß Thomasma für eine Restauration der Benefizienz als zentrales Prinzip der Gesundheitspflege plädiert (Pellegrino u. Thomasma 1989).

Die konsensorientierten Methoden der Fallstudie und der ethischen Risikoanalyse haben die angloamerikanische Medizinethik nachhaltig befruchtet, und es bleibt zu hoffen, daß sie durch ihre stärkere Verbreitung der von Viefhues (1988) für den deutschen Sprachraum diagnostizierten Neigung, ins Allgemeinethische zu entfliehen, im Gesinnungshaften zu verharren oder sich in die Hermetik geschlossener ärztlicher Fachdiskussionen zurückzuziehen, entgegenwirken werden.

Medizinethik und Aggression

Therapie pathologisch-destruktiven Verhaltens als individualethisches Problem

Zur Behandlung pathologisch-destruktiven Verhaltens stehen der Medizin psychochirurgische, verhaltenstherapeutische, psychotherapeutische und pharmakologische Möglichkeiten zur Verfügung. Die ethischen Probleme dieser unterschiedlichen therapeutischen Strategien sind im Grundsatz gleich. Drei fundamentale Positionen werden beschrieben. Die erste Position befürwortet die medizinische Therapie jeglichen aggressiven Verhaltens, sei es normal oder pathologisch; die zweite Position befürwortet lediglich die medizinische Behandlung pathologisch-destruktiven Verhaltens, unabhängig davon, ob eine neurologische oder psychiatrische Erkrankung zugrunde liegt; die dritte Position schließlich hält eine medizinische Intervention nur dann für gerechtfertigt, wenn es sich um pathologisch-aggressives Verhalten handelt und eine organische oder psychiatrische Grunderkrankung vorliegt. Die letzte Position betont, daß Aggression ohne organische Korrelate nicht Gegenstand der Medizin sei, sondern politisch und sozial gelöst werden müsse (Mark 1973).

Die Positionen ergeben sich aus einer unterschiedlichen Bewertung einzelner Aspekte des zugrundeliegenden medizinethischen Kardinalkonflikts, dem Benefizienz-Autonomie-Konflikt, also dem Bemühen des Therapeuten um Gesundheits- und Wohlbefindensfürsorge auf der einen und der freien Selbstbestimmung als Ausdruck der Menschenwürde des Betroffenen auf der anderen Seite. In seiner Sammlung medizinethischer Fallstudien verdeutlicht Veatch (1977) am Beispiel eines 10jährigen hyperaktiven und aggressiven Schülers, dessen Lehrer und Eltern den Arzt um eine Behandlung mit Amphetaminen bitten, die ethische Problematik einer Pharmakotherapie der Aggression:

Die Arzneimittelverschreibung für das aggressive Kind

Der 10jährige Elvin Bradley war vor kurzem in die 4. Klasse der Benjamin Franklin School versetzt worden. Seitdem er während der Unterrichtsstunden in der 2. Klasse zunehmend durch Unaufmerksamkeit, Hyperaktivität und Aggressivität aufgefallen war und seine Leseleistungen einen etwa 7monatigen Rückstand gezeigt hatten, befand er sich in einem Sonderschulprogramm. Während der letzten beiden Jahre wurde er vom selben, speziell für die Sonderschule ausgebildeten Lehrer unterrichtet und war in eine kleine Klasse versetzt worden, in der ihm viel individuelle Aufmerksamkeit zuteil wurde. Wenn dadurch seine Verhaltensstörungen auch nicht behoben wurden, so schien es ihm doch zu helfen. Diesen September erhielt er einen neuen, älteren Lehrer, und die Klassenstärke war infolge von Überbelegung und fehlender Geldmittel in der Schule angestiegen. Seine Verhaltensstörungen – Hyperaktivität, kurze Aufmerksamkeitsspanne und Aggressivität – gaben mehr Anlaß zur Besorgnis.

Der Lehrer, Melvin Green, bestellte Elvins Eltern ein und schlug nach einer Diskussion seiner Hyperaktivität vor, Elvin dem behandelnden Kinderarzt vorzustellen, um „dafür zu sorgen, daß er irgendwelche Medikamente verschrieben bekommt, um ihn zu beruhigen". Der Lehrer erklärte, Elvin benähme sich wie viele Kinder, die nach Ansicht der Ärzte am Syndrom einer minimalen Hirndysfunktion litten, und daß bei diesen Kindern eine Behandlung mit Amphetaminen bewirken würde, daß sie ruhiger würden, sich besser konzentrieren könnten, den Unterricht weniger stören und bessere Leistungen zeigen würden und sich zu Hause besser betragen würden.

Mrs. Bradley brachte Elvin in die kinderneurologische Klinik des Mount Zion Hospital and Medical Center, wo er wegen seines hyperkinetischen Verhaltens seit 4 Jahren in Behandlung war. Schon immer war er ein sehr aktives Kind gewesen, mit geringer Frustrationstoleranz, und zu Hause schwierig zu handhaben.

Nachdem im Alter von 6 Jahren eine gründliche neurologische Untersuchung negativ verlaufen war, war den Eltern geraten worden, mit Elvin ganz besonders geduldig und verständnisvoll zu sein, um ihm die Aufmerksamkeit zu geben, die er brauchte. Während der vergangenen Jahre blieb er zwar weiterhin hyperaktiv, aber zeigte sich zu Hause und in der Schule unauffällig mit nur gelegentlichen Rückfällen in aggressives Verhalten.

Mrs. Bradley suchte nun mit Elvin erneut den Arzt auf, besorgt, daß ihr Sohn doch irgendeinen Hirnschaden habe, und wollte wissen, ob er tatsächlich die von seinem Lehrer empfohlenen Medikamente einnehmen sollte. Dem Arzt erklärte sie: „Elvin's Lehrer meint, daß die Ärzte oft mit irgendwelchen Untersuchungen gar nicht feststellen können, ob jemand an einem minimalen Hirnschaden leidet oder nicht. Nur, wenn es ihm nach Einnahme der Medikamente besser ginge, würde das heißen, daß er ihn hat. Er hat gesagt, daß über 200000 Kinder diese Medikamente gegen Überaktivität einnehmen und daß sie wirklich helfen, und keine Nebenwirkungen haben. Wenn das alles stimmt, bin ich dafür, Elvin diese Medikamente zu geben" (Veatch 1977, S. 259–262).

In Übereinstimmung mit anderen Autoren wie Mark, Moyer und Dalton, erkennt Veatch als Problembereiche für eine medizinethische Bewertung das *Nutzen-Risiko-Verhältnis* des Arzneimittels, die Handhabung des „Informed consent" und den *Schutz der Autonomie und Würde* des Patienten.[5] Für die medizinethisch begründete Therapieentscheidung sind diese 3 Problembereiche im Einzelfall vordringlich zu überprüfen.

Die erste Frage muß lauten, mit welcher Wahrscheinlichkeit die erwünschten Wirkungen erzielt werden und in welchem Verhältnis die erwünschten zu den unerwünschten Wirkungen des Arzneimittels stehen. Wenngleich übereinstimmende Berichte über den paradoxen Beruhigungseffekt amphetaminähnlicher Stimulantien bei hyperaktiven Kindern sowie über die antiaggressive Wirkung der klassischen Neuroleptika vorliegen, so ist auch bekannt, daß das Ansprechen interindividuell sehr unterschiedlich sein kann, bis hin zu paradoxen Reaktionen mit schwer kontrollierbaren aggressiven Ausbrüchen bei Benzodiazepinen (Tuinier 1988). Die mögliche Beeinflussung mentaler und kognitiver Leistungen ist in Rechnung zu stellen, womit auch die Frage nach der Validität und Reliabilität der derzeit in der klinischen Prüfung benutzten psychometrischen Testbatterien vordringlich wird; erforderlich wäre ein Setting, das die sozialen Bezüge angemessen berücksichtigt. Verträglichkeit und Sicherheit sind, wie uns die Geschichte der Psychopharmakologie lehrt, häufig zu sorglos behandelt worden. Kann der Preis der Schlaflosigkeit und des Appetitverlusts durch ein Amphetamin für das bessere Betragen eines Kindes in der Schule bezahlt werden? Und was geschieht mit den normalen, konstruktiven Anteilen der Aggression, die das Kind im Sinne „zupackenden Interesses" (Battegay 1980) gegenüber anderen Kindern und im Sinne aktiver Exploration seiner Umwelt so dringend für die gesunde Entwicklung und Reifung seiner Persönlichkeit braucht? Könnte eine solche pharmakotherapeutische Langzeitmaßnahme beim Kind gar im Sinne der Neurosenlehre Adlers (Adler 1980, Zit. aus Willemsen 1989) eine spätere suizidale Entwicklung begünstigen?

Wie diese Gedanken beispielhaft zeigen, gestaltet sich die Nutzen-Risiko-Abwägung für eine antiaggressive Therapie keinesfalls einfach; dies gilt auch für das „Informed-consent"-Verfahren als notwendigem Bestandteil des therapeutischen Arbeitsbündnisses. Viele der Patienten mit pathologisch-destruktivem Verhalten suchen aus ihrem Leidensdruck heraus aktiv Hilfe, um ihre aggressiven Impulse besser kontrollieren zu können (Moyer 1976). In diesen Fällen bereitet der

---

[5] Alle genannten Autoren, besonders Dalton, weisen auch auf sozial- und metaethische Fragen sowie die Rolle des zugrundeliegenden medizinischen Modells einschließlich des Gesundheitsbegriffs hin; diese Probleme werden aus methodischen Gründen im nächsten Kapitel angesprochen.

„Informed consent" kaum ethische Probleme. Das aggressive Verhalten tritt allerdings meist episodisch auf, und die Geneigtheit des Patienten, einer Therapiemaßnahme zuzustimmen, kann beträchtlich variieren, je nachdem, in welcher Phase er sich gerade befindet.

Schwieriger wird die Situation, wenn eine valide Einwilligungserklärung nicht abgegeben werden kann, wie etwa im Fall des hyperaktiven Kindes. Üblicherweise wird die Entscheidung dann den Eltern oder Erziehungsberechtigten stellvertretend überlassen. Veatch wirft die Frage auf, ob die elterliche Einwilligung überhaupt Gültigkeit besitzen kann und ob die Gesellschaft wiederum die elterliche Entscheidungsfreiheit einschränken kann; dabei bezieht er sich auf Fälle in den USA, wo die Notwendigkeit einer Pharmakotherapie von Kindern gegen den ausdrücklichen Willen ihrer Eltern gerichtlich ermächtigt wurde. Bei der Entscheidung über antiaggressive Therapien sind Situationen denkbar, in denen die ethische Bewertung zurückhaltender ausfällt als das geltende Recht.

Das schwierigste Problem stellt sich aus ethischer Sicht jedoch, wenn der Patient die therapeutische Kontrolle seines destruktiven Verhaltens aktiv zurückweist. Einerseits hat die Gesellschaft das Recht und die sittliche Pflicht, sich selbst vor pathologischer Aggressivität und Gewalt zu schützen; dieser sozialethische Auftrag beruht auf dem Prinzip der Solidarität und dient v. a. der Sicherung der Menschenrechte der Gesellschaftsmitglieder. Andererseits ist die freie Mitbestimmung des Einzelnen als Ausdruck seiner Menschenwürde zu wahren. Zweifellos ist die Medizin für alle diejenigen Fälle zuständig, in denen das pathologisch-destruktive Verhalten Symptom einer organischen oder psychiatrischen Grunderkrankung ist, etwa eines Temporallappentumors oder einer schizophrenen Psychose (sekundäre Aggression). Doch wie kann das medizinethische Dilemma des Patienten mit sekundärer pathologisch-aggressiver Symptomatik, der eine therapeutische Intervention aktiv zurückweist, gelöst werden? Die Antwort mag ernüchtern: eine Lösung gibt es nicht. Die Methoden der angewandten Ethik erlauben jedoch, für den jeweiligen Einzelfall die bei einem Behandlungsverzicht, bzw. einer Behandlung gegen den Willen des Betroffenen, in Konflikt stehenden Wertprinzipien zu analysieren, die widerstreitenden Argumente zu enthüllen und die Folgen jeder Behandlungsoption zu berücksichtigen. Dieser analytisch-diskursive Prozeß sollte von dem Bemühen um maximale Schutzmaßnahmen für den Patienten getragen werden. Richtlinien hierzu wurden von Moyer vorgeschlagen. Sie umfassen die Konsultation eines unabhängigen, pluralistisch zusammengesetzten „review-boards", den *Verzicht auf jegliche experimentelle Therapieform*, die Auswahl der *Methode mit dem positivsten Nutzen-Risiko-Verhältnis,* die Bevorzugung *reversibler Maßnahmen* und die Sicherstellung einer *kontinuierlichen, sorgfältigen Therapiekontrolle.* Aus diesen Gründen, v. a. jedoch wegen ihrer Reversibilität, empfiehlt Moyer, der pharmakotherapeutischen Methode den Vorzug zu geben (Moyer 1976). Dabei ist aus medizinethischer Sicht in Anbetracht der angesprochenen offenen Fragen und Probleme die Indikation zur medikamentösen Steuerung der Impulskontrolle beim Kind mit äußerster Sorgfalt und unter Beachtung der genannten Richtlinien zu stellen.

Der dritte der angesprochenen Problemkreise beruht auf der Einwendung, aggressives Verhalten sei als Ausdruck der Willensfreiheit zu werten und jegliche Intervention, die diesen Ausdruck begrenzt oder verhütet, sei ein Eingriff in die menschliche Würde des Betroffenen. Mark u. Neville (1973) halten dem unter Bezug auf das Kriterium *Lebensqualität* entschieden entgegen, daß viele pathologisch-aggressive Patienten wegen ihrer unbeherrschbaren Symptomatik unter höchstem Leidensdruck stehen und oftmals an den Rand des Selbstmords getrieben werden. Somit würde jede wirksame Therapie, die dem Betroffenen eine bessere Impulskontrolle ermögliche, seine Würde und seine menschlichen Qualitäten bestärken und keineswegs vermindern.

Ein seltener, jedoch bedeutender Problemfall ist die aggressive Auseinandersetzung in der Arzt-Patient-Beziehung. Nach Steinert u. Vogel sind tätliche Aggressionen von Patienten gegen den Therapeuten „offenbar ein tabuisiertes Thema, sind nicht nur ohnehin verletzend, sondern durch die unmittelbare Beteiligung des Angegriffenen auch noch mit dem Ruch einer persönlichen therapeutischen Niederlage behaftet". Das Wissen um eine situative Disposition zu möglicherweise heftigem aggressiven Verhalten könne jedoch therapeutisch genutzt werden. Es gelte, die eigene Kränkung und eine Bestrafung des Patienten durch Entwertung und Abbruch der Beziehung zu vermeiden und die Situation anstelle dessen für die Therapie zu nutzen (Steinert u. Vogel 1988).

Manipulation der Aggressivität als sozialethisches Problem: Antiaggressiva und die Utopie der sozialen Kontrolle

Während Psychochirurgie sowie Psycho- und Verhaltenstherapie individuelle Strategien zur Beeinflussung pathologisch-aggressiven Verhaltens sind, eröffnet die antiaggressive Pharmakotherapie zumindest theoretisch die Möglichkeit der ungezielten Massenanwendung. Die Utopie einer politisch motivierten sozialen Kontrolle ganzer Gesellschaften ist nicht neu. Bereits vor 20 Jahren wurde auf die Gefahr einer Beimischung von Antiaggressiva in die Trinkwasserversorgung zum Zwecke des politischen Mißbrauchs hingewiesen (Moyer 1968). Am Beispiel von Lithium blieb dieses Denkspiel bereits aus augenfälligen praktischen Gründen im Bereich der Illusion. Mit der Entwicklung neuer Generationen antiaggressiver Substanzen mit gezielter Wirkung und großer therapeutischer Breite könnte diese Befürchtung jedoch wieder Boden gewinnen. Deshalb soll die Utopie der sozialen Kontrolle nochmals kurz aufleben, und zwar unter ethischen Gesichtspunkten.

Nehmen wir einmal an, die Weltgesundheitsbehörde beschlösse, in Zusammenarbeit mit den Regierungen der Länder die Aggressivität der Menschheit global zu vermindern. Zu diesem Zweck wird ein „biologisches Antiaggressivum" auf „Neurotransmitterbasis" weltweit dem Trinkwasser beigemischt. Nehmen wir weiter an, diese Maßnahme wäre wirksam und völlig frei von unerwünschten Wirkungen oder gar Risiken. Wie wäre diese Utopie ethisch zu bewerten? Der Feind jeder angewandten Ethik ist der Dogmatismus. Einen dogmatischen Anspruch darf sich die Ethik nur leisten, wenn ein Maximalkonsens der Wertvorstellungen besteht. Dies dürfte hier bei dem Fehlen einer Behandlungsindikation und der völligen Mißachtung der Kriterien der autonomen Entscheidung[6] außer Frage stehen. Kein Wertbild, sei es religiös, humanistisch oder anders begründet, wird ein solches Vorgehen gutheißen. Was jedoch, wenn wir uns einer teleologischen Betrachtungsweise anschließen und nach den Konsequenzen, den Folgen solcher Handlungsweise fragen, um sie moralisch zu bewerten? Was dann, wenn sich herausstellen würde, daß die Verminderung der Aggressivität der gesamten Menschheit zu einer Lösung aller sozialen, militärischen und politischen Konflikte geführt hat, wenn die Folgen der Handlungsweise also im Maximalkonsens ethisch positiv zu bewerten wären? Dann wären für den utilitaristisch argumentierenden Ethiker, für denjenigen also, der in teleologischer Denkweise die Nützlichkeit der Folgen einer Handlung zum Maßstab macht, die Antiaggressiva im Trinkwasser wünschenswert und – sozialethisch betrachtet – sogar eine Erfordernis: dann wäre es unethisch, der Menschheit diese Chance vorzuenthalten.

---

[6] Die Kriterien der autonomen Entscheidung werden aus methodischen Gründen im Abschnitt über Suizidalität dargestellt, da sich aus der Operationalisierung des Autonomiebegriffs Ansatzpunkte für die empirische Suizidforschung ergeben.

Zum Glück entzieht sich die Utopie selbst den Boden, indem sie auf einer falschen Grundannahme beruht: Nach Moyer sind Antiaggressiva nicht in der Lage, die instrumentelle Aggression, also erlerntes, intellektuell gesteuertes aggressives Verhalten zu beeinflussen; Antiaggressiva im Trinkwasser sind politisch unbrauchbar (Moyer 1976).

Wie bedeutend Aggression als gesellschaftliches (Wert-)prinzip heute zu sein scheint, zeigt eine repräsentative Umfrage des Wickert-Instituts vom Dezember 1988: Mehr als 67% der deutschen Bundesbürger gehen davon aus, daß man mit gesunder Aggression weiter kommt als mit Friedfertigkeit. In Hessen findet sich diese Einstellung bei 81% der Befragten, gepaart mit dem höchsten Prozentsatz gelegentlicher grundloser, unerklärlicher Angst von 74%. An zweiter Stelle folgt Bayern, wo 3/4 der Einwohner glauben, nur mit Aggression erfolgreich sein zu können; 82% der Bayern haben kein Problem mit der körperlichen Züchtigung von Kindern und 51% halten die Diskussion über Vergewaltigung in der Ehe für überflüssig (Konitzer 1988).

Für eine Medizinethik der Aggression ist das utopische Denkspiel dennoch wertvoll: es unterstreicht die Notwendigkeit, die gültigen Begriffe von Gesundheit und Krankheit und die Rolle des Arztes in der heutigen Gesellschaft kritisch zu überdenken. Mehr noch: es erinnert uns, daß jede Ethik als Lehre vom Handeln letztlich in der Lehre vom Sein, der Metaphysik verwurzelt sein muß. Unsere heimliche Sehnsucht nach ethischen Letztbegründungen kommt zum Vorschein. Jonas sagt[7]:

> Gesellschaftlicher Funktionalismus, so wichtig wie er ist, ist nur eine Seite der Sache. Entscheidend ist die Frage, aus was für einer Art Individuen die Gesellschaft zusammengesetzt ist, um ihre Existenz als ganze wertvoll zu machen. Irgendwo entlang der Linie wachsender sozialer Manipulierbarkeit um den Preis individueller Autonomie muß sich die Frage nach dem Wert, dem Der-Mühe-Wertsein des ganzen menschlichen Unternehmens stellen. Ihre Beantwortung richtet sich nach dem Bilde des Menschen, dem wir uns ver-

---

[7] Jonas bezieht sich hierbei auf den Mißbrauch der Verhaltenskontrolle durch „chemische Agenzien", „elektronische Pazifizierung des Gehirns durch implantierte Elektroden" und, beim zweiten Teil des Zitats, auf „genetische Manipulationen" zum Zwecke sozialer Kontrolle. Grundsätzlich ist hier darauf hinzuweisen, daß Jonas den Ruf nach metaphysischer Begründung zum Zwecke der Unterstützung einer defensiven Ethik der Technikkritik vorträgt, eine Position, die dem Anliegen der angewandten Ethik in der Medizin gegenläufig ist. Der Ruf nach staatlicher Obrigkeit zu Zwecken der Technologiefolgenabschätzung und Finalisierung von Wissenschaft ist „ein für die politische, intellektuelle und ethische Diskussion in den USA unerträglicher Gedanke" (Sass 1988 a).

pflichtet fühlen. Wir müssen es neu überdenken im Lichte dessen, was wir heute mit ihm tun oder ihm antun können und nie zuvor tun konnten.

Und Jonas fragt weiter:

Wer werden die „Bild"-Macher sein, nach welchen Vorbildern und aufgrund welchen Wissens? ... Diese und ähnliche Fragen, die eine Antwort verlangen bevor wir uns auf eine Fahrt ins Unbekannte einlassen, zeigen aufs Eindringlichste, wie weit unsere Macht des Handelns uns über die Begriffe aller früheren Ethik hinaustreibt (Jonas 1979, S. 52–53).

Medizinethik und Selbstaggression

Der medizinische Umgang mit allen Formen autoaggressiven Verhaltens, wie Alkohol- und Nikotinabusus oder suizidalen Handlungen, wirft verteilungsethische Fragen auf, die in den USA unter dem Gesichtspunkt der Verteilungsgerechtigkeit und in Europa vorwiegend unter dem Aspekt der Solidarität diskutiert werden. Vor allem verdeutlicht die Selbstaggression jedoch den medizinethischen Kardinalkonflikt zwischen Benefizienz („Fürsorge") und Achtung der Autonomie. Da die Probleme im Ansatz vergleichbar sind, werden sie am Beispiel der Suizidalität als extremster Ausprägung der Autoaggression verdeutlicht.

Der Suizid als ärztliches und philosophisches Problem

Die Literatur zur Ethik der Suizidalität ist (im Gegensatz zur Ethik der Aggression) außerordentlich umfangreich. Das breite Spektrum moralischer Bewertungen reicht von deontologischen Ansätzen mit einem Verbot bis hin zu teleologischen Positionen mit einem Gebot zum Suizid in gewissen Situationen und Kulturen. Die folgende Darstellung bezieht sich im wesentlichen auf Heyd u. Bloch (1981).

Der Suizid fordert den Arzt heraus. Er ist nicht nur ein funktionelles sondern auch ein existentielles Problem. Während sich Arzt und Patient normalerweise auf den Weg zur Erreichung eines gemeinsam definierten Ziels konzentrieren, wird hier das Ziel selbst zum Thema. Der Suizidale trifft eine subjektive normative Wahl. Der Arzt ist deshalb versucht, zu Lasten einer rationalen und einfühlsamen Evaluierung paternalistisch zu intervenieren. Eine Erfolgsgarantie ist aber nicht möglich. Die „zirkuläre Natur" aller Suizidtheorien, d. h. die gegenseitigen Abhängigkeiten deskriptiver und normativer Faktoren, erschwert das Vorgehen. All diese Gründe unterstreichen die Notwendigkeit einer Medizinethik der Suizidalität.

Daß das Leben einen Wert darstellt, wird allgemein angenommen und bedarf gewöhnlich keiner theoretischen Rechtfertigung. Den Wert des eigenen Lebens in Frage zu stellen, betrachten viele als Zeichen einer Krise oder sogar als Krankheit und Abnormalität. Die theoretische Philosophie hat jedoch Schwierigkeiten, diese Betrachtungsweise nachzuvollziehen. Existenz und Nichtexistenz sind logisch asymmetrische Begriffe, die nicht gegeneinander aufgerechnet werden können. Daher verwundert es kaum, daß sehr unterschiedliche ethische Bewertungen des suizidalen Aktes erfolgt sind, wobei der Streit vorwiegend innerhalb der naturrechtlichen Argumentation ausgetragen wurde.

Der historische Wandel der Ethik des Suizids

Die ethische Bewertung des Suizids hat im Laufe der Geschichte radikale Änderungen erfahren. Einige wenige historische Meilensteine reichen aus, um den Wandel zu kennzeichnen. In der griechischen und römischen Kultur wurde der Suizid unter gewissen Bedingungen zugelassen und sogar gepriesen. Aristoteles betont jedoch nachdrücklich, daß der Selbstmord gegen die rechte Lebensregel verstoße und dem Staat gegenüber ungerecht sei; folglich könne der Staat Strafmaßnahmen gegen die suizidale Person und deren Familie verhängen. Sokrates argumentiert ähnlich, sieht dabei jedoch v. a. die Götter ungerecht behandelt. Für einen kultivierten, bewußten Umgang mit dem Lebensende setzt sich besonders die Philosophie in stoischer Tradition ein; der Weise gestaltet nach Seneca Leben und Tod gleichermaßen gut, und er wird so lange leben, wie er sollte, nicht so lange er kann.

Argumente gegen den Suizid kennzeichnen die christliche Lehre des Thomas von Aquin im 13. Jahrhundert; er erklärt den Suizid zu einer 3fachen Sünde: gegen die Natur, gegen die Gesellschaft und gegen Gott. Diese strenge Verdammung des Suizid hat sich in Europa lange gehalten. Erst 1882 kritisiert der schottische Philosoph Hume in einem posthum veröffentlichten Essay mit utilitaristischen Argumenten diese Einstellung. Im gleichen Zeitraum versucht Kant unter Verweis auf die innere Inkonsistenz der suizidalen Handlung mit rationalen Argumenten ein kategorisches Verbot zu begründen. Hume und Kant verlassen die religiöse Argumentation zugunsten einer rein moralischen. Aber auch die medizinische Betrachtung hält Einzug: von Burton über

Durkheim und Freud entwickelt sich eine fortschreitende Medikalisierung des Suizid. Moralische Urteile über die suizidale Handlung werden von diagnostischen und präventiven Anstrengungen verdrängt. Der Suizidale wird häufig als Opfer externer Kräfte oder als Patient gesehen und ist somit der moralischen Verantwortlichkeit für die Handlung enthoben. Ganz anders verhält es sich jedoch beim Außenstehenden, der dem Suizidalen verantwortlich begegnet: für ihn ist die ethische Reflektion seines Handelns oder Nichthandelns unerläßlich.

Die Suizidalität und das Konzept der autonomen Handlung

Die Frage, ob jeder Suizid als Abschluß einer krankhaften psychischen Entwicklung im Sinne des präsuizidalen Syndroms nach Ringel (1953) zu werten ist, oder ob es einen rationalen, autonomen Suizid, einen „Freitod" gibt, scheint noch nicht abschließend beantwortet zu sein.[8] Für die medizinethische Bewertung der suizidalen Handlung ist diese Abgrenzung weniger vordringlich. Entscheidend ist die Frage, ob die Handlung im Einzelfall als autonom eingestuft werden kann. Dies erfordert eine Operationalisierung des Autonomiebegriffs. Nach Faden u. Beauchamp (1986) sind die Kriterien der autonomen Handlung die *Intentionalität*, das *Verstehen*, das *Fehlen beeinflussender Faktoren* und (möglicherweise) die *Authentizität*. Eine absolut autonome Handlung gibt es in der Praxis nicht. Die einzelnen Kriterien werden jeweils bis zu einem unterschiedlichen Grad erfüllt sein. Deshalb empfiehlt Beauchamp, die Einschätzung nicht im Sinne absoluter Kategorien, sondern im Sinne eines gestuften Kontinuum vorzunehmen (persönliche Mitteilung 1988). Die Frage darf demnach nicht lauten, ob eine Handlung autonom oder nichtautonom ist, sondern *wie* autonom sie ist. Die Beurteilung bleibt subjektiv. Ein Auftrag der Ethik an die Suizidforschung wäre, die Symptome des präsuizidalen Syndroms einzeln auf die Kriterien der autonomen Handlung hin zu überprüfen, um zu einem praxisnahen Instrument zu gelangen, das Ausmaß der Autonomie im suizidalen Patienten abzuschätzen. Bereits das Krite-

---

[8] Pohlmeier (1978) führt als Beispiel für den autonomen Suizid u. a. die Selbstmorde von Stammheim an. Das Recht für außergewöhnliche Lebensgestaltungen sowie für den Freitod sieht er als strenge Konsequenz aus unserer humanistischen Tradition, deren Grundlage genau diese Freiheit und Würde des Menschen immer gewesen sei. Eine extreme Position vertritt Szasz (1971), für den der Suizid generell ein Ausdruck des Wunsches nach größerer Autonomie ist; nach seiner Auffassung ist die Intervention bei suizidalem Verhalten immer falsch. Sie bringe den Psychiater in die Rolle des Unterdrückers.

rium der Intentionalität bereitet erhebliche Schwierigkeiten. Eine beabsichtigte Handlung kann neben den intendierten auch nichtintendierte Wirkungen zeigen. Diese sekundären Effekte werden nicht immer akzeptiert. Zudem stellt die suizidale Intention in vielen Fällen einen versteckten oder offenen Hilferuf dar, eine verzweifelte Suche nach Zuwendung, einen Wunsch, Rache zu nehmen, oder eine Hoffnung, von Schmerzen und Leid befreit zu werden. Das Kriterium der Intentionalität ist sorgfältig zu hinterfragen, wobei auch bewußte und unterbewußte Motive zu berücksichtigen sind.

Eine zentrale Frage ist, wie weit die Autonomie des Patienten gehen sollte. Einige zeitgenössische Ethiker, wie Engelhardt (1986), verabsolutieren die Autonomie, mit der Folge einer libertären Ethik, die fast jede zwischen Arzt und Patient frei vereinbarte Handlung als moralisch vertretbar erachtet. Andere, etwa Beauchamp u. McCullough (1984) halten Autonomie und Benefizienz im Grunde für unvereinbar und fordern, daß durch Abwägen des Für und Wider im Einzelfall ermittelt werden sollte, was im Sinne des Patienten am besten ist. Andere wiederum, wie Pellegrino u. Thomasma (1989) glauben, daß die Benefizienz das zentrale Prinzip der ärztlichen Ethik bleiben muß, aber daß sie so zu interpretieren sei, daß sie die Autonomie nicht ausschließt. Eine einfache Übertragung dieser Positionen auf die Krisenintervention und die Suizidprävention wäre jedoch gefährlich: es wird zu zeigen sein, daß das Benefizienz- und Autonomieprinzip alleine weder die Intervention noch deren Unterlassung ethisch rechtfertigen können.

Die Ethik der Krisenintervention und Suizidprävention

Die moralische Rechtfertigung einer Krisenintervention sowie einer sekundären und tertiären Suizidprävention wird dadurch erschwert, daß für jede der Handlungsoptionen ein ethischer Preis zu bezahlen ist. Im Falle eines Eingreifens folgt der Arzt dem Benefizienzmodell, er rechtfertigt seine paternalistische Bemühung aus der Irrationalität, Impulsivität oder Nichtkompetenz der Entscheidung des Suizidalen, er bevorzugt die reversible Entscheidung, und er folgt den Wünschen der Familienangehörigen, die gewöhnlich eine Intervention verlangen; der Preis für das Benefizienzmodell ist, den Suizidalen zu zwingen, gegen seine Willenserklärung zu handeln, seinen Leidensdruck zeitlich zu verlängern und seine Freiheit massiv einzuschränken. Zwangshospitalisierung und medizinische Zwangsbehandlung sind die extremsten Ausprägungen des Benefizienzmodells; auf dem Wege der gerichtlichen Verfügung beschließt der Arzt eine vorübergehende vollständige Aufhebung der Autonomie, wobei berufliche und soziale Folgeprobleme, etwa durch die Eintragung in das polizeiliche Führungsregister, in Kauf zu nehmen sind. Ein Erfolg ist nicht immer gewährleistet. Im Falle der Nichtintervention akzeptiert der Arzt die rationale, intendierte und authentische Entscheidung des Suizidalen, er setzt voraus, daß diese Entscheidung irreversibel ist, und er stellt den Willen des Betroffenen über die Interessen der Familie. Der Preis für das Autonomiemodell ist die verpaßte Chance einer positiven Lebenswende des Suizidalen, der mit dem Tod verbundene endgültige Verlust und die Gefahr des „größten tragischen Irrtums" (Heyd u. Bloch 1981).

Selbstmordverhütung – Anmaßung oder Verpflichtung? Angeregt durch das Buch *Hand an sich legen – Diskurs über den Freitod* des Schriftstellers Jean Améry wurde dieses Thema 1977 in einer richtungsweisenden Podiumsdiskussion in Hamburg diskutiert. Améry stellte die Berechtigung der Selbstmordverhütung radikal in Frage; die Besorgtheit der Gesellschaft dem Betroffenen gegenüber nennt er schamlos und unverschämt, weil sie den Menschen an einem „Akt der Freiheit" hindere und der allerletzte Ausdruck der Menschenwürde, die durch die Entscheidung zum Freitod erreicht werden könne, vernichtet werde. Im Rahmen der spannenden Diskussionen schlug Pohlmeier (1978) für die Selbstmordverhütung folgende Richtlinien vor: es gebe ein Recht auf Selbstmordverhütung, vorausgesetzt sie geschehe unaufdringlich. Das Kriterium „Unaufdringlichkeit" impliziert, daß eine Entscheidung und Bewertung nur in jedem Einzelfall erfolgen kann. Selbstmordverhütung werde zur Pflicht, wenn der Suizidale offen oder verschlüsselt Hilfe sucht oder akzeptiert und wenn eine Einschränkung der freien Willensbestimmung, etwa durch Krankheit, anzunehmen sei. In diesen Fällen dürfe der Betroffene nicht ungewollt in „die Einsamkeit der Freiheit" entlassen werden. Zur Unaufdringlichkeit gehöre aber auch, Freiheit und Würde des Suizidalen zu respektieren und nicht zu intervenieren, sofern die freie Willensbestimmung nicht eingeschränkt ist. Pohlmeiers Empfehlung liegt die Annahme der Existenz eines autonomen Suizids sowie die Gültigkeit des humanistischen Wertbildes zugrunde. Diesem theoretischen Modell der „idealen Normen", das in der philosophischen Diskussion meist bevorzugt wird, hat die angewandte Ethik ein wichtiges Argument entgegenzuhalten: die Asymmetrie zwischen Intervention und Nichtintervention.

Die Asymmetrie zwischen Intervention und Nichtintervention als ethische Begründung einer „Strategie des Aufschubs"

Die Irreversibilität des Suizid bedingt eine Asymmetrie zwischen der Entscheidung zu intervenieren und der Entscheidung, auf eine Intervention zu verzichten. Da auch die Nichtintervention irreversibel ist, bringt sie für den Arzt eine erhebliche moralische Verantwortung mit sich. Erschwerend kommt hinzu, daß der Entscheidung eine Reihe von Unsicherheiten zugrunde liegt, die sich aus dem Autonomiebegriff ergeben. Eine Intervention dagegen ist reversibel. Sie kann abgebrochen werden, falls sie sich als falsch oder unangebracht herausstellen sollte. Die direkte Verantwortlichkeit des Arztes für eine potentiell irreversible Entscheidung unter den Bedingungen der Unsicherheit läßt eine „Strategie des Aufschubs" gerechtfertigt erscheinen. Die Intervention eröffnet dem Suizidalen die Möglichkeit, seine Einstellung nochmals zu überprüfen, seine Entscheidung für die Alternativlosigkeit des Todes zu überdenken. Obgleich die Ethik keine logischen Argumente dafür liefern kann, daß das paternalistische Eingreifen wichtiger ist, als die Achtung der Autonomie und Freiheit, so erscheint die Verletzung der Autonomie wegen der Reversibilität der Intervention weniger schwergewichtig.[9] Ein Irrtum zugunsten des Lebens erscheint erträglicher als ein Irrtum zugunsten des Todes.

> Obwohl aus der Sicht der Philosophie kein logisches, gültiges Argument für die Bevorzugung des Lebens gegenüber dem Tod existiert und unsere Bias zu Gunsten des Lebens vollständig irrational sein mag, sollten wir uns immer daran erinnern, daß der potentiell Suizidale möglicherweise tief in seinem Herzen diese irrationale Präferenz mit uns teilt (Heyd u. Bloch 1981, S. 201).

Ethische Forderungen für die Prävention und das medizinische Management der Aggression und Selbstaggression

Förderung der ethischen Kompetenz in Politik, Journalismus, Familie, Schule und Berufsausbildung

Eine medizinethische Forderung in Zusammenhang mit der Autoaggression ist die Beseitigung des „suizidalen Klimas" in unserer modernen Industriegesellschaft. Die erforderlichen Rahmenbedingungen

---

[9] Einige Autoren sprechen sich für eine Zurücknahme des Paternalismus zugunsten der Autonomie bei Suizidalität im hohen Lebensalter aus (s. Bromberg u. Cassel 1983; Birnbacher 1989).

hierzu müssen von der Gesundheits- und Sozialpolitik geschaffen werden. Viele der hier politisch zu entscheidenden Probleme werden nicht nur ökonomischer oder sozialwissenschaftlicher Natur sein, sondern eng mit Wertfragen zusammenhängen. Die Expertise des Ethikers wird deshalb bei der Vorbereitung der notwendigen ordnungspolitischen Entscheidungen unerläßlich sein. Zu fordern ist die Einrichtung einer ständigen und professionellen ethischen Beratungsinstanz für die Politikvorbereitung und Politikbegleitung, um die Berücksichtigung ethischer, kultureller und sozialer Aspekte medizinischer Entwicklungen zu unterstützen. Als Vorbild könnte das Office of Technology Assessment, das ethische Beratungsinstitut des Kongresses der Vereinigten Staaten von Amerika, dienen. Dort sind wirksame und flexible Instrumente für diese Aufgabe entwickelt worden, und die Ergebnisse der Analysen und Bewertungen sind mittlerweile in Gesetzesvorlagen eingeflossen, etwa zum Morbus Alzheimer oder zur Gentechnologie (Cook-Deegan 1988).

Zum Abbau des suizidalen Klimas in unserer Gesellschaft mit dem Ziel einer *primären Suizidprävention* wäre eine ganze Reihe von Maßnahmen geeignet, etwa die Verhinderung sozialer Isolation im hohen Lebensalter, das Ermöglichen des Älterwerdens als Erlebnis, als Herausforderung und Erfüllung (Rosenmayr 1988), der Ersatz materieller Werte und der überzogenen Konsumorientierung durch ideelle Wertbilder in Familie, Schule, Ausbildung und Beruf, das Überdenken einer Propagierung des Ideals des ewig Jugendlichen, der „strotzenden Vitalität" zugunsten der Reife, der Erfahrung, der Weisheit. Jede dieser Maßnahmen würde neben dem suizidalen Klima gleichzeitig das *aggressive Klima* in der Gesellschaft günstig beeinflussen. Wie der Fernsehfilm „Tod eines Schülers" mit einer Serie von Nachahmersuiziden unter Jugendlichen (Schmidtke 1988) in erschreckender Weise zeigte, darf hier der Umgang der öffentlichen Medien mit dem Thema „Selbstmord" nicht unerwähnt bleiben. Es gilt, durch Schulung und berufsständische Richtlinien das ethische Bewußtsein und die moralische Integrität des Journalismus zu fördern (Klaidman u. Beauchamp 1987). Das gleiche gilt für die Darstellung von Aggressionen und Gewalt.

Auf den Erfolg einer primären Prävention der Aggression und Autoaggression lassen uns die Philosophen hoffen. Capra weist darauf hin, daß uns die Evolution des Bewußtseins nicht nur die Cheopspyramide, die Brandenburgischen Konzerte und die Relativitätstheorie geschenkt habe, sondern auch die Hexenverbrennungen und die Bombe von Hiroshima. Dennoch verleihe uns dieselbe Evolution das Potential, in Zukunft friedlich und in Harmonie mit der Natur zu leben; sie biete uns weiterhin die Freiheit der Wahl, unser Verhalten, unsere Werte und Einstellungen zu verändern und die verlorene Spiritualität sowie das ökologische Bewußtsein zurückzugewinnen (Capra 1986). Und Fromm beschließt den Epilog zur Aggressionstheorie mit den Worten:

> Die Situation der Menschheit ist heute zu ernst, als daß wir uns erlauben könnten, auf die Demagogen zu hören; und am allerwenigsten auf jene Demagogen, die von der Destruktion angezogen sind, oder auf jene Führer, die nur ihren Verstand benutzen und ihr Herz verhärtet haben. Kritisches und radikales Denken wird nur dann fruchtbar sein, wenn es mit der kostbarsten Eigenschaft des Menschen vereint ist – mit seiner Liebe zum Leben (Fromm 1973, S. 398).

Förderung der medizinethischen Expertise der Heilberufe

Die Betreuung pathologisch-destruktiver und suizidaler Patienten fordert neben hoher fachlicher Qualifikation in besonderem Maße ethische Kompetenz. Dies gilt sowohl für die Therapeuten als auch das Pflegepersonal. Lehrangebote für die bewährten medizinethischen und pflegeethischen Analyse- und Bewertungsmodelle in Ausbildung und Fortbildung sind wünschenswert. Sie sollten dem Ziel dienen, die *Verbalisations-*, *Analyse-* und *Bewertungskompetenz* ethischer Probleme im Berufsalltag zu stärken (Viefhues 1988).

Erweiterung des standesethischen Bewußtseins des Arztes

Die traditionelle ärztliche Standesethik in hippokratischer Tradition beruht auf dem Primat der Benefizienz und begünstigt ein paternalistisches Arzt-Patient-Verhältnis. Ein solches wird jedoch dem Phänomen der Aggression und Selbstaggression allein nicht gerecht. Sozial- und verteilungsethische Überlegungen müssen in die Therapieentscheidung einbezogen werden, die Autonomie des Patienten ist stärker zu gewichten. Das Wertbild des Patienten ist hier „so wichtig wie das Blutbild" (Sass u. Viefhues 1988). Dennoch werden auch bei einem derart erweiterten Bewußtsein im einzelnen Problemfall immer wieder Zweifel auftreten: dann sollte an die Stelle „einsamer Entscheidungen" die Konsultation eines ethischen Komitees treten. Das Respektieren der eigenen Grenzen ist schließlich eine Forderung der ärztlichen Berufsethik.

Plädoyer für eine analytisch-kasuistische Diskursethik der Aggression und Selbstaggression

So verständlich der Ruf nach einem neuen Menschenbild, einer neuen Anthropologie als Grundlage für eine ethische Theorie der Aggression auch sein mag, so sehr wir den Wunsch nach normativen Leitlinien oder einer „absoluten Wertethik"[10] auch in uns verspüren mögen, müssen wir doch erkennen, daß solche Wünsche einer medizinethischen Handlungstheorie kaum dienen. Angesichts des ungeheuer anwachsenden medizinischen Potentials und der Fortschritte in der Forschung braucht der Arzt jedoch täglich Strategien zur ethischen Konfliktbewältigung, um im Rahmen des geltenden medizinischen Modells seinen Auftrag gegenüber dem Einzelnen und der Gesellschaft erfüllen zu können. Die Medizinethik als Form der angewandten Ethik kann hierbei wertvolle Hilfen anbieten. Ihre Aufgabe ist weder die Letztbegründung ethischer Normen noch die Durchsetzung der Perspektive der Begrenzung – der technischen Begrenzung des technisch Möglichen oder der ökonomischen Begrenzung des ökonomisch Möglichen. Ihr Auftrag ist vielmehr, den Fortschritt ständig zu begleiten und der Medizin ein wertbegründetes Handeln zu ermöglichen. Dazu ist es erforderlich, in jedem Einzelfall die im Konflikt stehenden Wertprinzipien zu analysieren, sorgfältig gegeneinander abzuwägen und sich unter Einbeziehung des Wertbildes des Patienten und der möglichen sozialen Folgen begründet für eine Handlungsoption zu entscheiden.

Pathologisch-destruktives Verhalten impliziert Konflikte zwischen den Wertprinzipien *Benefizienz, Autonomie, Solidarität* und *Gerechtigkeit.* Diese mittleren Prinzipien können von verschiedenen Letztprinzipien her begründet werden und gelten prima facie als konsensfähig für die westliche Medizin; sie tragen sozusagen die Letztbegründung in sich. Selten wird ein einzelnes Prinzip maximal durchsetzbar sein. Entscheidend ist die Kunst des Abwägens. Die ethische Güterabwägung in der amerikanischen Tradition der Einzelfallstudie liefert hierzu die erforderlichen Instrumente und ist als einzige Methode in der Lage, dem pluralistischen Charakter unserer heutigen Gesellschaft mit ihrer Vielzahl an Wertbildern und Lebenszielen gerecht zu wer-

---

[10] Als Wertethik bezeichnet man „die Bemühungen Max Schelers um eine ‚absolute Ethik', die weder von den heute hochgehaltenen ‚Gütern' noch von empirischer Erfahrung oder psychologischen Funktionen abhängig ist; sie orientiert sich – in wissenschaftlicher Analyse von Rangordnungen – an der intuitiven (Wesens-)Schau der ganzen geistigen Welt in Zuordnung auf ein ‚Wert-apriori', das die Ethik zu einer absoluten, den geschichtlichen Wandel übergreifenden Wertorientierung macht" (Ritschl 1989).

den. Eine kasuistische Diskursethik beläßt dem Arzt die Freiheit, sowohl deontologische Ansätze als auch teleologisches Gedankengut und sozialethische Gesichtspunkte in die therapeutische Entscheidung einzubringen. Und nicht zuletzt entspricht sie am besten der Tradition ärztlichen Handelns, das dem einzelnen Patienten ganzheitlich verpflichtet ist.

Literatur

Bandura A (1973) Aggression: A social learning analysis. Prentice Hall, Englewood Cliffs/NJ

Bandura A (1979) Sozial-kognitive Lerntheorie. Klett-Cotta, Stuttgart

Beauchamp TL, McCullough LB (1984) Medical ethics: The moral responsibilities of physicians. Prentice Hall, Englewood Cliffs/NJ

Beauchamp TL, Childress JF (1983) Principles of biomedical ethics, 2nd edn. Oxford Univ Press, New York

Battegay R (1980) Aggression in ihrer kommunikativen und destruktiven Dimension. Schweiz Arch Neurol Neurochir Psychiatr 127/2:297–307

Belscher W (1982) Aggression als problemlösende Handlung für eine Situation. In: Hilke R, Kempf W (Hrsg) Aggression. Huber, Bern Stuttgart, S 445–464

Berkowitz L (1969) The frustration-aggression-hypothesis revised. In: Berkowitz L (ed) Roots of aggression. Atherton, New York

Birnbacher D (1989) Vortrag über Suizid und Suizidprophylaxe aus Sicht der philosophischen Ethik, Marburg. Neue Ärztliche 9:3

Bromberg S, Cassel CK (1983) Suicide in the elderly: the limits of paternalism. J Am Geriatr Soc 31/11:698–703

Capra F (1986) Wendezeit. Bausteine für ein neues Weltbild. Scherz, Bern München Wien, S 333

CIOMS (1985) Health policy, ethics and human values: An international dialogue. (18th Round Table Conference of the Council for International Organizations of Medical Sciences, Athens, Greece, 29th October–2nd November, 1984)

Cook-Deegan RM (1988) Bioethik und Politik. In: Sass H-M (Hrsg) Bioethik in den USA. Methoden, Themen, Positionen. Springer, Berlin Heidelberg New York Tokyo, S 141–168

Dalton E, Hopper K (1976) Ethical issues in behavior control: A preliminary examination. Man Med J Values Ethics Health Care 2/1:1–40

Dann H-D (1976) Müssen Aggressionen ausgelebt werden? In: Schmidt-Mummendey A, Schmidt HD (Hrsg) Aggressives Verhalten. Neue Ergebnisse der psychologischen Forschung. Juventa, München

Dollard J, Doob LW, Miller NE, Mowrer OH, Sears RR (1939) Frustration and aggression. Yale Univ Press, New Haven

Engelhardt HT jr (1986) The foundations of bioethics. Oxford Univ Press, New York

Faden RR, Beauchamp TL (1986) A history and theory of informed consent. Oxford Univ Press, New York, pp 235–273

Freud S (1905) Drei Abhandlungen zur Sexualtheorie. (Gesammelte Werke; Imago, London)

Fromm E (1973) Anatomie der menschlichen Destruktivität. (Gesamtausgabe, Bd 7: Aggressionstheorie; Deutsche Verlagsanstalt, Stuttgart, 1980)

Hassenstein B (1982) Menschliche Aggressivität – insbesondere des Kindes und Jugendlichen – in der Sicht der Verhaltensbiologie. In: Hilke R, Kempf W (Hrsg) Aggression. Huber, Bern Stuttgart, S 65–85

Heyd D, Bloch S (1981) The ethics of suicide. In: Bloch S, Chodoff P (eds) Psychiatric ethics. Oxford Univ Press, New York, pp 185–202 (dt. Übersetzung: Wolfgang Wagner)

Hilke R, Kempf W (Hrsg) (1982) Aggression. Naturwissenschaftliche und kulturwissenschaftliche Perspektiven der Aggressionsforschung. Huber, Bern Stuttgart Wien

Jakobi U, Selg H, Belschner W (1971) Triebmodelle der Aggression. In: Selg H (Hrsg) Zur Aggression verdammt? Kohlhammer, Stuttgart, S 37–53

Jonas H (1979) Das Prinzip Verantwortung. Versuch einer Ethik für die technologische Zivilisation. Insel, Frankfurt am Main

Kattmann U (1988) Ethik der Natur. Mittlgn V D Biol, Naturwissenschaftliche Rundschau 7:1627–1629 (Beilage Nr. 355)

Kempf W, Hilke R (1982) Zur Rehabilitierung der Frustrations-Aggressions-Theorie. In: Hilke R, Kempf W (Hrsg) Aggression. Huber, Bern Stuttgart, S 148–163

Klaidman S, Beauchamp TL (1987) The virtuous journalist. Oxford Univ Press, New York

Konitzer MA (1988) Das Lebensgefühl in Deutschland. Sind wir eigentlich glücklich? Wiener Extra 12:14

Kornadt H-J (1982) Grundzüge einer Motivationstheorie der Aggression. In: Hilke R, Kempf W (Hrsg) Aggression. Huber, Bern Stuttgart, S 86–111

Kummer H (1973) Aggression bei Affen. In: Plack A (Hrsg) Der Mythos vom Aggressionstrieb. List, München, S 69–92

MacIntyre A (1981) After Virtue. Univ Notre Dame Press, Notre Dame

Mark VH (1973) Social and ethical issues: Brain surgery in aggressive epileptics. Hastings Cent Rep 3/1:1–5

Mark VH, Neville R (1973) Brain surgery in aggressive behavior. JAMA 226:765–772

Markl H (1982) Evolutionsbiologie des Aggressionsverhaltens. In: Hilke R, Kempf W (Hrsg) Aggression. Huber, Bern Stuttgart Wien, S 21–43

McKenna JJ (1983) Primate aggression and evolution: an overview of sociobiological and anthropological perspectives. Bull Am Acad Psychiatry Law 11/2:105–130

Moyer KE (1968) Brain research must contribute to world peace. Fiji School Med J 3:2–5

Moyer KE (1976) The control of aggression. In: Moyer KE (ed) The psychobiology of aggression. Harper & Row, New York, pp 96–129

Mummendey A (1982) Zum Nutzen des Aggressionsbegriffes für die psychologische Aggressionsforschung. In: Hilke R, Kempf W (Hrsg) Aggression. Huber, Bern Stuttgart, S 317–333

Pellegrino ED (1988) Die medizinische Ethik in den USA – Die Situation heute und die Aussichten für morgen. In: Sass H-M (Hrsg) Bioethik in den USA. Methoden, Themen, Positionen. Springer, Berlin Heidelberg New York Tokyo, S 1–18

Pellegrino ED, Thomasma DC (1989) For the patient's good: The restoration of beneficence in health care. Oxford Univ Press, New York

Pohlmeier H (Hrsg) (1978) Selbstmordverhütung – Anmaßung oder Verpflichtung. Keil, Bonn, S 25–49

Ringel E (1953) Der Selbstmord, Abschluß einer krankhaften psychologischen Entwicklung. Klotz, Eschborn

Ritschl D (1989) Glossar Ethik. Ethik Med 1:63–64

Rosenmayr L (1988) Älterwerden als Erlebnis, Herausforderung und Erfüllung. Edition Atelier, Wien

Sass H-M (1987) Methoden ethischer Güterabwägung in der Biotechnologie. In: Braun V et al. (Hrsg) Ethische und rechtliche Fragen der Gentechnologie und der Reproduktionsmedizin. Schweitzer, München, S 89–110

Sass H-M (Hrsg) (1988 a) Bioethik in den USA. Methoden, Themen, Positionen. Springer, Berlin Heidelberg New York Tokyo, S 19–71

Sass H-M (Hrsg) (1988 b) Ethik und öffentliches Gesundheitswesen. Ordnungsethische und ordnungspolitische Einflußfaktoren im öffentlichen Gesundheitswesen. Springer, Berlin Heidelberg New York Tokyo

Sass H-M, Viefhues H (1988) Bochumer Arbeitsbogen zur medizinethischen Praxis, 2. erw. Aufl. Bochumer Materialien zur Medizinethik H 2

Schaefer G (1988) „Leben" und „Gesundheit" – begriffliche Dimension einer positiven Gesundheitserziehung. In: Bundesvereinigung für Gesundheitserziehung (Hrsg) Gesundheit für alle – alles für die Gesundheit. Bonn, S 18–29

Schmidtke A (1988) Vortrag bei der Podiumsdiskussion „Suizid und Medien" am 02. 10. 1988 in Regensburg

Selg H (1968) Diagnostik der Aggressivität. Hogrefe, Göttingen

Selg H (1971) Die Frustrations-Aggressions-Theorie. In: Selg H (Hrsg) Zur Aggression verdammt? Kohlhammer, Stuttgart, S 11–36

Selg H (1982) Aggressionsdefinitionen – und kein Ende? In: Hilke R, Kempf W (Hrsg) Aggression. Huber, Bern Stuttgart, S 351–354

Steinert T, Vogel WD (1988): Aggressive Auseinandersetzungen in der Arzt-Patient-Beziehung während einer stationären Behandlung – Überlegungen anhand von Fallbeispielen. Psychiat Prax 15:171–175

Szasz T (1971) The ethics of suicide. Antioch Rev 31:7–17

Thomasma DC (1984) The context as a moral rule in medical ethics. J Bioethics 2:63–78

Thompson IE (1987) Fundamental ethical principles in health care. Br Med J 295:1461–1465

Tuinier S (1988) Clinical aspects of aggression. In: Swinkels JA, Blijleven W (eds) Depression, anxiety and aggression. Factors that influence the course. Medidact, Houten, pp 181–193

Veatch RM (1977) Case studies in medical ethics. Harvard Univ Press, Cambridge London, pp 259–262 (dt. Übersetzung: Birgit Studtmann)

Viefhues H (1988) Medizinische Ethik in einer offenen Gesellschaft, 2. erw. Aufl. Bochumer Materialien zur Medizinethik H 1

Watzlawick P, Beavin JH, Jackson DD (1969) Menschliche Kommunikation. Huber, Bern Stuttgart Wien

Weber M (1919) Der Beruf zur Politik. Neudruck in: Weber M (1973) Soziologie, Universalgeschichtliche Analysen, Politik. Kröner, Stuttgart, S 174–176

Werbik H (1971) Das Problem der Definition „aggressiver" Verhaltensweisen. Z Sozialpsychol 2:233–247

Werbik H (1982) Zur terminologischen Bestimmung von Aggression und Gewalt. In: Hilke R, Kempf W (Hrsg) Aggression. Huber, Bern Stuttgart, S 334–350

Willemsen R (1989) Der Selbstmord in Berichten, Briefen, Manifesten, Dokumenten und literarischen Texten. Deutscher Taschenbuch Verlag, München, S 196–204

Wright RA (1987) Human values in health care. The practice of ethics. McGraw-Hill, New York

Diskussion

Leiter: Prof. Dr. med. Peter Berner, Wien
Teilnehmer: Prof. Dr. Leopold Rosenmayr, Wien
      Dr. med. Wolfgang Wagner, Hannover
      Prof. Dr. med. Klaus Böhme, Hamburg
      Prof. Dr. med. Walter Pöldinger, Basel
      Prof. Dr. med. Bruno Müller-Oerlinghausen, Berlin
      Dr. med. Renate Müller-Oerlinghausen, Berlin
      Dr. med. Alfred Denzel, Heilbronn

Rosenmayr:

Ich möchte einige Gesichtspunkte des Beitrags von Dr. Wagner mit dem zusammenfügen, was Prof. Reimer heute sagte. Der wichtige Akzent in Herrn Reimers Vortrag war für mich der einer präventionsorientierten Hygiene. Auch der letzte Teil der Ausführungen von Herrn Wagner lief – zumindest tendenziell – doch sehr auf verschiedene Initiativen zu Eingriffsmöglichkeiten gesellschaftlicher Art hinaus. Wenngleich die Gedanken am Selbstmordproblem dargestellt wurden, so waren sie doch wesentlich allgemeiner.

Als Sozialwissenschaftler möchte ich deshalb an die ärztlichpsychiatrisch arbeitenden Kollegen eine Frage formulieren, die etwa in folgende Richtung geht: In der Bundesrepublik ist um Bücher wie *Risikogesellschaft* oder *Gegengifte* von Ulrich Beck eine Diskussion entstanden, die uns die durch Umweltzerstörung bedingten Selbstschädigungstendenzen nahelegt. Inwiefern können wir bewußt machen, daß hinter den Zerstörungen oder Gefährdungen, in denen wir ständig alle irgendwie vernetzt sind, Selbstschädigungstendenzen oder zumindest grobe Vernachlässigungen angesichts enormer Gefahrenpotentiale stehen? Dabei denke ich etwa an die Selbstgefährdung durch Autoraserei, an die Verwendung von Spraydosen, an Gewässerverschmutzung, an Abwässervernachlässigung, die nicht nur von großen Firmen, sondern auch von uns selbst im Alltag betrieben wird.

Gibt es hier überhaupt Institutionen, die noch genügend Glaubwürdigkeit in der Warnung besitzen?

Herr Wagner hat für mich sehr zu recht auf die Notwendigkeit hingewiesen, die Kompetenz zu erhöhen, Gefahren zu analysieren und zu bewerten. In der alten österreichischen Tradition der Psychohygiene und der Prävention wäre zu fragen, wie wir die gesellschaftlich so massiven Tendenzen der Gefährdung und Selbstgefährdung aufdecken können. Wie können die Psychiater hier helfen, um Veränderungen einzuleiten?

Wagner:
Zu Ihren Ausführungen fällt mir spontan *Das Prinzip Verantwortung* von Hans Jonas ein. Dort wird genau das von Prof. Rosenmayr angesprochene Szenario geschildert, die enormen Gefährdungs- und Selbstgefährdungstendenzen in unserer Gesellschaft, die durch das technische Potential verstärkt werden. Je mehr technische Möglichkeiten vorhanden sind, desto mehr nützt der Mensch sie erfahrungsgemäß. Dieser Teufelskreis wurde mehrfach aufgezeigt. Hans Jonas trägt diese Position vehement vor. Was mich jedoch dabei verwundert, ist, daß sie im deutschen Sprachraum immer unter dem Blickwinkel der Technikkritik formuliert wird. Das Buch von Jonas stellt im Grunde einen verzweifelten Ruf nach einer neuen Anthropologie dar, mit dem Unterton, die Technologie sei schuld an der Situation. Daraus ergibt sich ein Appell an die Reduzierung oder die Begrenzung des technischen Potentials. Die Diskussion in den USA läuft genau umgekehrt. Man analysiert dieses Szenario – es ist ja nicht nur in unserer Gesellschaft so –, aber dann wird nach Möglichkeiten gesucht, durch ethische Reflektion besser mit diesem Gefährdungspotential zu leben. Dieser Punkt scheint mir entscheidend zu sein. Die europäische Tradition versteht Ethik sehr stark als dogmatische, normative Ethik, etwa begründet in der christlichen Lehre, man erwartet immer Gebote, Verbote und Handlungsanweisungen. Der Auftrag der angewandten Ethik kann jedoch niemals die Perspektive der Begrenzung sein, sondern die Transformation, die Integration dieser Gedanken in die technologische Entwicklung, um sie dann in eine bessere Richtung zu steuern. Die Frage, ob es Möglichkeiten gibt, in Schule, Ausbildung und Beruf Veränderungen herbeizuführen, möchte ich an die Vertreter der Psychiatrie weitergeben. Ich persönlich kann mir eine ganze Reihe von Möglichkeiten vorstellen.

Berner:
Ich glaube, nun sind die Psychiater aufgerufen zu diskutieren.

Böhme:
Nur ganz kurz dazu. Ich denke, die Diskussion, wie sie eben gerade angeklungen ist, hat etwas damit zu tun, daß wir viel zu sehr gewöhnt sind, Selbstgefährdung und Selbstbestimmung als polare Begriffe zu bezeichnen, und nicht daran denken, daß sie unterschiedliche Seiten ein und derselben Münze sein können; gerade die angewandte Ethik kann helfen, diese beiden Begriffe nicht polarisierend zu sehen, sondern sie zu integrieren. Ontologisch bleibt uns auch gar nichts anderes übrig, als dies zu leisten. Wenn wir es nicht schaffen, werden wir scheitern. Wir können nicht einen Begriff einfach eliminieren, wenn er uns hinderlich erscheint.

Pöldinger:
Wir müssen, glaube ich, den Appell von Dr. Wagner, für den ich ihm ausdrücklich danken möchte, sehr ernst nehmen. Eine wichtige Notwendigkeit ist, über das, was wir ständig praktisch tun, auch nachzudenken. Treffen wie dieses bedeuten eine Möglichkeit, unser Tun zu reflektieren. Gerade in der Krisenintervention und in der Notfallpsychiatrie sind wir von den Anforderungen des medizinischen Alltags und dem Zeitdruck oft derart überfordert, daß wir kaum Zeit haben, nachzudenken. Deswegen erscheint es mir so wichtig, daß wir uns diese Zeit nehmen, und Dr. Wagners Appell bestätigt meine Vorstellung von der Richtigkeit dieses Symposiums zu diesem Zeitpunkt.

Berner:
Die Psychohygiene ist immer eine multiprofessionelle Bewegung gewesen. Darum glaube ich, daß die Frage, die Sie jetzt an uns Psychiater gerichtet haben, von den Psychiatern allein überhaupt nicht beantwortet werden kann. Hierzu müssen auch die Pädagogen und die Medienleute herangezogen werden. Diese Dinge können nur pluriprofessionell aufgegriffen werden.

Wagner:
Vielleicht sollte die Soziologie gemeinsam mit der Medizin versuchen, zunächst vor Ort eine Reihe von Fragen aufzuarbeiten: Was muß in Erziehung, Ausbildung und Beruf geschehen? Wie sind die Umstände? Welche Einflußfaktoren haben wir? Was kann geändert werden? Letzten Endes sollte ein solches Kommuniqué auf dem Wege der ethischen Politikberatung in die Gesetzgebung einfließen, denn das Gesetz ist schließlich dazu da, einen gesellschaftlichen Konsens zumindest als Rahmenbedingung festzuschreiben. Ein grundlegendes

Problem sehe ich noch dabei: Ist der Wunsch nach einem weniger suizidalen und weniger aggressiven Klima wirklich ein Wunsch unserer Gesellschaft? Die Ergebnisse der Wickert-Umfrage machen mir etwas Angst. Demnach scheinen doch in weiten Teilen unserer Gesellschaft materielle Wertbilder im Augenblick höher bewertet zu werden, als ideelle Wertbilder. Will unsere Gesellschaft wirklich solche Maßnahmen mittragen und durchführen?

Rosenmayr:
Bei den Umfragen ist zu berücksichtigen, daß sie im Grunde ambivalenz-intolerant sind, d. h. die Umfrage tendiert dazu, die innere Ambivalenz bei den Antwortenden auf ein nicht-ambivalentes Klischee, also ein „reines" Nein oder ein „reines" Ja zu bringen.

In der Tiefeninterpretation und in der umfassenden Einschätzung wäre ich vorsichtig; denn wenn Sie an die gleiche Population, die materielle Werte, wie Sie sagen, hoch rangieren läßt, Sorgefragen über Gefährdungen stellen, so werden Sie wahrscheinlich auch die andere Seite zu der, die Sie geschildert haben, nämlich die Prävalenz „materieller Wertbilder", herausbekommen.

Ulrich Beck hat in seinem letzten Buch, *Gegengifte*, gezeigt, daß bei Arbeitern in Industrien, für die es gewerkschaftlich und für sich selber absolut notwendig ist, die Arbeitsplätze zu erhalten, wobei sie aber um gewisse Gefährdungen durch die Produkte wissen, die sie produzieren, sich sehr massive Bewußtseinsprozesse herausbilden. Es ist für diese Arbeiter nicht mehr so eindeutig: Wir wollen einen Arbeitsplatz – was wir produzieren, ob schädigend oder nicht, ist uns egal. Es gibt da durchaus schon Auflockerungen und ambivalente Spannungen, die vielfach durch Umfragen aufs erste nicht herauskommen.

Pöldinger:
Prof. Rosenmayrs Ausführungen kann ich aus meiner eigenen Erfahrung nur bestätigen. Ich hatte die Illusion, durch eine Mikrozensusuntersuchung die Angst der Schweizer erfragen zu können. Was herausgekommen ist, sind die intentionalen Befürchtungen und nicht die Angst. Die Antworten bezogen sich nicht auf Gefühle und Stimmungen, sondern auf theoretische Vorstellungen.

B. Müller-Oerlinghausen:
Worum es bei Jonas geht, ist uns doch allen klar: Man kann es als Solidarität beschreiben. Solidarität wird mit Sicherheit nicht durch Gesetze erzeugt, sondern durch etwas anderes, das man ganz global als Erziehung bezeichnen kann. Ich glaube, Herr Rosenmayr, es gibt

hier doch – wenn man einmal ganz locker spekulieren, assoziieren darf, ohne empirische Ergebnisse zu haben – nicht nur schichtenspezifische Unterschiede, sondern wohl auch länderspezifische Unterschiede oder Schwerpunkte. Warum fällt es denn jedem auf, der aus Amerika oder England zurückkommt, daß in Deutschland die Autofahrer relativ aggressiv fahren, fremd- und selbstaggressiv? Viele Bereiche des täglichen und akademischen Lebens werden in anderen Ländern mit einem geringeren Aggressionspotential betrieben, als bei uns. Dort herrscht vielleicht etwas mehr von dem, was man ganz allgemein als Solidarität bezeichnen kann. In einem anderen Zusammenhang habe ich mit einem Kollegen, der viel im Ausland war, kürzlich am Rande einer WHO-Tagung darüber diskutiert, warum sich deutsche Ärzte in einer bestimmten Weise verhalten, wenn es z. B. um die Aufklärung von Patienten geht, oder insbesondere, wenn sie etwas falsch gemacht haben oder Nebenwirkungen auftreten. Warum verhalten sich englische Ärzte oder auch dänische Ärzte anders? Liegt das an unserer akademischen Ausbildung, an der medizinischen Ausbildung? Wir sind eigentlich darauf gekommen, daß es daran nicht liegen kann. Es liegt schon an der Erziehung, an der frühesten Erziehung in der Familie; es liegt an der Art und Weise, wie dies in die Universitäten und andere Lehrbereiche hineinstrahlt. Kurz: Ich glaube, über diesen Bereich müssen wir nachdenken, wenn wir meinen, da sollte etwas verändert werden.

R. Müller-Oerlinghausen:
Wenn ich an Selbstmorde denke, die in unserer Bekanntschaft passiert sind, handelte es sich meistens um Kommunikationsstörungen. Man wußte z. B., es geht dieser oder jener Person schlecht, es gab auch Hinweise, und dann war die Kommunikation unterbrochen. Zum Beispiel: Abiturfeier, plötzlich stellt sich heraus, ein Schüler hat sich erhängt. Ich glaube, die allgemeine Förderung der Kommunikation, des Gesprächs wäre die einfachste Möglichkeit, Selbstmorde zu verhindern.

Denzel:
Für den praktizierenden Psychiater stellt sich oft die Frage, inwieweit er Zwang auf den Patienten ausüben soll, und wenn ich den Begriff der Suizidalität relativ weit fasse, werde ich viele Patienten in die geschlossene Anstalt einweisen. Wenn ich ihn relativ eng fasse, dann lasse ich ihn, wenn er nicht behandelt werden will, gehen und nehme den Suizid in Kauf. Dies ist also das Problem der grundsätzlichen Einstellung. Der zweite Punkt, der für mich aus praktischer Sicht sehr

wichtig ist, ist die Frage, wie sich die Gesellschaft allgemein zum Suizid verhält. Sicherlich gibt es viele Faktoren, die Suizide fördern, und andere wiederum, die sie auch verhindern. Kommunikation ist gewiß sehr wichtig. Wenn also die Menschen mehr miteinander kommunizieren würden, könnte vieles verhindert werden. Wir haben gerade am Beispiel des Rudolf von Habsburg exemplarisch gesehen, daß hier eine Kommunikation überhaupt nicht stattfand oder unterbrochen wurde. Auch in unserer Gesellschaft gibt es sehr wenig Kommunikation. Aber auch die Verantwortung der Massenmedien darf als weiterer Gesichtspunkt nicht übersehen werden. Wenn wir Gewalt im Fernsehen zeigen, dann kann man nicht einfach sagen, das ist nur ein Film und hat mit der Realität gar nichts zu tun; Gewaltdarstellung beeinflußt die Menschen, die eben sehr stark von den Massenmedien abhängig sind. Über dieses Instrument der Massenmedien kann man sicher auf das Bewußtsein der Menschen einwirken.

Berner:
Wir müssen diese so interessante Diskussion nunmehr abschließen. Die Tagung hat uns allen sehr viele Anregungen gebracht und einen weiten Bogen über das Thema der Aggression und Selbstaggression gespannt. Ich übergebe nun zum Abschluß das Wort an Walter Pöldinger.

Pöldinger:
Zunächst möchte ich unserem Diskussionsleiter danken, daß er die Vorträge und Diskussionen als Kapitän durch die Wogen des Tages hindurchgeführt hat, ohne daß wir Schiffbruch erlitten haben. Mein besonderer Dank gilt allen Referenten und Diskussionsteilnehmern. Die Tagung hat gezeigt, daß es immer sinnvoll ist, von einem praktischen Beispiel auszugehen, selbst wenn es schon 100 Jahre zurückliegt. Gerade die Auseinandersetzung mit dem Problemkreis Erzherzog Rudolf, Mary Vetsera, Familie, Umwelt und Politik war sehr eindrücklich und beispielhaft für die Vielschichtigkeit des Themas. Die Problematik kann nur im interdisziplinären und pluriprofessionellen Gespräch fruchtbar aufbereitet werden. Wir haben einiges über Neuerungen im Bereich der biologischen Forschung, es sind eigentlich soziobiologische Forschungen, gehört. Dieser Aspekt wurde lange Zeit vernachlässigt, z. T. deshalb, weil die Methoden fehlten. Der soziobiologische Gesichtspunkt kann in der Aggressions- und Selbstaggressionsforschung jedoch nicht mehr ausgeklammert werden. Wichtig war es auch, in diesem Zusammenhang über die ethische Problematik und die Ansatzmöglichkeiten der angewandten Ethik zu

sprechen. Eigentlich ist es etwas sehr Bemerkenswertes, daß die jahrhundertealte Diskussion über die Willensfreiheit im Zusammenhang mit der Selbstaggression nunmehr eine Frage der angewandten Ethik wird, die sich der Arzt zu stellen hat. Wir Ärzte können diese Fragen nicht einfach den Philosophen überlassen. Lange Zeit war es bei der Visite, wenn man am Zimmer eines Sterbenden vorbeiging, üblich zu sagen: „Hier haben wir Ärzte nichts mehr zu suchen, jetzt soll der Pfarrer kommen." Wir wissen, daß sich dies grundsätzlich geändert hat, und wir wissen auch, wie wichtig es ist, daß man sich nicht nur bei der Visite, sondern auch beim Hausbesuch gerade dieser Menschen intensiv annimmt. Wir wissen in Zusammenhang mit Entstehung, Behandlung und Prognose der Krebserkrankungen, daß es von entscheidender Bedeutung ist, auf psychologische und psychosoziale Faktoren einzugehen. Ich glaube, daß wir alle mit der Überzeugung weggehen, daß wir auf jeden Fall in die Thematik der Tagung einbezogen sind und daß man nicht mit oder über Sterbende sprechen kann, ohne sich der jeweiligen eigenen Position bewußt zu sein und diese von Zeit zu Zeit kritisch zu reflektieren.

Ich bin sehr froh, daß während der Tagung sehr oft die Begriffe „psychische Hygiene" und „Prävention" angeklungen sind. Prophylaktisches Denken im Sinne der Psychohygiene ist äußerst wichtig, und es erfordert umfangreiche Interventionen und Teilnahmen unsererseits. Ich möchte nicht schließen, ohne zu bemerken, daß wir von der Praxis der Geschichtsforschung und Geschichtsschreibung das wertvolle praktische Beispiel, den Einzelfall, in der klaren Form der Befunde, der Dokumente von Frau Dr. Hamann bekommen haben. Das Engagement von Frau Hamann, die den ganzen Tag bei uns geblieben ist und mitdiskutiert hat, ist ein Baustein für die Interdisziplinarität und Pluriprofessionalität in einer Form, wie wir sie bisher selten pflegen konnten. Herrn Dr. Wolfgang Wagner sowie Frau Freya Kern als Organisatoren haben wir sehr dafür zu danken, daß die Idee dieses Symposiums an diesem Ort, aus diesem Anlaß und zum jetzigen Zeitpunkt verwirklicht werden konnte.

Herr Wagner hat Hans Jonas mit dem Prinzip Verantwortung zitiert, und ich möchte nicht versäumen, als Schlußwort dem Prinzip Verantwortung das Prinzip Hoffnung an die Seite zu stellen.

Exkurs

Das präsuizidale Syndrom bei Kronprinz Rudolf

Erwin Ringel

Wie war das präsuizidale Syndrom bei dem Kronprinzen Rudolf geartet? – Ich möchte gleich zu Anfang darauf hinweisen, daß Brigitte Hamann in ihrer Monographie über Rudolf auch zu dem Schluß gekommen ist, daß bei ihm ein solches präsuizidales Syndrom bestanden hat. Ich kann dem nur beistimmen. Ich glaube, daß – wenn irgendwo, dann hier – der Satz richtig ist, daß der Selbstmord Abschluß einer pathologischen Entwicklung ist. Ich möchte behaupten, daß diese pathologische Entwicklung mit dem Tag seiner Geburt spätestens begonnen hat, denn am selbigen Tage wurde er zu einem Offizier ernannt, d. h. er war gar kein Mensch, sondern er war Soldat. An diesem Hofe herrschte als „der einzige Mann am Hof", wie man einst sagte, die Mutter Franz Josephs, die ihn in einem absolut absolutistischen Sinne, einem Gottes Gnaden Kaisertum, erzogen hat. Der Vater trat fast kaum in Erscheinung, war mit anderen Fragen beschäftigt, ganz besonders dann mit dem unglückseligen Feldzug bei Solforino, der zu dieser katastrophalen Niederlage geführt hat. Er hat also jedenfalls am Innenleben dieses Kindes kaum Anteil genommen, sondern war wie auch sonst in seinem Leben in einer äußerlichen Pflichterfüllung erstarrt; Gefühlsausdrücke von ihm waren sehr selten wahrzunehmen. Bei Elisabeth war es leider ähnlich. Erst bei ihrem letzten Kind Valerie besann sie sich auf die Notwendigkeit, sich als Mutter dem Kinde zuzuwenden; dabei haben sicherlich Spannungen zwischen Sophie und Elisabeth ebenfalls eine große Rolle gespielt. Man kann also sagen, daß dieses Kind im wesentlichen fast ohne Eltern aufgewachsen ist. Daß es dann schließlich auch noch Graf Gondrecourt als Erzieher bekam, also einen Militaristen, hat das Maß voll gemacht bis zu einem Grade, bei dem dann Elisabeth mit aller Verzweiflung eingeschritten ist und dessen Eliminierung ultimativ verlangt hat. Also ich bin der Meinung, eine menschlich gesehen katastrophale Kindheit, die sich dann später konsequent fortgesetzt hat in einem Vater, von dem man sich eigentlich fragen muß, wozu er dieses Kind gezeugt hat. Er hatte nun einen Thronfolger, und er hatte mit diesem Thronfolger nichts anderes zu tun, als alles zu unternehmen, daß er nicht Thronfolger werden kann. Denn er wurde weiterhin, so wie bei der Geburt, in eine militärische Erziehung hineingepreßt, auch wenn dann nach dem Abgang Gondrecourts einige liberale Erzieher kamen. Aber seine äußere Laufbahn blieb eine rein militärische. Zu allen Fragen, die das Reich betrafen, wurde er nicht nur nicht zugezogen, sondern mit größter Sorgfalt von ihnen ferngehalten. Er hat einmal gesagt: „Jeder Hofrat hat mehr Ahnung von diesem Staat. Ich bin eigentlich als Nichtstuer verdammt." Dieses Wort „Nichtstuer" ist wichtig, denn man darf sagen, daß in diesem „Nichtstun" ihm schon die Sinnlosigkeit seiner Existenz bewußt geworden ist. Nun möchte ich sagen, außer Zweifel hat Rudolf, vorsichtig ausgedrückt, sowohl dem Vater gegenüber als auch der Mutter eine ambivalente Beziehung entwickelt. Ich möchte betonen, und das ist bei der Situation schwer faßbar, ist aber so: Er hat den Vater auf seine Weise geliebt. Er hat ihn geachtet. Er hat Angst vor ihm gehabt. Er hätte es nie gewagt, sich gegen ihn zu erheben, aber er hat auf der anderen Seite natürlich die Symptomatik des Zurückgestoßenen, des Ausgestoßenen, des immer mehr in die Ausweglosigkeit Gedrängten entwickelt. Das ist seine erste Ambivalenz, die ihn auf der einen Seite den Adel verachten ließ, aber auf der anderen Seite nie imstande sein ließ, sich aus dieser Welt völlig zu entfernen. Das bezog sich aber dann auch auf das Problem mit der Kirche. Er hat ja als Kind einen Vater erlebt, der nach außen ein ungeheuer frommer Mann war, aber auf der anderen Seite mit einer Brutalität und Grausamkeit gegen jede Auflehnung vorgegangen ist, so daß er zu dem Schluß kommen mußte, daß hier Wasser gepredigt, aber Wein getrunken wird. Die Folge war eine Auflehnung auch gegen die Kirche, eine Zuwendung zu freimaurerischen Gedanken. Aber auch hier blieb er ein Gefangener. Jeder, der ambivalent gegen etwas rebelliert, kann die Rebellion nicht durchführen, weil die Liebe, die Achtung oder was immer ihn hindern, zu einem Extrem zu kommen, und ihn immer wieder zu der anderen Seite zurückführen. So ist auch zu erwähnen, daß er bei all seiner Empörung gegen die Kirche dennoch an den Papst ein Gesuch geschrieben hat, seine Ehe mit Stephanie zu annullieren. Auf dieses Gesuch bekam er nie eine Antwort, sondern die Antwort war an Franz Joseph gerichtet. Sie war wahrscheinlich negativ, und viele meinten, daß dies der letzte Anlaß für seinen Selbstmord gewesen sei. Auch hier konnte er sich also aus der gesellschaftlichen Position nicht befreien.

Der dritte Punkt seiner Ambivalenz war der Staat. Einige Jahre verbrachte Rudolf in Prag. In Prag hatte er sich mit gesellschaftlichen Problemen besonders vertraut gemacht. Einerseits hat er sich immer mehr in bürgerliche Kreise begeben, andererseits hat er sich den Slawen sehr verbunden gefühlt. Leider muß man aber sagen, daß seine Verbundenheit mit dem slawischen Volk auch zu keinen Schlußfolgerungen führte. Man könnte das vergleichen mit dem grandiosen Versuch, den Schäffle im Jahre 1870 gewagt hatte. Nach dem Ausgleich mit Ungarn erkannte Schäffle, daß das Land verloren ist, wenn nicht auch ein Ausgleich mit den slawischen Völkern zustande kommt. In einer denkwürdigen Unterredung mit dem Kaiser, in der der Kaiser sagte: „Ich kann alle meine Völker nicht länger belügen", bekam er die Zustimmung des Regenten, also auch diesen Ausgleich mit den Slawen zu beginnen. Leider wurde nichts daraus, denn die Einflüsse der Ungarn und anderer Kräfte waren zu groß. Franz Joseph nahm eigentlich sein Wort zurück und entschloß sich, alle seine Völker weiter anzulügen, und aus der letzten Chance der Rettung – denn alles was später kam, war meiner Meinung nach schon zu spät – ist nichts geworden. Ähnlich war es bei Rudolf. Um seine Situation zu klären, möchte ich Rudolf zitieren. Er schrieb 1886 in einer großen Denkschrift über die innere und äußere Politik Österreich-Ungarns:

> Was schadet der Groll der Tschechen im Norden und der Slowenen im Süden? Ohnmächtige Wutausbrüche und kleine Schwierigkeiten in der Innenpolitik, mehr ist es nicht. Was sind ihre Wünsche und politischen Träume? Unter den Tschechen gibt es einzelne Schwärmer, die im Grund genommen ganz harmlose, ungefährliche Leute sind. Sie wollen rundweg eine Vereinigung und die Schaffung einer Stellung für die Länder der Wenzelskrone, wie sie den Ungarn für das Gebiet der Stephanskrone gegeben wurde; also mit anderen Worten eine Loslösung von Österreich unter dem Kaiser von Österreich, der ja auch König von Böhmen ist. Selbstverständlich gibt es auch einzelne, welche ein ganz selbständiges tschechisches Staatsgebilde auch unter einem anderen Herrscher oder gar mit einer republikanischen Verfassung wünschen, doch die Zahl dieser Narren ist eine geringe (Hamann 1979).

Hier sehen Sie also, daß er auf der einen Seite eine Änderung der Struktur gewünscht hat, sich aber auf der anderen Seite mit ganz törichten Argumenten, denn gerade diese Narren, die er als gering schätzte in der Zahl, waren dann dabei, dieses Land endgültig im Jahre 1918 zu zerstören, gegen diese Struktur ausgesprochen hat. Liebe Freunde, wir müssen uns ja alle im klaren darüber sein, daß wir heute noch unter ganz falschen Vorstellungen arbeiten. Wir sprechen vom Verrat der Tschechen und übersehen, daß in der Monarchie jahrzehntelang eine Politik gegen die Tschechen betrieben worden ist, gegen den Willen der Tschechen. Wir dürfen uns dann nicht wundern, wenn uns eines Tages die Rechnung dafür präsentiert wird. Anton Wildgans behauptet, der Österreicher zeichne sich durch ein besonderes psychologisches Einfühlungsvermögen in andere Völker aus. Dieses Einfühlungsvermögen hat immer darin bestanden, daß sie gesagt haben, „die Tschechen gehören zu uns, und sie haben daher schwarzgelb zu sein". Daß sie auch ihre eigene Sprache und ihr eigenes Land haben wollten, das wurde nicht anerkannt. Dann wurde ihnen die Rechnung präsentiert. Das Lustige und Tragische dabei ist, daß die Leute bis zum heutigen Tage nicht einsehen, daß das eigentlich ein Versagen derjenigen war, die Österreich-Ungarn regiert haben. Leider muß man in diesem Zusammenhang den Thronfolger Rudolf dazurechnen.

Ich möchte jetzt noch einen Punkt erwähnen, Herr Bankl[1] hat das im „Club 2" sehr schön gesagt, daß Rudolf auf allen Gebieten ein Gescheiterter war. So war er ein Kronprinz, der nie Kronprinz werden konnte; der nichts zu tun hatte (in seltsame Beschäftigungen auswich; so hat er sogar einmal für *Brehms Tierleben* einen Aufsatz geschrieben, was sicher eine wunderbare Bestätigung seiner Intelligenz, seines Interesses, seiner Wachheit ist, aber mit der Aufgabe eines Kronprinzen natürlich nichts zu tun hatte). Er war ausgeschaltet. Ebenso ausgeschaltet war er auch in seinen Beziehungen zu Frauen. Er war ein Frauenheld, das war allgemein bekannt. Er hat dann Stephanie geheiratet. Die Ehe ging sehr bald schief, teils wegen seiner Seitensprünge, teils aber auch, weil sie sich offensichtlich auf keiner Ebene mehr verstanden haben. Stephanie hat sich auf verschiedene Weise gerächt, indem sie ihn in der Öffentlichkeit bloßgestellt hat und damit auch die Öffentlichkeit immer mehr gegen ihn aufgebracht hat. Außer Zweifel ist die Tatsache, daß Rudolf sich bei einem seiner Abenteuer infiziert hat. Es wird allgemein angenommen, daß es eine Gonorrhö war. Es gibt auch Stimmen, die von einer Lues sprechen. Es scheint festzustehen, daß er Quecksilberbehandlung bekommen hat, was eigentlich damals die Behandlung gegen Lues war. Aber Tatsache war, daß er krank war, daß sein Zustand sich immer mehr verschlechterte, daß er Morphium zu nehmen begann, daß er Alkohol zu trinken begann, daß er körperlich verfiel. Jetzt haben Sie die ganze Summe, die ihn dann – was immer der letzte Anlaß war – in den Untergang trieb. Ich möchte nur einen Satz seines ersten Biographen Mitis (1971)[2] zitieren: „Die weißen Blutkörperchen der Verzweiflung hatten seine Kraft gebrochen . . .", also die völlige Vereinsamung, Verzweiflung und was nun

---

[1] Prof. Dr. Hans Bankl, Leiter des Pathologischen Instituts am A. Ö. Krankenhaus der Stadt St. Pölten in Niederösterreich. Er hat versucht, im Zusammenhang mit dem 100. Jahrestag der Tragödie von Mayerling die Leiche M. Vetseras exhumieren zu lassen. Eine Exhumierung fand aber nicht statt.

[2] Die 1. Auflage des Hauptwerkes erschien 1928 im Insel Verlag Leipzig.

das Mitnehmen eines anderen Menschen betrifft, so dürfte es kaum einen Zweifel geben, daß er einerseits wahrscheinlich wenigstens im Tode nicht allein sein wollte, wahrscheinlich, meiner Meinung nach, war aber auch darin eine gewisse Rachetendenz gegenüber der Menschheit, vielleicht auch gegenüber den Frauen, eben in Gestalt der Mary Vetsera, gegeben, nachdem Mizzi Caspar einen solchen Antrag, wie bekannt ist, abgelehnt hat. Ich glaube also, wir müssen sagen, wenn es je ein Beispiel gegeben hat (ich habe mich erst jetzt damit wirklich so beschäftigt), dann ist Rudolf ein Beispiel für eine klassische Entwicklung zum Suizid hin in der Ausarbeitung eines immer größer werdenden präsuizidalen Syndroms. Walter Pöldinger hat schon darauf hingewiesen, daß es ungeheuer viele Ausdrücke gibt, daß er sterben will, daß es zu Ende ist. Es gab eine Prophezeiung, daß er nur kurz leben wird, daß er durch eine Kugel sterben wird, so sagte er, dann fügte er hinzu, aber selbstverständlich auf dem Schlachtfeld. Aber er machte da – bei einer Kugel sterben – immer eine Pause. Also wieweit dies auch suggestiv gewirkt hat, das ist eine andere Frage; das möchte ich hier nicht diskutieren.

Was können wir daraus lernen?

Dieser Punkt ist für mich vielleicht der wichtigste. Wenn ich frage, was können *wir* daraus lernen, meine ich zuerst einmal die Österreicher. Die Wahrheit ist die folgende: Der Österreicher hat eine sehr schlechte Beziehung zu seiner Geschichte. Der Österreicher hält sich Geschichtsschreiber, die nicht die Wahrheit sagen, die alles verharmlosen, die nur halbe Andeutungen machen, die es nicht wagen, die ganze Wahrheit zu sagen, und die dann danach trachten, das schöne Gebäude einer herrlichen Vergangenheit intakt zu halten, einer Vergangenheit, die in Wirklichkeit nie bestanden hat.

Der Leibarzt kam zu Franz Joseph, um zu berichten, daß die Kugel den Schädel zerschmettert hat. Er begann damit, da sagte Franz Joseph und wurde sehr wild, was er selten wurde: „Was reden sie von einer Kugel, sie hat ihn doch vergiftet." Da sehen Sie also sofort die erste Tendenz der Lüge: Was nicht sein darf, das kann nicht wahr sein. Das war also schon der erste Punkt. Mit unglaublicher Standhaftigkeit erklärte ihm darauf der Arzt die Situation, und Franz Joseph sprach dann kein weiteres Wort. Ich möchte jetzt noch einmal Brigitte Hamann (1978) zitieren, die folgendes schreibt: „Selbst wenn er letztlich durch fremde Gewalt sein Leben gelassen haben sollte, was unwahrscheinlich aber immerhin möglich wäre, denn 100%ige Sicherheit geben die zugänglichen Quellen keineswegs." Also da muß ich sagen, einer solchen Äußerung gegenüber bin ich fassungslos. Natürlich war niemand dabei; im Zimmer war niemand, außer den beiden. Aber wenn man bedenkt, ihre Abschiedsbriefe und das ganze Geschehen, wenn man bedenkt, wie alles 100%ig ineinander paßt, dann kann man nur fragen: Wie lange nachher hat sich Rudolf umgebracht oder welche Zeit ist da vergangen? Aber an Selbstmord kann doch hier in keinster Weise gezweifelt werden. Dasselbe war bei dem „Club 2", der Diskussionsrunde des Österreichischen Fernsehens am 25.01.1989, von dem ich schon gesprochen habe. Die Leute haben ein pathologisches Bedürfnis, über Mayerling eine Legende zu erfinden. Diese Legenden erhalten sich unglaublich, und ich muß schon sagen, bei diesem „Club 2" hat Dr. G. Holler (praktischer Arzt und Kurarzt in Baden bei Wien)[3] gesprochen, der für mich sehr schwer auszuhalten war. Aber es ist heute noch immer möglich, daß man der Wahrheit ausweicht, weil man primär gesagt hat, der Kronprinz sei an einem Herzschlag gestorben, weil die Wahrheit eben nicht gestattet war und weil – wie Walter Pöldinger schon gesagt hat – die Abbildungen der Gehirnwindungen an den Schädelknochen schließlich herhalten mußten, um ein kirchliches Begräbnis zu ermöglichen. Das ist der erste Punkt. Aber es geht natürlich auch nach dem Abgang der Monarchie weiter. Vielleicht darf ich über die Monarchie noch etwas sagen. Sehen Sie, wir sagen heute noch immer, Franz Joseph habe das Reich zusammengehalten, d.h. also indirekt: wäre er nicht gestorben, wäre das Reich nicht zugrunde gegangen. Hätte er noch 2 Jahre länger gelebt, hätte er unweigerlich gesehen, wie das Reich zerfällt. Aber jetzt wird er als der Mann geschildert, der das Reich zusammengehalten hat. Obwohl er der Mann war, der durch ein tragisch langes Regierungsleben ein ganz wesentlicher Mittotengräber dieses Reiches gewesen ist. Das wollen wir bis zum heutigen Tage nicht zugeben, und wenn es jemand sagt, dann ist er ein Nestbeschmutzer, ein Bösewicht, dann hat er eine schlechte Presse usw. Es hat ja niemand etwas gegen Franz Joseph, der in seiner Not lebte, aber man muß doch die Dinge beim Namen nennen. Das Tragische, was ich sagen möchte, ist, daß diese Lust, unsere Geschichte zu verfälschen, weit über die Absetzung der Monarchie hinaus erhalten geblieben ist. Wir betreiben diese Technik bis zum heutigen Tage. Wir sind niemals Mittäter Hitlers

---

[3] Er hat die nicht verifizierbare These aufgestellt, M. Vetsera sei an den Folgen einer Abtreibung gestorben. Holler G (1980) Mayerling: Die Lösung des Rätsels. Der Tod des Kronprinzen Rudolf und der Baronesse Vetsera aus medizinischer Sicht. Molden, Wien München Zürich Innsbruck.

gewesen, sondern selbstsverständlich nur Opfer, das ist einer der Punkte, die ich in meinem Buch *Die österreichische Seele* ausgeführt habe. Ich möchte hier Mayr-Harting zitieren, der in seinem neuen Buch *Der Untergang Österreich-Ungarns* (1988) schreibt: „In der gegenwärtigen Republik wimmelt es an Mängeln der Monarchie. Diese Mängel sind: Irrationalismen, unüberlegte Handlungen, intellekutelle und moralische Defekte, Erwählung unfähiger Menschen, Zurückstellung fähiger Menschen". Das sind alles Dinge, die heute weiterhin vorkommen.

Auch zu Kronprinzen hat Österreich nach wie vor ein vollkommen negatives Verhältnis. Entweder gibt es Staatsmänner, die keine Kronprinzen aufbauen, oder es gab einen, der 2 Kronprinzen aufgebaut hat, und diese 2 sind eines kläglichen Todes, wenn man so sagen darf, nämlich natürlich psychologischen Todes gestorben.[4] Also es spielt sich alles so weiter ab, wie wir es aus der Monarchie gelernt haben. Daher meine Bitte – ich weiß, daß man sich damit nicht beliebt macht – der Österreicher will eine Geschichtsschreibung, wo alle sagen, es war alles gut, es war alles großartig, die anderen waren bös, und deshalb sind wir zugrunde gegangen. Diese Tendenz besteht noch bis zum heutigen Tage.

Ich zitiere noch einmal Mayr-Harting:

> Wir Österreicher sollten uns endlich mit einer Geschichte vertraut machen, die der Geschichte ins Auge schaut. Es tut nicht gut, wenn man sich und seine Leser mit dem Aufbau einer Ruhmeshalle verwöhnt und deren schadhafte Stellen mit Einwirkungen der historischen Wetter ... erklärt, wo doch das Material, aus dem sie besteht, so brüchig und unsolide ist, daß die beste Verzierung und Vergoldung dies nicht verdecken kann. Natürlich gibt es doch noch die eine oder andere prachtvolle, wenn auch längst geborstene Säule; diese oder jene mit Rankenwerk umgrenzte Inschrift in goldenen, wenn auch teilweise abgebröckelten, Lettern, und natürlich läßt sich mancher solches Teil so hervorheben, daß er dem leicht zu blendenden Auge wie ein strahlendes Ganzes erscheint, hinter dem das weniger oder nicht Strahlende verschwindet. Wenn man dann mehrere derartige Partes pro Toto so anordnet, daß die dunklen Teile an Bedeutung verlieren, dann stehen wir solchem Trugbild und Blendwerk mit der *allergrößten Verlegenheit* gegenüber. Ist es nicht äußerste Rohheit, den prunkvollen Glanz von 7 Jahrzehnten auf deren geflissentlich übersehenen dunklen Hintergrund zu reduzieren, der freilich allein das „wehe den Besiegten" vom November 1918 als natürliches Ereignis begreiflich macht.

Ich möchte schließen mit dem Gedicht einer Frau, die es wissen mußte, wie es um dieses Land steht, nämlich der Kaiserin Elisabeth

---

[4] Prof. Ringel meint hier das Schicksal von Leopold Gratz und Hannes Androsch, beides „Kronprinzen" von Altbundeskanzler Bruno Kreisky, die heute infolge persönlicher Affären ihre politische Laufbahn aufgeben mußten.

(Ausg. 1984), die in dieses Land kam, harmlos und ahnungslos, und hier zerstört worden ist:

Ihr lieben Völker im weiten Reich,
so im Geheimen bewundere ich euch.
Da nährt ihr mit eurem Schweiß und Blut,
diese ganz verkommene Brut.

Meine Damen und Herren, als Österreicher von heute hoffe ich, daß wir nicht heute ähnliche Gedichte machen müssen.

Literatur

Hamann B (Hrsg) (1979) Kronprinz Rudolf, Majestät ich warne Sie ... Geheime und private Schriften. Amalthea, Wien München
Hamann B (1978) Rudolf, Kronprinz und Rebell. Amalthea, Wien München
Holler G (1980) Mayerling: Die Lösung des Rätsels. Der Tod des Kronprinzen Rudolf und der Baronesse Vetsera aus medizinischer Sicht. Molden, Wien München Zürich Innsbruck
Kaiserin Elisabeth (Ausg. 1984) Das poetische Tagebuch. Verlag der Österr. Akademie der Wissenschaften, Wien (Hrsg B Hamann)
Mayr-Harting R (1988) Der Untergang Österreich-Ungarns. Amalthea, Wien
Mitis O Freiherr von (1971) Das Leben des Kronprinzen Rudolf. Herold, Wien München (Neu herausgegeben und eingeleitet von Adam Wandruszka)
Ringel E (1953) Der Selbstmord. Abschluß einer krankhaften Entwicklung. Maudrich, Wien
Ringel E (1973) Selbstzerstörung durch Neurose. Herder, Wien
Ringel E (1987) Die Heilung der österreichischen Seele. Europaverlag, Wien
Ringel E (1988) Die österreichische Seele, 7. Aufl. Europaverlag, Wien
Salvendy JT (1986) Rudolf. Psychogramm eines Kronprinzen. Amalthea, Wien

Diskussion

(zum Beitrag Ringel)

Leitung: Prof. Dr. med. Peter Berner, Wien
Teilnehmer: Dr. Brigitte Hamann, Wien
             Prof. Dr. Leopold Rosenmayr, Wien
             Prof. Dr. med. Erwin Ringel, Wien
             Prof. Dr. med. Walter Pöldinger, Basel

Hamann:
Wenn Sie sagen, Herr Prof. Ringel, die Republik Österreich halte sich ihre Geschichtsschreiber, die die Wahrheit verschleiern, dann fühle ich mich natürlich angesprochen. Diese Verallgemeinerung und die Schwarz-weiß-Malerei stören mich ein bißchen. Deshalb möchte ich den wichtigsten Punkt meiner Aussage, daß der Selbstmord nicht 100%ig gesichert sei, ein wenig ausführlicher erklären. Selbstverständlich ist, was ich auch immer betone, dieser Selbstmord zu 95% klar. Wenn man aber wissenschaftlich exakt arbeitet, muß man doch feststellen, daß wichtige, und zwar die letzten Beweise wegen der tristen Quellenlage nicht vorhanden sind. Wir haben keine Tatwaffe, wir haben kein Obduktionsprotokoll, und die ganzen Erhebungsprotokolle der Polizisten aus der Zeit um Mayerling fehlen uns. Aus wissenschaftlicher Redlichkeit muß man deswegen auf diese kleine Spanne Unsicherheit wegen der fehlenden Quellen hinweisen. Es könnte ja – wenngleich völlig unwahrscheinlich – möglich gewesen sein, nachdem die Abschiedsbriefe geschrieben waren, nachdem also alles klar war, daß noch als überraschendes Moment ein Mörder eingetreten ist. Ich sage deshalb nicht, daß der Selbstmord unwahrscheinlich ist; er ist zu 95% durch die vorhandenen Unterlagen gesichert; aber der Hof hat in dem Wahn, die zweite Leiche zu vertuschen, doch sehr wichtige Beweise einfach hinterzogen, v. a. auch die Tatwaffe, um nicht zugeben zu müssen, daß zwei Schüsse gefallen sind. Der Hof hat ja immer nur den Selbstmord zugegeben.

Nun zu der Sache mit dem Gift: Der Hof hat wirklich einen Tag lang fest daran geglaubt, daß Mary Vetsera den Kronprinzen vergiftet habe; in der Katastrophenstimmung nach der Entdeckung der Tat in Mayerling hat man die Leichen einfach nicht gründlich untersucht. Der Kammerdiener wurde reingeschickt, die beiden Zeugen, also Hoyos und Coburg, haben sich nicht selbst überzeugt. Loschek ist in das dunkle Zimmer mit abgebrannten Kerzen gegangen, hat wahnsinnig viel Blut gesehen und in seiner Aufregung gesagt, die beiden Toten seien an Zyankali zugrunde gegangen, da gäbe es auch Blutstürze dieser Art (so sagte es wenigstens Hoyos, aber auch dies ist wieder eine der Unsicherheiten). Das war also ein wirklicher Irrtum. Hoyos ist mit dieser ersten Version nach Wien gekommen und hat sie dem Kaiser mitgeteilt. Inzwischen ist der Leibarzt nach Mayerling gefahren, hat die richtige Diagnose gestellt und gesehen, daß es Schußverletzungen waren. Als er am Abend in Wien eintraf, war der Kaiser nicht mehr zu sprechen. So glaubten der Kaiser und die ganze Familie einen Tag lang an die Vergiftung. Auch als Mary Vetseras Mutter kam, ihre Tochter zu suchen, hat die Kaiserin zu ihr persönlich gesagt: „Ihre Tochter hat meinen Sohn vergiftet", im guten Glauben, daß dies stimme. Sie fügte aber sogleich hinzu: „Merken Sie sich, er ist an Herzschlag gestorben." Ich meine, kein Historiker will beschönigen, daß der Hof in wirklich menschenverachtender Weise die Wahrheit vertuscht hat. Von einer Ruhmeshalle der österreichischen Monarchie ist, so glaube ich, bei den heutigen Historikern der jüngeren Generation nicht mehr zu sprechen. Daß die ältere Generation vielleicht ein monarchistisches Idealbild aufrechterhalten will, kann ich verstehen. Aber meine ganze Arbeit besteht darin, an diesen Klischees zu kratzen und Fakten auf den Tisch zu legen, die der Wahrheit und auch der sehr schlimmen Wahrheit sehr nahe kommen.

Rosenmayr:
Aus meiner Sicht möchte ich betonen, daß Frau Dr. Hamann, zumindest so, wie ich sie gelesen habe, doch ganz entscheidend dazu beigetragen hat, das ganze Operettenklima um Kronprinz Rudolf abzubauen und eine ernsthafte Diskussion einzuleiten, um das Selbstzerstörerische im Clan der späten Habsburger sichtbar zu machen und die in Selbstzerstörung verwandelte Aggression in der Figur des Thronfolgers.

Dirnhofer:
Als Gerichtsmediziner möchte ich mir zu dem „Sachverständigenstreit" zwischen Frau Dr. Hamann und Herrn Prof. Ringel ein paar Bemerkungen erlauben:

Der Todesfall Rudolf gehört aus unserer fachlichen Sicht in das Gebiet „Gerichtsmedizin und Politik": als solcher ist er auch nicht singulär. Ich erinnere Sie nur an den Mord an John F. Kennedy. Da existiert zwar ein Protokoll, in dem einzelne Organe longum et latum seitenweise beschrieben sind; die Ein- und Ausschußöffnungen lassen sich aber nur schwer differenzieren. Damit war der rekonstruktiven Vermutung Tür und Tor geöffnet, denn wo Fakten fehlen, schießt die Phantasie ins Kraut. Von Robert Kennedy gibt es dann ein ebenso umfangreiches Protokoll; wie Ihnen aber bekannt ist, wissen wir trotzdem bis heute noch nicht, wie sich der Mord an ihm exakt ereignet hat. Ich erinnere Sie auch noch an ein ganz aktuelles Thema, nämlich an den Todesfall Uwe Barschel. Auch hier wird heute noch diskutiert, um welche Todesart – nämlich Mord, Suizid oder Unfall – es sich handelte.

Das gleiche Problem haben wir gerichtsmedizinischerseits im Falle des Kronprinzen Rudolf und der Mary Vetsera. Bei dem Disput zwischen Ihnen, Herr Prof. Ringel und Frau Dr. Hamann, geht es, so meine ich, um einen ganz kleinen, aber wesentlichen Unterschied: nämlich um jenen zwischen der sog. richterlichen Gewißheit einerseits und dem naturwissenschaftlichen Sachbeweis andererseits. Ich glaube, daß Sie recht haben, Herr Prof. Ringel, daß wir die Gewißheit und die Überzeugung haben dürfen, daß es sich hinsichtlich der Todesart bei Rudolf um einen Suizid handelt. Wir müssen aber auch, wie ich meine, Frau Dr. Hamann recht geben, wenn sie sagt, der eindeutige Sachbeweis eines Suizids stehe aus naturwissenschaftlich-forensischer Sicht aus. Denn dazu fehlt das Obduktionsprotokoll mit einer exakten Beschreibung der Wundverhältnisse. Ich habe mir natürlich auch schon überlegt, ob eine Exhumierung des Kronprinzen und seiner Geliebten etwas Licht ins forensische Dunkel bringen könnte. Welche Informationen würde aber eine solche Exhumierung bringen? Es wäre vielleicht möglich, daß wir an den Schädelknochen noch Pulverschmauch nachweisen könnten; damit kämen wir aber auch nicht weiter; denn es kann auch eine „fremde Hand" jemanden mit einem aufgesetzten Schuß ermorden. Sie sehen, der entscheidende Befund wäre jener der sog. Schußhand, womit zu beweisen wäre, ob der Schuß durch eigene Hand abgegeben wurde.

Aus gerichtsmedizinisch-historischer Sicht darf ich noch erwähnen, daß bei politisch brisanten Todesfällen immer mehrere Sachverständige beigezogen werden. So auch bei der Untersuchung des Kronprinzen. Auch hier wiederholt sich die Geschichte: ich erinnere nur an die gerichtsmedizinischen Untersuchungen in Stammheim, bei der ebenfalls vier Gerichtsmediziner zugegen waren. Die gerichtsmedizinische

Untersuchung des Kronprinzen erfolgte unter der Federführung von Prof. E. von Hofmann, dem eigentlichen Begründer der österreichisch-gerichtlichen Medizin, der bei gerichtsmedizinischen Untersuchungen sehr genau unterschieden hat zwischen der Aufnahme des Protokolls, der Erarbeitung der Diagnose und schließlich den gutachterlichen Schlußfolgerungen. Frau Dr. Hamann erzählte mir nun gestern, daß es im Falle Rudolf aber nur eine Art vorläufiges Gutachten in Form einiger weniger Zeilen gibt. Hier stellt sich also tatsächlich die Frage, warum von den Sachverständigen der damals weltberühmten Wiener medizinischen Schule kein Protokoll existiert. Wurde es vielleicht geheim verfaßt? Warum ist es verlorengegangen? Wird es eines Tages doch noch zum Vorschein kommen? All diese Fragen sind medizinhistorisch doch noch offen. Unter Berücksichtigung der Gesamtumstände, wie wir Gerichtsmediziner zu sagen pflegen, dürfen wir aber schon gewiß sein, daß bei Kronprinz Rudolf hinsichtlich der Todesart ein Suizid vorliegt.

Ringel:
Mich verwundert es, daß Frau Dr. Hamann, die ich ausdrücklich mit dem präsuizidalen Syndrom zitiert habe, sich betroffen fühlt. Es beunruhigt mich sehr, daß sie glaubt, ich habe sie gemeint. Ich habe nur die Stelle mit den 95% beanstandet, und die beanstande ich noch immer, weil die Leute dann wieder sagen: „Fünf Prozent – na also!" Dann kommen die 1000 Förster und alle möglichen Leute ...

Pöldinger:
Der engagierte Vortrag von Prof. Ringel zeigt uns in idealtypischer Weise, wie schwierig es ist, die soziokulturellen, politischen und rezeptionsgeschichtlichen Gesichtspunkte der Aggression und Selbstaggression auszuklammern. Sein Buch *Die österreichische Seele* unterstreicht die Bedeutung solcher Betrachtungsweisen. Wenngleich der Schwerpunkt dieses Symposiums bei den präventiven Aspekten liegen sollte, so machte uns der Verlauf deutlich, daß es nicht immer möglich ist, diese Dinge zu trennen.